—北大记忆—

北大校长与中国文化

（第三版）

汤一介 编

北京大学出版社
PEKING UNIVERSITY PRESS

图书在版编目（CIP）数据

北大校长与中国文化 / 汤一介编 . —3 版 . —北京：北京大学出版社，2018.6
（北大记忆）
ISBN 978-7-301-29448-2

Ⅰ.①北… Ⅱ.①汤… Ⅲ.①社会科学—文集 ②教育学—文集
Ⅳ.① C53 ② G40-53

中国版本图书馆 CIP 数据核字（2018）第 068132 号

书　　　名	北大校长与中国文化（第三版）
	BEIDA XIAOZHANG YU ZHONGGUO WENHUA（DI-SAN BAN）
著作责任者	汤一介　编
责 任 编 辑	张文华
标 准 书 号	ISBN 978-7-301-29448-2
出 版 发 行	北京大学出版社
地　　　址	北京市海淀区成府路 205 号　100871
网　　　址	http://www.pup.cn　新浪微博: @北京大学出版社 @培文图书
电 子 信 箱	pkupw@qq.com
电　　　话	邮购部 62752015　发行部 62750672　编辑部 62750883
印 　刷 　者	天津光之彩印刷有限公司
经 　销 　者	新华书店
	660 毫米 ×960 毫米　16 开本　18 印张　240 千字
	1998 年 5 月第 1 版　2010 年 7 月第 2 版
	2018 年 6 月第 3 版　2018 年 6 月第 1 次印刷
定　　　价	49.00 元

未经许可，不得以任何方式复制或抄袭本书之部分或全部内容。
版权所有，侵权必究
举报电话: 010-62752024　电子信箱: fd@pup.pku.edu.cn
图书如有印装质量问题，请与出版部联系，电话: 010-62756370

目 录

出版说明…………………………………………… 01
序一 希望看到这样一本书………………… 王 瑶 02
序二 自由的精魂与文化之关切…………… 乐黛云 07

教育革新乃强国之本
　　——京师大学堂创办人、大学士孙家鼐……… 罗筠筠 001
学者当以天下国家为己任
　　——钦命管理京师大学堂事务大臣张百熙…… 郭建荣 012
先驱者的探索追求与失落
　　——中西文化撞击中的严复………………… 程漫红 026
倡学术自由，开一代新潮
　　——学界泰斗蔡元培………………………… 徐兰婷 043
敌机轰炸中谈中国文化
　　——关注现实的教育家蒋梦麟……………… 戈国龙 059
他没有完成什么，却几乎开创了一切
　　——中国现代文化史上的胡适……………… 乔清举 075
读圣贤书，所学何事
　　——傅斯年先生的文化选择………………… 杨立华 096

文化研究乃真理之探求
　　——汤用彤教授对中国文化之探讨……………………孙尚扬 108
"为真理而死，壮哉！为真理而生，难矣！"
　　——马寅初校长精神不死…………………………………席大民 124
在真理问题上不能让步
　　——马克思主义史学家翦伯赞教授………………………张传玺 137
广阔的文化视野，独创的革新精神
　　——季羡林教授与东西文化研究…………………………杨　深 156

附　录

新旧之间绝不可能调和两存
　　——陈独秀与中国传统文化………………………………王　洪 176
一代儒学宗师
　　——梁漱溟在北大…………………………………………王宗煜 196
历史研究在于求真求用
　　——郑天挺教授与北大……………………………………常建华 214
悲剧意识与庄玄精神
　　——朱光潜教授对中国现代美学的贡献…………………祝东力 238
中国敦煌学的开拓者
　　——向达……………………………………………阴法鲁　肖良琼 252

后　记……………………………………………………………… 267
编后记……………………………………………………………… 269

出版说明

《北大校长与中国文化》一书，于1988年北京大学90周年校庆前夕，根据王瑶先生的提议，由汤一介先生主持编写，生活·读书·新知三联书店出版。1998年北京大学100周年校庆前，补充了若干篇，北京大学出版社出了增订本。2010年，北京大学出版社推出第二版。为纪念北京大学120周年校庆，今根据2010年的印本，复加校订，是为第三版。

北京大学出版社

2018年6月

序一
希望看到这样一本书

王 瑶

1925年北大校庆二十七周年的时候，鲁迅写过一篇文章，题目是《我观北大》（见《华盖集》）。鲁迅认为北大有着优良的"校格"，而且以被人视自己为"北大派"而自豪。他认为北大的"校格"有两条，"第一，北大是常为新的，改进的运动的先锋"，"第二，北大是常与黑暗势力抗战的"。现在北大已经在庆祝自己的九十周年校庆了，回顾九十年来的历史，总的看来，它的经历是同中华民族的现代化进程同步的，充满了如鲁迅所说的弃旧图新的改革精神；特别是在学术文化领域，如果要考察中国现代思潮的变化发展的脉络和轨迹，是不能忽略北大在其中所发生的重要作用的。

近年来由于我国执行对外开放政策，中外学术文化的交流十分频繁，于是探讨和比较中外文化思想的特点、异同，以及彼此间的交流和影响的文章日渐增多，甚至有人称之为"文化热"。其实就文化学术思想的变迁而言，这个过程至少从戊戌维新运动就开始成为震撼社会的思潮了，而"京师大学堂"的成立就是一个重要的标志。应该说，这是中国现代化进程的一个组成部分，而且我们今天仍然处在这个历史过程之中，因此它引起人们广泛的重视和思考是很自然的。但如果在进行理论的、思辨的探讨的同时，认真考察一下清末以来的历史进程，无疑是会得到许多有益的启示的。因为像如何汲取外来学术文化而使之现代化这类重大问题，并不是今天才发生的，前人也曾为此做过深邃的思考，在某些方面还有过艰辛的实践，无论其成败得失，他们的经验或教训对我们而言都是宝贵的。由于我们今天仍然处在这个历史进程之中，因此要写出一本高质量的学术思想史或文化史还有很多困难，甚至像黄宗羲《明儒学案》、梁启超《清代学术概论》这类综观全局的书籍，一时也还难以出现，而我想如果只选择一个适当的角度或审视点，来考察中国在学术文化方面的现代化过程，可能是既具体有征而又能体现发展轨迹的，在现阶段也比较容易着手。我是从一个关心这方面问题的读者的需要提出这个希望的，并且认真想了一下，觉得如果把北大作为考察的角度或审视点，是相当典型的，容易说明全局性的问题和历史进程。我设想这本书的名字可以叫作《从历届北大校长看中国现代思潮》，我觉得中国现在需要这样一本书，我自己也希望看到这样一本书。

我这个想法是受到两方面的启发的。第一，20世纪30年代法国著名作家巴比塞访问苏联之后，曾写过一本书，叫作《从一个人看一个新世界》，实际上是通过斯大林来介绍苏联，当时曾轰动一时；现在看来，不论其观点是否正确，这种通过某一审视点来总揽全局的写法是可取的，这本书就写得很漂亮。鲁迅也曾计划用"茶、酒、女、佛"四个字来作为魏晋南北朝文学史的专章题目，同样是想通过典型的历史现象的角度来综述这一时期文学史的全貌；足见如果选择得当，这种方法是可取的。第二，冯友兰在他的《三松堂自序》中记述了曾任北大校长多年的蒋梦麟对他说的一段话，很值得我们深思。蒋梦麟说：

"在大学中搞了几十年,经过许多风潮,发现了一个规律:一个大学中有三派势力,一派是校长,一派是教授,一派是学生,在这三派势力中,如果有两派联合起来反对第三派,第三派必然要失败。"这里说明了他多年当校长的体会。大学中也确实存在这么三派势力,因此冯友兰对之颇加赞许。但他言犹未尽,值得再深入分析。从逻辑上说,三派势力中两派的联合共有三种可能:其中校长联合学生反对教授一种,事实上没有可能,也从未在任何大学发生过;就北大学生方面而论,不仅"五四"运动以来就有"民主堡垒"之称,直到今天,"团结起来,振兴中华"的口号是北大学生首先提出的,"小平,您好"的标语是他们高高举起的,不能设想居领导地位的校长会联合学生来反对教授。至于校长联合教授反对学生的事,旧社会在一些反动势力很强的学校里的确发生过,但在北大这样的学校也是不可能的。因为北大的教授人数很多,集中了各种学科的专家学者,用表彰的口气说是"人才荟萃",带点贬义的说法是"知识分子成堆",或者如"十年动乱"时期的斥之为"庙小神灵大,池浅王八多"。其实这些意思都差不多,就是说他们是一个在学术上都有一定成就的群体;他们勤恳地教书育人,从事科学研究工作,尽管由于年龄、经历和修养的不同,在对某些事物的看法上可能与学生有较大的差别,但从来也不曾想到要同自己爱护的学生处于对立的地位。最后一种可能就是全体师生联合起来反对校长了,这种可能性是存在的,在一些大学里也发生过,而且当然是为校长以及有权任命校长的执政当局所最不愿发生的。所以蒋梦麟的经验和体会实际上是从校长的地位考虑的,就是说作为校长,一定要用全力来防止第三种情况的发生;因为如果引起全校师生的一致反对,校长就必然会当不成的。其实这也是当权者在遴选校长时,首先要考虑的问题,因为选任大学校长毕竟同任用其他政府官员不同,任命者必须考虑到这个人选在教授和学生中所可能引起的反应;特别是像北大这样的学校,他必须选择学术地位很高、能孚众望的知名人士来担任,以便除了希望能够体现当权者的意图之外,还能缓和与调整学校内部的关系。就校长本人说,虽然一个大学在整个社会中确实只是一个小的单位,所谓"庙小""池浅"也不无道理,但它的影响却是弥漫于全社会的;因此作为校长,他也必然会珍视这种地位,以学校的名义和声望进行活动。举例说,最初主持京师大学堂校政的孙家鼐,他是咸丰时的状元、光绪帝的师傅,当时声望很高,至少在表面上是支持变法维新的,因此才有设置西学、开办译书局等措施;但他又不是维新派,与康、梁等人不同,他还是近代工业(纱厂)的开创者,因此考察他与维新思潮的衍变关系是符合中国现代思潮的历史进程的。又如"五四"时期的北大校长蔡元培,实际上当时"五四"爱国运动是以学生为主的,新文化运动是以教授为主的,校长并没有公开出面倡导,但林琴南《致蔡鹤卿太史书》仍以校长为主要攻击对象,就因为他主张大学应"循思想自由原则,取兼容并包主义",而且认为大学不仅为"按时授课"之所在,且"为共同研究学术之机关"(见《答林琴南书》)。可见如果我们认为北大可以作为考察中国现代思潮的一个适宜的审视点的话,那么历届校长的声望、思想和学术贡献等是可以作为北大的社会影响的适当代表的。而且教授和学生都是群体,其构成比较参差复杂,而校长则为个人,在总体上是可以代表学校某一时期的社会影响的。因此我觉得从历届北大校长来考察中国现代思潮的进程这一设想,是可行的,也是有效的。

这一设想的着重点是考察中国现代思潮,而不是北大校史的变迁。北大的历届校长都是著名的学者,他们不仅是北大的校长,而且也是某一时期学术文化界的代表人物,在他们身上集中地反映了当时思潮的热点和重心。举例说,孙家鼐与戊戌维新的关系,严复对《天演论》《法意》《群学肄言》等的翻译及其政论著述对社会产生的巨大影响,蔡元培的美学思想和教育思想,胡适的主张白话文以及倡导用近代科学方法整理研究古籍等多方面的尝试,都不只是属于一个学校的事情。

一直到新中国成立以后，我们现在不是仍然怀念和思索马寅初在20世纪50年代所主张的市场经济和人口计划是符合中国社会的实际的吗！如果只把他们的主张和行为单独地作为孤立现象来考察，那么这些只是个别历史人物的贡献和成就，但如果把他们联系起来作为一条发展线索来考察，那么他们的活动和贡献就构成了现代中国学术文化思想发展中的一个历史环节；其所以如此，除了他们个人的成就以外，是同他们作为北大校长的身份密不可分的。因为他们不只是一个著名的全国学术中心的代表人物，而且周围还有一大群知名学者程度不同地支持和赞同他们的主张。所以从这个角度审视和考察中国现代思潮，就有可能看到中国在现代化进程中所经历的艰难曲折的前进步伐。

去年（1987）纪念"八一"建军节六十周年的时候，上映了一部论述人民解放军成长壮大的历史纪录片，片名是"让历史告诉未来"，我觉得这个片名起得很好！因为无论就哪一方面做历史的考察和研究，都是为了从中得到启示、有益于今天和明天的。历史总是不断前进的，中国的现代化进程是这样，北大也是这样。在今后的年代里，北大当然要发扬自己的光荣传统，发扬弃旧图新的改革精神的"校格"，才能无愧于时代所赋予的使命。现任北大校长提出要发展基础科学、把北大建设成为世界第一流的大学，这个提法本身就是富有时代特色的，它说明我们的视野已经和过去不同，而是面向世界、面向未来的。我相信在建设具有中国特色的社会主义新文化的过程中，在促使自然科学和社会科学各种学科的研究都居于世界领先地位的努力中，北大是一定会担负起它所应该担负的历史使命的。

1988年1月5日

序二

自由的精魂与文化之关切

乐黛云

北大自由精神的奠基者蔡元培校长早就指出:"大学不是养成资格、贩卖知识的地方",也不只是"按时授课的场所","大学也者,研究学问之机关","大学生当以研究学术为天责",学者更"当有研究学问之兴趣,尤当养成学问家之人格"。他抱定学术自由的宗旨,在北大实施了一系列改革。正如梁漱溟先生所回忆:"他从思想学术上为国人开导出一新潮流,冲破了社会旧习俗,推动了大局政治,为中国历史揭开了新的一页。"[①]梁先生特别强调这一大潮流的酿成,"不在学问","不在事功",而在于蔡先生的"器局大"和"识见远"。所以能"器局大""识见远",又是因为他能"游心乎超实用的所在"。

这个"游心乎超实用的所在"讲得特别好。大凡一个人,或拘执于某种具体学问,或汲汲乎事功,就很难超然物外,纵观全局,保持清醒的头脑。中国知识分子素有"议而不治"的传统,一旦转为"不议而治",那就成了实践家、政治家,而不再是典型的知识分子。法国社

[①] 梁漱溟:《忆往谈旧录》,中国文史出版社,1987年,第86页。

会学家艾德加·莫林（Edgar Morin）认为可以从三个层次来说明"知识分子"一词的内涵：第一，从事文化方面的职业；第二，在社会政治方面起一定作用；第三，对追求普遍原则有一种自觉。① "从事文化方面的职业"大约就是马克思在《剩余价值论》中所讲的"精神生产"；"在社会政治方面起作用"就是构筑和创造某种理想，并使它为别人所接受。卡尔·曼海姆（Karl Mannheim）认为，理想可以塑造现实，可以重铸历史，对人类社会发展具有实际影响。"自觉追求普遍原则"就是曼海姆所说的，知识分子应保留一点创造性的不满的火星，一点批判精神，在理想与现实之间保持某种"张力"。② 也就是如连·本达（Julien Benda）所说的知识分子理想的绝对性禁止他和政治家难以避免地向真理妥协，和塔柯·帕森斯（Talcott Parsons）所说的"把文化考虑置于社会考虑之上，而不是为社会利益牺牲文化"③。列宁认为"社会主义学说是由有产阶级出身的、受过教育的知识分子所制定的哲学理论、历史理论以及经济理论中长成的"④，它是知识分子长期精神生产的结果，而不是暂时的政治斗争的产物。

　　北大的校长们，很多都曾有过不和"政治家难以避免地向真理妥协"的经验，他们总是敢于"在理想与现实之间保持某种张力"。直到今天，每当我们困扰于计划生育的两难境地，我们总是不能不想起马寅初校长和他的《新人口论》。1957年马校长将他多年来思索的结晶《新人口论》按正规手续提交一届全国人大四次会议，指出控制人口十分迫切，十分必要。他语重心长地警告说："人口若不设法控制，党对

---

① 参见艾德加·莫林：《知识分子——虚构的批评和批评的虚构》，《论争》第4卷第20期，第35页。
② 参见卡尔·曼海姆：《意识形态与乌托邦》，转引自詹姆士·威肯生：《欧洲知识分子的抵抗运动》，哈佛大学出版社，1981年，第4页。
③ 塔柯·帕森斯：《知识分子——社会的一员》，收入菲力浦·里夫编：《论知识分子》，纽约双日出版社，1970年，第4页。
④ 列宁：《做什么》，《列宁文选》（两卷集）第一卷，人民出版社，1953—1954年，第202页。

人民的恩德将会变成失望与不满。"回答他的，是百人围剿，他十分愤慨地写了《重申我的请求》一文，鲜明地表现了一个杰出知识分子坚持真理的悲壮之情。他说："我虽年近八十，明知寡不敌众，自当单身匹马，出来应战，直至战死为止，决不向专以力压服、不以理说服的那种批判者们投降。"如果马校长当时所面对的政治家多少能听取一点不囿于眼前实利而从长远出发的真知灼见，马寅初对中国社会文化的贡献将无可估量。马寅初所以能高瞻远瞩，从某种程度来说也正因为他不是一个实行者，他只是一个知识分子，他的位置是"议而不治"。这就保证他可以摆脱一些局部和暂时利益的牵制，不需要屈从于上级而以自己的独立思考和智慧造福于社会。

相反，北大也有一些校长，他们同时是朝廷重臣，如孙家鼐，他虽有开明的思想，也有重振国威、兴办教育的志向，但他毕竟是"官"，所以和康有为、梁启超不同，终于不能越政府的"雷池"。严复，这位向西方寻找真理的先进中国人，被袁世凯拉入政府，脱离了"议而不治"的地位，就无可避免地屈从于实际政治，卷入复辟逆流。

作为知识分子的杰出代表，北大的大部分校长都是"把文化考虑置于社会考虑之上"，对于文化都怀着极深的关切。九十年来，再没有比中西古今之争这个百年大课题更引人注目、更得到全国关切的文化问题了。如果说孙家鼐囿于他的地位，只是把中西文化关系局限在"中学为主，西学为辅"的层次上，那么，严复提倡的却是"非西洋莫与师"。他的《天演论》之问世，如"一种当头棒喝"，"一种绝大的刺激"，以致"几年之中，这种思想像野火一样，延烧着许多少年人的心和血"。[①] 严复所考虑的是更深的文化关切。他超越了"师夷长技"的"言技"阶段，并指出当时盲目移植西方政治制度的做法有如"淮橘为枳"，不能真收实效。因为"苟民力已苶，民智已卑，民德已薄，虽有

---

① 胡适:《四十自述》，台北远流出版事业股份有限公司，1986年。

富强之政，莫之能行"，故要"自强保种，救亡图存"，不能只是"言政"，还要从根本做起，即"开民智，奋民力，和民德"，以教育为本，也就是从文化方面来解决问题。

胡适进一步把中西文化关系放进时间的框架来考察。他认为"文明是一个民族应付他的环境的总成绩"，"文化是一种文明所形成的生活的方式"。因此，"东西文化的差别实质上是工具的差别"。人类是基于器具的进步而进步的。石器时代、铜器时代、钢铁时代以及机电时代都代表了文化进化的不同阶段。西方已进入机电时代，而东方则犹处于落后的手工具时代。西方人利用机械，而东方人则利用人力。他尖锐地指出："东西洋文明的界线只是人力车文明和摩托车文明的界线。"工具越进步，其中包含的精神因素也越多。摩托车、电影机所包含的精神因素要远远大于老祖宗的瓦罐、大车、毛笔。"我们不能坐在舢板船上自夸精神文明，而嘲笑五万吨大汽船是物质文明。"胡适认为中西文化的差别首先不是地域的差别而是时代的差别，也就是进步阶段的差别。因此中国传统文化需要进行根本改造与重建，以便从中世纪进入现代化。

梁漱溟不仅从纵的历时性角度来考察中西文化，而且第一次从西方、印度、中国三种文化系统的比较中，从世界文化发展的格局中来研究中国文化。他认为这三种文化既同时存在而又是递进发展的。西方文化取奋身向前、苦斗争取的态度，中国文化取调整自己的意欲、随遇而安的态度，印度则取"消解问题"、回头向后的态度。梁先生认为西方文化已经历了它的复兴，接下去应是中国文化的复兴，然后是印度文化的复兴。三种文化各有特点，同时也代表着人类文化发展的三个阶段。中国文化应在自己的基础上向西方已经到达的那个阶段发展，因此对西方文化的态度应是"全盘承受而根本改过"。西方文化则由于第二阶段发展不充分，出现了种种弊病，应回头向中国文化学习、补课。

从世界格局来研究中国文化就有一个相互交流的问题。汤用彤先生特别强调了文化交流中的"双向性"。他认为两种文化的碰撞绝不可能只发生单向的搬用或移植。外来文化输入本土，必须适应新的环境，才能在与本土文化的矛盾冲突中生存繁衍，因此它必然在某些方面改变自己的本来面貌；另一方面，在这个过程中，它又必然被本土文化吸收融合，成为本土文化的新成分。无论是外来文化还是本土文化都不可能保持原状而必融入新机，这就是文化的更新。汤先生以毕生精力研究了印度佛教和中国文化的关系，处处证实了"印度佛教到中国来，经过很大的变化，成为中国的佛教，乃得中国人广泛的接受"。他将这一过程归结为三个阶段：因看见表面的相同而调和，因看见不同而冲突，因发现真实的相合而调和。这三个阶段既是时间的先后次序，也是一般的逻辑进程。汤先生毕生从事的魏晋南北朝佛教史和魏晋玄学的研究都可视为这一结论的印证。直到如今，这一论断仍不失为有关中外文化沟通汇合的真知灼见。

文化传统就是这样在不断吸收、变化和更新的过程中发展的。这是一个动态的过程。任何文化传统都不是固定的、已成的（things become），而是处于不断形成过程之中的（things becoming）。它不是已经完成的"已在之物"，只要拨开尘土就能重放光华，更不是一个代代相传的百宝箱，只消挑挑拣拣，就能为我所用。传统就是在与外界不断交换信息、不断进行新的诠释中形成的，传统就是这个过程本身。如果并无深具才、识、力、胆的后代，没有新的有力的诠释，文化传统也就从此中断。

季羡林先生最近对这个问题进行了深邃的思考和精到的发挥。他在《传统文化与现代化》一文中指出，传统文化代表文化的民族性（我认为这就是上述文化传统形成过程中积淀下来并不断发展的某些因素——笔者），现代化代表文化的时代性。一切民族文化都须随时代发展而更新。季先生认为这二者相反相成，不可偏废。现代化或时代化的标准应是当时世界上文化发展的最高水平，任何文化的现代化都必须向这一最高水平看齐。因此，现代化与开放和交流密不可分。在这个过程中，正如汤用彤先生所论证的，外来文化必有改变，传统文化也必得更新。二者都不可能原封不动，否则就只能停滞和衰退。季先生认为我国汉唐文化的繁荣，其根本原因就是一方面发展了汉民族的传统文化，一方面又大力吸收了外国的物质和精神文明并输出我国的传统文明。反之，清朝末年的保守派一方面对传统文化抱残守缺，一方面又拒绝学习国外先进的东西，畏惧时代化和现代化，结果是国力衰竭，人民萎缩。未来的希望就在于赶上当前世界文化发展的最高水平，并在这一过程中对过去的文化进行新的诠释。

回顾过去历届北大校长对文化问题的看法，对我们今天有关文化问题的讨论仍是极好的借鉴。

北大的自由精神容纳了人们对真理的追求，也容纳了人们几十年对文化问题的自由讨论，同时也容纳了个人人生信念爱好的不同。"物之不齐，物之情也。"蔡元培时代的北大就容纳了许多完全不同的人物。正如马寅初校长所回忆："当时在北大，以言党派，国民党有先生及王宠惠诸氏，共产党有李大钊、陈独秀诸氏，被目为无政府主义者有李石曾氏，憧憬于君主立宪、发辫长垂者有辜鸿铭氏；以言文学，新派有胡适、钱玄同、吴虞诸氏，旧派有黄季刚、刘师培、林损诸氏。"这些人都可以保留自己独特的思想和信念，不必强求统一。正是这种不统一，才使蔡元培时代的北大如此虎虎有生气。"不同"，"不统一"，保存自身的特点，维持相互的差异，对于事物的生存和发展十分重要。

第二次世界大战后，世界文化发展的总趋势就是全球意识背景下的文化多元发展。这是世界进入信息时代，帝国主义垄断结束的必然结果，也是20世纪后半叶无可抗拒的时代特征。特别是与进化论相对的耗散理论、熵的概念的提出，更是在今天的西方世界形成了一种对模式化、一元化、"无差别境界"的深刻恐惧。熵的理论认为在一个封闭系统里，能量水准的差异总是趋向于零。例如不同平面的河水，可以利用落差驱动水轮,可以发电,这是有效的、自由的能量;一旦落差消除,水面平衡,能量就转为无效和封闭。这就是说,无差别的、封闭性的一种模式、一个体系、一个权威,总之,一元化只能导致静止、停滞和衰竭。能量不断耗散而趋于混沌一致的过程也就是作为衡量这一混沌程度的单位的熵日益增大的过程。只有形成开放系统,不断和外界进行信息交换,力求追取独特、差别和创新才有可能维持生命活力,而不至于成为庄子所描写的那个无"七窍"、不能"视听食息"的名叫浑沌的怪物。如果事物越来越统一,熵越来越大,人类就会在一片无争吵、无矛盾的静止、混沌之中沉入衰竭死寂。因此,人们把刻意求新,不断降低"熟悉度",追求"陌生化"的作家称作"反熵英雄"。"四人帮"统治下的北大追求所谓认识统一、思想统一、行动统一等五个统一,和蔡元培所开创的自由精神背道而驰,结果是扼杀了创造性,戕灭了生机。一切归于一致,也就归于静止衰竭。90年来,北京大学的校长们,从已故的蔡元培、马寅初、翦伯赞到仍健在的季羡林都曾为维护这种独特性、创造性、不苟同、不随俗而付出过昂贵的代价直到生命。他们是自由的精魂,他们的功业将没世永垂。

目前,一个新的历史时期正在我们眼前展开。面向世界、面向现代化、面向未来的正确方针为我们古老的民族注入了无穷的生命力;开放搞活的政策为彻底摧毁昔日"万喙同鸣,鸣又不揆诸心"[①]的封闭体系提供了最有力的武器。正是在这样全民共振奋的形势下,北大当任校长率先提出了把北大建设成世界第一流大学的壮志宏图,果真如此,则今日北大人将无愧于往昔自由精神之前驱。

值此北大校庆九十周年之际,谨以中国文化书院之名义,将这本小书奉献于已故的,在世的,方生和未生的北大之魂。

1988 年 3 月 14 日

[①] 鲁迅:《文化偏至论》,收入《坟》,人民文学出版社,1980 年。

教育革新乃强国之本
——京师大学堂创办人、大学士孙家鼐

罗筠筠

近代西方资本主义的坚船利炮,终于打开了中国一向紧闭的门扉。国力的衰退、文明的沦丧,迫使中国知识分子为救国保种而不得不学习西方的科学技术。当时统治集团内部及社会上大部分知识分子,于西学只限于天文地理、数理化和器物制造这些所谓的"用"上,只有少数人如康有为、梁启超、严复等,在介绍西方文化科学知识的同时,强调要学习西方的科学精神,要冲决传统文化的禁锢罗网,解放思想,提倡变法维新。梁启超指出:"变法之本,在育人才,人才之兴,在开学校,学校之立,在变科举。"[①]北京大学的前身——京师大学堂,正是戊戌维新运动的产物,也是19世纪中叶开始的中学与西学、科举与学校长期斗争的产物。

第一次正式提议设立"京师大学"的,是刑部左侍郎李瑞棻。

---

① 中国史学会主编:《戊戌变法》第3册,神州国光社,1953年,第21页。

1896年6月,他在给清廷的《请推广学校折》中,建议"自京师以及各省、府、州、县皆设学堂","京师大学,选举贡监三十以下者入学,其京官愿学者听之"。他认为只要通过大学造就一批人才,便可修内政,雪旧耻。1898年7月4日,光绪帝正式下令批准设京师大学堂,命吏部尚书、协办大学士孙家鼐为京师大学堂第一任管学大臣,相当于京师大学堂第一任校长。

一、一生为官,清正严明

孙家鼐(1827—1909),字燮臣,安徽寿州(今安徽寿县)人,自幼聪颖好学,才思敏捷,咸丰九年(1859)三十二岁时中一甲一名进士,状元及第。此后在咸丰、同治、光绪三朝任官,以八十二岁高龄终于仕途,谥号文正。

孙家鼐初被点状元时,授职为修撰。第二年,充为武英殿纂修官,不久又被任命为总纂修。咸丰十一年三月,由于校勘宣宗道光皇帝之圣训有功,奉旨升为候补的二十名等待升缺的前列候之位。同年

七月,山西举行乡试,任正考官。同治元年(1862)三月会试任考官,八月入为实录馆纂修官。同治二年,点为翰林,为翰林院汉办事官兼庶常馆提调。次年二月,补为詹事府右赞善。同年四月,受任提督湖北学政。同治四年五月,迁为翰林院侍讲。同治六年,转补侍读。同治七年,湖北当差期满回京,于九月里受诏命在上书房行走,十一月被提为侍讲学士。

次月,当上了日讲起居注官。同治九年,转升为侍读学士,并任武英殿提调。同治十年五月,孙家鼐因病奏请解任归家养病,帝允之。接着,由于其母亲去世,在家守孝。直至光绪二年(1876)才复出入都,仍命在上书房行走,充武英殿提调。光绪四年二月,与尚书翁同龢同被任命为光绪老师。次年,晋升为内阁学士兼礼部侍郎及工部左侍郎。随即,又被任命为文渊阁直阁事。光绪八年,又兼署吏部左侍郎。同年四月会试中,为考试试差阅卷大臣。八月顺天府乡试充为副考官。至光绪十一年,又充任会试考试试差阅卷大臣兼礼部右侍郎及顺天府乡复试阅卷大臣。此时,江西学政陈宝琛奏请以先儒黄宗羲、顾炎武从祀文宗咸丰皇帝,当时许多人认为不可,但孙家鼐与潘祖荫、翁同龢等人则认为可以施行,又再次请旨,最终朝廷从了孙家鼐等人之议。光绪十五年,代理工部尚书。次年三月又兼理刑部尚书,并于十一月被授为都察院左都御史。光绪十八年二月、六月又兼理户部尚书及工部尚书,并很快补为顺天府府尹。

光绪二十年,中日甲午战争爆发,当时朝内多数人主战,而孙家鼐独认为不可开战。甲午战争后,面对中国再次被瓜分的亡国危机,全国兴起了一场救亡图存运动。以康有为、梁启超、谭嗣同、严复等人为代表发起了一场以"救亡图存"为口号的变法维新运动。他们效法日本明治维新,试图对中国的政治、经济以及文化教育制度进行改革。他们设学会,办报馆,著书译文,介绍西方资本主义文化科学知识,并上书光绪疾呼变法维新。孙家鼐此时已年近七旬,由于他原为光绪之师,思想接近帝党,中日战争后,他开始阅读时务书,思想倾向变法,但与激进的维新派思想上也有分歧,并同顽固守旧派亦有联系。光绪二十一年8月,北京组织强学会,经常开会讲演,讨论学术,批评时政,鼓吹学习西方,变法维新,孙家鼐也曾列名强学会。但西太后等人认为这是"私立会党,将开处士横议之风",逼迫光绪下令封闭强学会,虽然在胡浮辰、翁同龢等人的奏请下解禁,但清廷却决定将

强学会改为官书局,并派当时任吏部尚书的孙家鼐任官书局督办。孙家鼐上任后曾在局内设藏书院、刊书处、游艺院,主聘请中外学者翻译及编印中外图书,收藏购置科学仪器,甚至还提出在局内设学堂一所。此时孙家鼐虽年事已高,但仍政务繁忙,累累升迁。光绪二十二年七月,由吏部尚书调礼部尚书,十一月又兼署工部尚书。次年三月又兼署吏部,并充任查库大臣,七月又回调吏部尚书,八月充任顺天府乡试正考官。光绪二十四年三月又任全国会试的正考官,五月迁会典馆正总裁,并被任命为吏部尚书、协办大学士。此时,"非变法不足以强国"的呼声日益增高,皇帝诏谕百司,整饬庶务,开言路,举新法,实事求是。孙家鼐认为冯桂芬作《校邠庐抗议》一书最为精密,因而奏请饬印颁发各署,并由诸大臣讨论是否可行,最后汇呈皇帝明采。同年6月11日,光绪下《明定国是诏》,正式宣布变法。在光绪的诏书中特别强调关于当时维新派人士酝酿已久的"京师大学堂"的问题。经过与守旧派几次斗争,光绪发出上谕,严令军机处和总理衙门迅速办理"大学堂"之事。7月4日光绪正式下令,批准设立京师大学堂,同时任命孙家鼐为管理大学堂事务大臣,并决定由孙督率将原设的官书局及新设的译书局并入大学堂。

光绪二十四年9月21日,顽固派发动政变,光绪被囚,变法失败,维新派的改革措施几乎全被废除,唯有京师大学堂因"萌芽早,得不废",命孙家鼐继续负责筹办,但教学方针和内容都发生了很大变化。学堂规模也大大缩小了,当时许多人为此批评孙家鼐。孙也是进退两难。光绪二十六年春,孙家鼐终于因西太后阴谋废黜光绪帝位,愤然辞去了京师大学堂管学大臣之职。同年十月被补为礼部尚书,接着拜翰林院掌院学士之命。后又晋升为大学士,随即充为体仁阁大学士,掌管吏部事务。光绪二十九年八月转为东阁大学士,九月补充为政务处大臣,十一月又任学务大臣。当时学部没有设立直省,各种学风庞杂,自从孙家鼐管理学部后,裁度规章,折中中外,严定宗旨,一以敦行实学为主,海内学风,为之一靖。

光绪三十一年,孙家鼐因病请求开缺,但朝廷认为他老成谙练,没有批准。同年六月调他为文渊阁大学士。光绪三十二年(1906)议改官制,命八十岁高龄的孙家鼐总司核定,接着拜充国史馆总裁。十二月,拜文渊阁领阁事。光绪三十三年六月,晋升为武英殿大学士。次年二月,被任命为太子太傅。

宣统元年(1909)二月,奏办翰林院讲习馆,孙家鼐督理校勘,精研政学时务。这年十月,孙家鼐病逝。当时的遗疏上谕中说:"大学士孙家鼐,品学纯正,志虑忠诚。"

二、重翻译,置仪器,督办官书院

孙家鼐是清末一位重臣,他学识渊博,政绩斐然,有生之年一直得到皇帝的重用。作为一个学者,他对于中学有深厚的素养,对西学也有一定的了解;作为一位官吏,他对于当时清廷的种种腐败现象深恶痛绝,希望通过变法来重振中国久远的文明之雄风。

在任官书局督办时,孙家鼐曾向朝廷递《官书局奏定章程疏》,内中拟定了官书局的章程七条,其中最主要的是"藏书籍""刊书籍""备仪器""广教肄"四条。孙家鼐认为,官书局的藏书,应以"列朝圣训钦定诸书,及各衙门现行则例、各省通志河漕监厘各项政书"为主,凡"古今经史子集,有关政学术业者,一切购置院中,用备留心时事讲求学问者,入院借观,恢广学识"。同时,官书局还应设刊书处,专门翻译刻印各国书籍,"举凡律例、公法、商务、农务、制造、测算之学,及武备工程诸书,凡有益于国计民生与交涉事件者,皆译成中国文字,广为流布"。另外,官书局除可为细心研求学问的人提供必要的书籍外,还应购置一些科学仪器和矿物、动植物标本,以便使学者"心摹手试,考验研求,了然于目,晓然于心",在办"洋务"时就可别材质之优劣、估价格之高低,而不致被人蒙骗。孙家鼐还建议设一学堂,以培养人才,后因经费问题这个主张没能即时实现。①

孙家鼐督管的官书院,实际上是继续了康有为、梁启超等人组织的强学会的任务,并使之条理化、官方化了,这样的官书局使得西学的宣传与研究有了官方的保证。而从孙家鼐定的官书局章程中也可看出,他对于西方文化采取的态度是很开明的,凡可为我所用的知识,均可选译出来,而且他较为重视实验的意义,特辟"游艺院"以供学者进行必要的实验。当然,在孙家鼐那里,"体"与"用"实际上分得是很清楚的,他对于西学的鼓励,其实只限于其"用"的方面,仅作为一种必备知识,作为在兴办洋务时不致受骗而必需的知识,至于思想之根本的,还是历代圣王的训导,而且还是经过钦定的。作为朝廷重臣,孙家鼐对维新派的态度仅限于同情,绝不会像康、梁那样大肆鼓吹变法维新。他很不赞同康有为的"托古改制"之说,认为康有为竭力要证明孔子改制称王,只不过是杂引谶纬之书所得的附会之辞。"言春秋既作,周统遂亡,此时王者即是孔子。无论孔子至圣,断无此僭乱之心,即使后人有此推尊,亦何必以此事反覆征引,教化天下?方今圣人在上,奋发有为,康有为必欲以衰周之事,行之今时,窃恐以此为教,人人存改制之心,人人谓素王可作,是学堂之设,本以教育人才,而

---

① 中国史学会主编:《戊戌变法》第2册,第422—423页。

转以蛊惑民志,是导天下于乱也。"① 因而主张对于康有为书中有关孔子改制称王等字样,应当下令删除。

孙家鼐对于康有为关于孔子"改制""称王"的看法的反对,实际上是出于一个传统士大夫在政治生活中的地位所必然产生的反应。中国传统社会中的政司发动,是一个单向的过程,官吏无论身居何职,都只有听从皇旨的义务,更不要说一般的士大夫,只能或是帮皇帝旨意做论证,或是愤世嫉俗、专于个人修养以求解脱。学习的最直接目的,是为了做官,以辅佐朝政,绝不可有僭越之心。在中国历史上,只有两种人可做皇帝,一是皇家成员继承王位,一是凭借武力或政变夺取王位,而一般士大夫则断不可升迁取得王位。所以孙家鼐对于康有为关于孔子改制称王的大胆说法甚为惊恐,以为这样一来便足以致天下大乱。

三、教育为本,分科立学,育可恃之才

光绪二十二年(1896)七月,孙家鼐奏上《议覆开办京师大学堂折》。他认为,西方国家之所以能够"凌抗中朝",并不仅恃船坚炮利,更主要的是这些国家通过完善的教育造就了一大批具备各种不同学科知识的人才。而这些人才的培养,绝非当时中国已有的以学科教育为主的各类学馆所能完成的。因这些学馆多是师徒相授,教学内容不过经史义理,至多只是造就几个专事训诂考据的腐儒或翻译人才,北洋水师学堂、江南制造局学堂等略带新式的学堂,也不过囿于一才一艺,并不能合国家之大用。这些学堂"办理垂数十年,欲求一缓急可恃之

---

① 中国史学会主编:《戊戌变法》第 2 册,第 431 页。

才,而竟不可得者,所以教之道,固有未尽也"①。因此中国旧设学堂不可仿照。但孙家鼐又认为西方大学的分科立学,尽管规制井然,却终觉"道器分形,略于体而详于用,故虽励精图治,日进富强,而杂霸规为,未能进于三代圣王之盛治"②。他认为,京师大学堂应循着"中学为体""西学为用"的方针,取中国旧有学堂和西方大学之所长集于一身,这样才能显示中国堂堂大国的气势。他列出了开办京师大学堂所需的六条原则:一是宗旨要先行定夺。中国五千年来政教昌明,不能像日本那样"尽弃其学而学西法",必须"以中学为主,西学为辅;中学为体,西学为用;中学有未备者,以西学补之;中学其失传者,以西学还之。以中学包罗西学,不能以西学凌驾中学,此是立学宗旨"③。二是购地建造学堂,同地附设小学四所。三是学问分科。孙家鼐初定分为十科:"一曰天学科,算学附焉;二曰地学科,矿学附焉;三曰道学科,各教源流附焉;四曰政学科,西国政治及律例附焉;五曰文学科,各国语言文字附焉;六曰武学科,水师附焉;七曰农学科,种植水利附焉;八曰工学科,制造格致各国附焉;九曰商学科,轮舟铁路电报附焉;十曰医学科,地产植物各化学附焉。"后来经与日本使臣问询,知兵学与文学不同,不应入大学堂,而应另设武备学堂,所以将兵学一科取消。四是大学堂应聘中西总教习各二人。"中国教习,应取品行纯正,学问渊深,通达中外大势者,虽不通西文可也。外国教习,须深通西学,精识华文。"④五是大学堂学生以二十五岁为限,学生应是自附设的小学中选出中西各学俱通的优秀学生直接升入,而这些学生主要是满汉官家子弟,而读书世家的子弟若经考试也可入学。六是学生的出路问题,首先是由大学送学生参加乡试,考中的步入仕途,考

---

① 中国史学会主编:《戊戌变法》第 2 册,第 425—426 页。
② 同上。
③ 同上书,第 426 页。
④ 同上书,第 427 页。

不中的一可派往中国使馆，一可为教师。

以此六条为开办京师大学堂的原则，可见大学堂确是将西方大学的教育体制与中国传统学馆结合了起来。强调分科而学，而分出的科目中又包括义理之学，使得中国传统思想与西方科学知识并驾齐驱，均不偏废。同时有中外教习，可以使中外学问保持其固有特色。对于学生的要求，以中西学一律赅通者为上等，并要经过切实的考试。学生在精通学问的同时，还须品行端正，道德高尚，才能应国家之需。孙家鼐分别的十科后来逐渐演为"文、理、法、商、工"五科，直至蔡元培先生入主北大时才废科改系。

由于先定了"中体西用"的宗旨，在教材选定和教学目的制订上，孙家鼐认为，教育的目的在于广民智，增知识，而不像严复那样要借此"新民德"，求变革。他主张选用由管学大臣阅过并进呈皇帝钦定的经史为学生学习道学的课本，对于那些足以乱民心的书籍和言辞须严禁和删除。因而在孙家鼐看来，大学堂教育所培养的，只是能够治理朝政的官吏，绝不是通过学习知识开阔视野进而求诸变法维新。所以民智可广，民心却不可动。殊不知，民智既广，民心岂可不动？无论如何禁删课本，总会出现传统的叛逆，当然，既然官方不希望目睹民心的变化，这种变化只得暗中进行，所以中国历来私下发议论的多，小道消息也多。而这种经史课本要钦定的做法，实际上与遍采西方各家著述的做法是相矛盾的。在督办官书局时，孙家鼐主张要翻译外国一切有益于中国发展的书籍，以开阔人们的视野。这本身就含有学术自由的思想，然而这仅仅止于西学的介绍。至于中学，在译书局编纂经史子集时，却要求严禁悖书。这也反映了孙家鼐思想上的矛盾：他一方面希望宣传西方的科学知识和政治制度，另一方面又深恐这些东西会冲击了中国的传统文化和封建体制。作为身居要职的朝廷命官，他目睹国力衰微，希望变法图强，又不愿丧失国粹，希望继续万方来朝的昌明盛世。他的这种心态，代表了中国传统士大夫的普遍心态，即一方面内心躁动着改变世事的不安情绪，另一方面又要恪守本分，忠于帝王。当他们力求改革时，他们是具有独立自我意识的人；当他们为维护帝王的利益与社会相抗衡时，他们又不过是些受人操纵的政治机器人。正是在这种矛盾心态中，孙家鼐一方面奏请删除康有为书中关于孔子改制称王的字样，一方面在《奏筹办大学堂大概情形折》中又认为对于经史书籍不可"以一人之私见任意删节、割裂经文"，特别是因"学问乃天下万世之公理，必不可以一家之学，而范围天下"。①

常言道，学而不用，养士何为；用违其才，不如不用。在京师大学堂学生的出路问题上，孙家鼐是本着学优则仕、仕优则学的原则。进士举人出身的京官，确有政绩者可入仕学院，这些人中学已有根基，入学则专为西学而来，以求博中通西。大学堂的毕业生，其已授职的，由管学大臣出具考语，各就所长，请旨褒奖。而作为进士的学生，则由管学大臣严测其品学，请旨录用。学哪一科须归入相应的部门，如学政治的归吏部，学商务、矿务的归户部，等等。制订这种学生归口推荐的办法，可使学生有施展才华之处，也解决了国家之需要。由于学生来源主要是京官之家，且学成之后多数为官，这样出路明确，对培养学生是有益的。但是在实行时因无其他条件和人员的弹劾，全凭管学大臣（以后是教授）的推荐评定，就很容易使学生只以追求功名利禄为目的，于学业上不求甚解。至蔡元培先生接管北大前，北京大学几乎成为培养官僚老爷的场所，当时学生中有所谓"十兄弟会"，即十个关系密切的学生结为兄弟，商定苟他日一人富贵，勿忘提携他人。因此孙家鼐在提出学生出路时，立意良好，却在以后执行中变了味。

除了为开办京师大学堂奔走用心外，孙家鼐还议办了将上海《时务报》改为官报的事。他认为，自古圣帝明王，未有不通达下情，而可臻上理者。所以论治之患，不在于贫弱不均，而在于壅蔽之患。魏

---

① 中国史学会主编：《戊戌变法》第2册，第436页。

徵谓唐太宗曰，人君兼听则明，偏听则暗。"泰西报馆林立，人人阅报，其报能上达于君主，亦不问可知。"① 所以为沟通民情起见，应办官报，而且孙家鼐建议，仅将上海《时务报》一家报纸改为官报还不够，还应令天津、上海、湖北、广东等地的督抚将当地各报馆的报纸都呈送都察院一份、大学堂一份，"择其有关时事，无甚背谬者"录呈御览。这样就可收兼听之明，对为政大有补益。在第一张官报的形成过程中，孙家鼐的作用是不可忽视的。他以自己的威望和正直的品行对开明政治的形成起了推动作用。在议官报的兴办时，他还提出，"官书局向有汇报，系遵总理衙门奏定章程，不准议论时政，不准臧否人物，皆译外国之事，俾阅者略知各国情形。今新开报馆，既得随时进呈，胪陈利弊，将来官书局报，亦请开除禁忌"②。如此实际上就开了自由办报之先河。

孙家鼐一生为政，可算官运亨通。由于那个时代的特殊状况及他自己所处的地位，在戊戌变法这个历史阶段内他表现出极度的矛盾，其思想有开明的一面，也有保守的一面。综观其态度，他在变法维新中主要是站在帝王一边同情维新派，但又不愿动摇帝制。由于他在政界与学术界的威望，他一手筹办了中国第一所综合性的大学，这在中国文化史和教育史上有不可磨灭的贡献。

---

① 中国史学会主编：《戊戌变法》第 2 册，第 432 页。
② 同上书，第 433 页。

学者当以天下国家为己任[①]
——钦命管理京师大学堂事务大臣张百熙

郭建荣

京师大学堂是中国人民在遭受了东西洋列强侵略，饱尝苦痛之后，为争生存，为求强求富，为实现国家现代化而设立的。它是中国人民变法革新、救亡图存的产物，是中国教育尤其是高等教育现代化的标志。京师大学堂自孙家鼐草创，于光绪二十四年（1898）开学，至光绪二十六年八国联军侵占北京，德兵、俄兵先后占据大学堂，大学堂不得不停办。光绪二十七年七月二十五日（9月7日）清政府以签订屈辱的《辛丑条约》换得和平，然而"两宫西幸"创痛巨深，痛定思痛，尤感人才重要，于光绪二十七年十二月初一日朝廷发下谕旨："兴学育才，实为当今急务……"命吏部尚书张百熙为管理京师大学堂事务大臣，恢复大学堂。

张百熙素有变法革新思想，深知兴学育才的重要，且具开拓务实精神。甲午战后，尤其痛心外患入侵，因此对于变法革新、兴学育才等关系国家前途、民族命运的大事，无不热切陈奏于朝廷，以期除弊

[①] 此句系张百熙题京师大学堂联上联。

兴利，民富国强。及至受命重建京师大学堂，其愿得遂，所以他"夙夜构思""悉心考察"，为办好大学堂而日夜谋划。

一、常怀四海志，放眼横八垠

张百熙（1847—1907），字野秋，亦作冶秋，湖南长沙（今湖南长沙）人。同治十三年（1874），百熙二十七岁中二甲进士，先后授翰林院庶吉士、编修。历任山东学政、典试四川，受命南书房行走，再迁侍读、国子监祭酒、广东学政、内阁学士、礼部侍郎、左都御史、工部尚书、户部尚书、邮传部尚书、礼部尚书、吏部尚书等职，是清末朝廷重臣。

张百熙出生于鸦片战争之后，资本主义列强相继侵入中国，丧权辱国事件频频发生，不平等条约一个接着一个。《南京条约》《虎门条约》《望厦条约》《黄埔条约》《瑷珲条约》《天津条约》《北京条约》等强迫清政府割地赔款、吸食中国人民血汗、侮辱中国人民人格的条约签订的消息不时传来，在他幼小的心灵中生起长大以后为国出力、驱逐列强的萌芽。及至青年时期，在他登进士第前后，1874年5月，上海法租界向外扩张，越界筑路，强行穿过宁波同乡会会馆四明公所，在上海的宁波人起而保卫内有义冢的会馆，与法军冲突，先后死伤数十人；1874年10月，日本在美国支持下，迫使清政府签订《北京专约》，侵我台湾，并于1879年非法吞并琉球；1875年2月，英国武装"探险队"以"游历"

为名,在马嘉理(A. R. Margary)的带引下由缅甸闯入我云南,扰我边民,引起武装冲突,马嘉理丧生,英人以此为借口胁迫清政府签订《烟台条约》……上述"四明公所事件""琉球事件""云南事件"等不能不对热血青年张百熙产生强烈的刺激。他看到外有列强日逼,时局日益阽危,国家遭瓜分的苗头已现,而内有乞丐遍地,民众日穷,盗匪横行,经济日困。这时为救国自强的"洋务运动"正在积极进行,并于张百熙中进士前两年的1872年派出包括詹天佑在内的第一批官费留美学生三十名,他登进士第的第二年即1875年,第四批官费留学生到达美国。清朝末年在外国列强的逼迫下出现的"自强""求富"的洋务运动和留学生运动,对张百熙产生了很大影响。

张百熙出生在诗书世家,书香门第,家庭环境的熏陶,使他继承了中国知识分子忧国忧民的传统美德。他饱读经史,其中岳武穆、文天祥等民族英雄、干国忠良的形象,在国势日危、列强日逼之时,更激起他见贤思齐的愿望,应下读书报国、经世济民的宏愿。这宏图大志是他步入仕途以后能不避杀身之祸为国直谏,甚至敢于弹劾权倾一时但避战误国的李鸿章和礼亲王世铎的根源。他的诗句"我方少年时,读书气嶙岣。常怀四海志,放眼横八垠"[①],是他这一时期精神世界的写照,也是我们研究了解他早期思想的窗口。

二、忧国忧民近杜陵,救时报国忘己身

京师大学堂的创办与中日甲午战争有密切的关系。此战中国失败,北洋水师全军覆没,创痛巨深。1895年4月,李鸿章去日本签订了屈辱的《马关条约》之后,不久顺天府府尹胡燏棻上书清政府,认为日本明治维新以来,时间不长而能国富民强,使西方各国推服,"是

---

① 张百熙《退思轩诗集》,转引自张百熙曾孙张希政、张希林与笔者的通信。

广兴学校,力行西法之明验"。而西方各国所以富强、人才辈出,"其大本大源,全在广设学堂"。因此,胡燏棻认为"今日中国关键,全系乎此"。① 第二年五月刑部左侍郎李端棻奏《请推广学校折》内明确指出"人才之多寡,系国势之强弱",并首次提出设立"京师大学"的主张。因为检讨过去办洋务所设立的同文馆、方言馆,水师、武备等学堂,办理几十年不过得到几个翻译和操船操炮的人员而已,"而国家不一收奇才异能之用",要培养安邦定国、经世济民之大才,必须开办大学堂。这一时期关于创办京师大学堂、总学堂的条议、奏折等并出,梁启超、姚文栋、熊亦奇、康有为、孙家鼐等人提倡最力,连美国传教士李佳白、狄考文等也不后人,积极议设京师总学堂。到1898年,岁在戊戌,维新变法、育才图强的思潮大大升温,催产了京师大学堂,经多年酝酿筹划、历尽曲折的京师大学堂,终于在这一年开学。在一定意义上可以说是日本发动的甲午战争刺激中国由学习西方转向学习日本,创办大学堂,在更高层次上兴学育才。

甲午之役中国战败,原因是多方面的,但清政府中主持外交事务的北洋大臣、洋务派首领之一的李鸿章一贯采取投降政策,贻误战机,责任难逃。他在日本侵入朝鲜继而进攻中国时,仍坚持避战静守的方针,使援朝清军处于被动挨打的境地,虽有清将聂士成、左宝贵指挥清兵英勇奋战,进行抵抗,但终因后援不继,总兵左宝贵中弹牺牲,清军失利。陆战如此,海战亦相类似,提督丁汝昌率领的北洋舰队与日将伊东祐亨率领的联合战队激战于黄海之上,互有损伤,但李鸿章避战求和,下令北洋舰队驶离旅顺港退守威海卫。李鸿章的错误方针使丁汝昌腹背受敌,最后惨败,当时堪称亚洲第一大舰队的北洋水师全军覆没。泱泱天朝大国败于蕞尔小岛日本,不能不引起国民的极大愤慨,有识之士多对负有不可推卸责任的李鸿章不满,但敢于指责李鸿章的却不多。不仅不敢指责李鸿章,反而有些肖小之辈为了依附权

---

① 北京大学校史研究室编:《北京大学史料》第1卷,北京大学出版社,1993年,第5—7页。

势向上爬，还替李鸿章之流进行粉饰。而以天下国家为己任、视国家民族利益高于一切的张百熙却不顾个人身家性命，上书弹劾权倾朝野的李鸿章，指出李鸿章表面上做备战的样子而实际上暗中主和避战，致使"左宝贵、聂士成皆勇敢善战之将，以饷械不继，遂致败绩"，这样的结果，其"咎在鸿章"。张百熙不仅敢于弹劾不可一世、位在己上的重臣李鸿章，而且对偏听偏信、一味依赖李鸿章的礼亲王世铎也不留情面，"又劾礼亲王世铎莅枢务，招权纳贿，战事起，一倚鸿章，贻误兵机，皆不报"①。张百熙之所以敢于冒犯权贵，直言进谏，原因不是别的，正是国土归异域、四海苍生泪、丧权辱国、民命倒悬的危局使爱国者张百熙悲愤填膺，置个人安危于脑后。

甲午之败，李鸿章固然难辞其咎，但清朝上层统治者的腐败是更主要的原因。在连遭外辱、国势日困的晚清，光绪皇帝虽极想改革图新，但骄奢淫逸的慈禧太后却不顾国事一味追求腐朽奢华的生活，对光绪稍涉限制权贵糜费的革新措施大为不满。中国人做寿，历来有以六十花甲为大寿的习惯，因为人生七十古来稀。慈禧太后一国至尊，其六十大寿被尊为万寿，不在宫中庆贺，要在颐和园万寿山举行庆典，祈其万寿无疆。一些趋炎附势的佞臣贼子借机谄媚老佛爷，以为进身高升之阶，主张大办庆贺，提议自故宫至颐和园沿途多扎彩楼、彩棚，调集各地鼓乐、戏班、杂耍等各色艺人为老佛爷献艺，祝她万福万寿、万事如意。这样的大事铺张，耗费惊人，劳民伤财，无疑将使本来已经十分困难的清朝经济雪上加霜。忧国忧民的张百熙不忍袖手而上奏折，陈请节省国帑，太后"庆寿典礼，着仍在宫中举行"②。光绪准奏，慈禧不悦，但又不便硬干，她的报复在以后的岁月中一并加在光绪头上，一泄她"今日令吾不欢者，吾亦令其终身不欢"的恶愤。

张百熙看到国家积弱为外强所侵，主张变法图强，对康有为等对

---

① 赵尔巽等：《清史稿》卷四百四十三，中华书局，1997年。
② 同上。

国势的分析及提出的拒和、变法等主张深表赞同，认为中国民众日益贫困，乞丐盗匪满山遍地，国家积弱不振，即使没有外患入侵，国力困竭，社会动荡，穷极生变也在所难免。因此他曾举荐力主变法的康有为到经济特科任事，并受到光绪皇帝的任用，成为推动维新变法的主要人物之一。百日维新在守旧派的反扑下失败，康有为逃亡日本，张百熙因荐举康有为获罪被老佛爷革职留任。但他并不消沉，而是"孤忠不忘蒙尘耻，万死难销报国心"。

张百熙切于报国，迫于救时，不顾自身利害，开罪权贵，足见其大勇大贤。中国知识分子居庙堂之高则忧其民，处江湖之远则忧其君，以天下为己任的优良传统，在张百熙身上得到了很好的体现。

三、建第一学府，创第一学制

张百熙一生曾任多种官职，在他为官的三十多年中，多次管理学政而与教育事业相涉，先后出任山东乡试副考官、山东学政、四川乡试主考官、光绪侍读、国子监祭酒、广东学政、江西乡试主考官、管理京师大学堂事务大臣等，对清末教育事业多有贡献。

光绪二十七年《辛丑条约》之后，逃到西安的慈禧太后等才得以"两宫回銮"。但被八国联军所逼不得不离开威严舒适的紫禁城而一路风尘、惊魂不定的逃难生涯，对养尊处优惯了的慈禧老佛爷刺激太大了。这切肤之痛使朝廷认识到"兴学育才，实为当今急务"，感到培养经世安邦之才的迫切，遂降旨将"从前所建大学堂，应即切实举办"，并任命张百熙为管理京师大学堂事务大臣，经理一切学堂事宜，规定办理京师大学堂"务期端正趋向，造就通才，明体达用，庶收得人之效"①。

---

① 北京大学校史研究室编：《北京大学史料》第1卷，第51页。

京师大学堂由孙家鼐草创，诸事刚刚开始，远未详备，又经俄兵德兵侵占校舍，毁坏图书仪器设备于荡然。张百熙之受命为管学大臣，实际上肩负着恢复和重建京师大学堂之重任。由于张百熙深知办学育才的重要，又具开拓务实精神，所以"奉命以来，臣当即悉心考察，夙夜构思，一面查勘现在情形，一面预筹未来办法"。经积极谋划，受命及月即上《奏筹办京师大学堂情形疏》陈明自己的看法与主张。他认为京师大学堂是育成定国安邦、通经济变之才的处所，为世界所关注，"不特为学术人心极大关系，亦即为五洲万国所共观瞻"。是"天下于是审治乱，验兴衰，辨强弱，人才之出出于此，声名之系系于此"的地方。因此，"大学堂理应法制详尽，规模宏远"。他在该疏中还指出"今值朝廷锐意变法，百废更新"之时，再议举办大学堂"非徒整顿所能见功，实赖开拓以为要务，断非因仍旧制，敷衍外观所能收效者也"。① 因此，在洋洋五千言的奏疏中，他详细列举五条具体措施，以制定办法、制度一条为总立大纲；以广购图书仪器、附设译局二条为讲求实用的必备条件；以增建校舍一条为渐拓规模；而尤以宽筹经费一条为诸事的根本保证。他的这份奏折当天即被批准。在当时条理万端，待批奏折堆积如山的情况下，能如此神速地批阅这五千言的长折，可见朝廷对举办京师大学堂的关注程度与急迫心情。上谕称张百熙奏筹办京师大学堂大概情形一折，所陈事项"大致尚属周妥。着即认真举办，切实奉行"。朝廷如此急速批回，张百熙自能体察上意，不敢怠慢，随即着手实施。

聘教习、订章程、编书籍是办学校的三大要务，熟谙学务的张百熙自然逐一进行。

人才是一切事业的根本，有得力之人才能成预期之事。张百熙认为京师大学堂是造就高层次人才的学校，"而才之出，尤以总教习得人

---

① 北京大学校史研究室编：《北京大学史料》第1卷，第52页。

为第一要义"。这负有第一要紧意义的重要职位，当然不是平常人所能担当的，张百熙认为"必得德望具备、品学兼优之人，方足以膺此选"。为选堪当此任的总教习，张百熙广泛征求意见，深入查访，他在"博采舆论，参以旧闻"的基础上，选中了桐城派学者吴汝纶。

吴汝纶（1840－1903），字挚甫，安徽桐城（今安徽枞阳）人。同治四年进士，大学士曾国藩门人。工古文，主持直隶保定莲池书院多年，声望很高，他不仅是桐城派的代表人物，在旧学方面很有权威，而且对新学也很注意，颇有见解。张百熙认为吴汝纶是京师大学堂总教习的合适人选，于是他上《奏举吴汝纶为大学堂总教习折》，其中说："臣博采舆论，参以旧闻，惟前直隶冀州知州吴汝纶，学问纯粹，时事洞明，淹贯古今，详悉中外，足当大学堂总教习之任……主保定莲池书院多年，生徒化之，故北方学者以其门称盛，允为海内大师。以之充大学堂总教习，洵无愧色。"在极赞吴的才能声望之后，为了职位相当，张百熙又请加升吴汝纶官衔以示重用："如蒙谕允，可否赏加卿衔，以示优异，出自逾格鸿慈。"朝廷认为张百熙举荐合适，即降谕旨："前直隶冀州直隶州知州吴汝纶，着赏加五品卿衔，充大学堂总教习。"

中国历来有礼贤下士、尊师敬贤的优良传统，管学大臣张百熙足膺此美誉。为了请这个好不容易才选中的总教习人才吴汝纶上任，张百熙在吴不愿出任的情况下，备办好总教习的五品官服官帽，亲自登门拜见授予吴汝纶。吴感其诚乃允出任，但要求先赴日本考察学务，张百熙慨然应允，并为吴办好一切手续，使吴顺利登程赴东。

光绪二十八年正月初六日，张百熙上《奏筹办京师大学堂情形疏》，奏明粗拟办法五条，其中第一条即为"办法宜预定也"。说明东西洋各国学堂办有成效，都是按照一定的规章制度分科分级办理的。中国尚无系统的学制章程，前订大学堂章程也是粗具，更不配套，所以需要制定一套较为系统的学堂章程，"至将来奏定京师大学堂章程，拟即全照大学规模"办理。张百熙在得到上谕，即所拟"一切规条将来即以颁行各省，必当斟酌尽善，损益得中，期于有实效而无流弊"之后，为求应时实用，他考察列邦，参酌古今，经半年多的努力制定出一套系统的学堂章程，于光绪二十八年七月十二日上《奏筹拟学堂章程折》说明原委："臣谨按古今中外学术不同，其所以致用之途则一。值智力并争之世，为富强致治之规，朝廷以更新之故而求之人才，以求人才之故而本之学校，则不能不节取欧美日本诸邦之成法，以佐我国二千余年旧制，亦时势使然。"这次所拟学堂章程包括《京师大学堂章程》《考选入学章程》《高等学堂章程》《中学堂章程》《小学堂章程》《蒙养学堂章程》共六件。上奏之后得到朝廷谕允，并命颁行全国各省实行："张百熙奏筹议学堂章程开单呈览一折，披阅各项章程，尚属详备，即着照所拟办理，并颁行各省，着各该督抚按照规条，宽筹经费，实力奉行，总期造就真才，以备国家任使。其京师大学堂，着责成张百熙悉心经理，加意陶熔，树之风声，以收成效，期副朝廷兴学育才之至意。"① 这套学制于光绪二十八年十一月钦定颁行，该年岁在壬寅，故史称"壬寅学制"。这便是由中央政府颁行的中国近代第一套从幼儿园（蒙养学堂）、小学、中学至大学的系统的学制章程。从此，中国办学堂才有了可资遵循的统一标准，中国教育走上了现代化的轨道，京师大学堂也从此走上了现代化的轨道。因此，诺贝尔物理学奖获得者杨振宁博士说，京师大学堂是中国现代高等教育的开端。

《钦定京师大学堂章程》共有八章八十四节，对大学堂的办学纲领、领导体制、聘用教习、科目设置、课程安排、招生办法、毕业任用、教学纪律等都做了详细的规定。在第一章全学纲领第一节中即明确规定大学堂的办学宗旨是："激发忠爱，开通智慧，振兴实业……端正趋向，造就通才。"章程规定大学堂分为大学预备科和大学专门分

---

① 北京大学校史研究室编：《北京大学史料》第1卷，第55—56页。

科，分科即相当于后来的专科学院。而之所以设有预备科，是因为办学伊始全国中小学尚未普遍设立，大中小学还不配套，一时没有可与大学相衔接的高级中学毕业生，设立预科是应急措施，非长久之计。于此可见张百熙对教育体系考虑的周到。同时考虑到当时没有统辖全国教育的部门，这一职责不得不暂由京师大学堂兼负，于是在《钦定京师大学堂章程》中还规定："京师大学堂主持教育，宜合通国之精神脉络而统筹之……各省学堂，于每岁散学后，将该学堂各项情形照格填注，通报京师大学堂，俟汇齐后，每年编订成书，恭呈御览。"根据这一规定，京师大学堂在此后直到1905年学部成立的一段时间内，既是全国最高学府，又是全国最高教育行政机关。这样，张百熙就既是大学校长，又是教育部长，其眼界自不局限于京师大学堂一校。

《钦定学堂章程》颁行全国，其影响之大自不待言。它是张百熙上溯古制，参考列邦，夙夜构思，精心编制而成的中国第一部系统学制。然而张百熙心中明白："天下之事，人与法相维，用法者人，而范人者法。"① 他认为学堂章程乃办学之法，要兴学育才向预期目标发展又不出现流弊，必须制定出"完全无缺之章程"。因此，不以他所制定、颁行全国的《钦定学堂章程》为满足。为求尽善尽美，他于光绪二十九年（1903）五月三日奏《请添派张之洞会商学务厘订学堂章程折》。在折中他说："学堂为当今第一要务，张之洞为当今第一通晓学务之人。""学堂尤政务之大端，所关更重，伏恳天恩，特派该督会同商办京师大学堂事宜，一切章程，详加厘定。"②

张之洞（1837—1909），字孝达，直隶南皮（今河北南皮）人，清末洋务派首领之一。他主张开工厂、建学堂，每到一地多关心学政，曾设经心书院于武昌，设尊经书院于成都，设广雅书院于广州，设两

---

① 北京大学校史研究室编：《北京大学史料》第1卷，第56页。
② 同上书，第57页。

湖书院于武昌,等等。甲午战后,时任湖广总督的张之洞与其他有识之士一样,深感兴学育才的急迫,于是下令他辖区内的书院一律改办学堂,所谓方言、实业、武备等专业学堂具备,小学堂也很普遍,"一时湖楚教育之盛甲于全国,四方求学者闻风麇集,各省派员调查以便仿办者亦络绎于道"①。张之洞还向国外派送留学生,于是湖北成为当时全国开办学堂、发展教育的楷模,张之洞"享学界泰斗之望"。张百熙请派张之洞这样办学先走一步、颇有经验又著声望的人来会商学务,以弥补自己之不足,可见其尊师敬贤、广纳百家、虚怀若谷以办好教育的高尚人格。

张百熙的奏折当天即被批准,朝廷发下谕旨,着即派张之洞会同张百熙、荣庆将现办大学堂章程一切事宜,再行切实商订,并将各省学堂章程一律厘定,务期推行无弊,造就通才。张百熙等遵旨,经半年虚衷商榷,互相讨论,并广泛参考各国学堂各项课程门目,酌予变通,根据中国国情,择其宜者用之,不宜者减之,终于制定出一套包括普通教育、专业教育、师范教育三个系列在内的完整而系统的学制。其中有《蒙养院章程及家庭教育法章程》一册、《初等小学堂章程》一册、《高等小学堂章程》一册、《中学堂章程》一册、《高等学堂章程》一册、《大学堂章程附通儒院章程》一册;《初级师范学堂章程》一册、《优级师范学堂章程》一册、《任用教员章程》一册;《初等农工商实业学堂章程》一册、《中等农工商实业学堂章程》一册、《高等农工商实业学堂章程》一册、《实业教员讲习所章程》一册、《实业学堂通则》一册。除此之外并定有学务管理方面的章程:《各学堂管理通则》一册和《学务纲要》一册。光绪二十九年十一月二十六日张百熙等将重定学堂章程奏呈朝廷颁布实施。

此次所定学堂章程与前《钦定学堂章程》相比,不仅完整而系统,

---

① 《张文襄公与教育之关系》,《教育杂志》第 1 卷第 10 期,宣统元年(1909)十月二十五日。

而且于关系国计民生的各实业学堂和造就师资的师范教育予以应有的重视,这对以后中国教育的发展起了规范作用。管理京师大学堂事务大臣张百熙作为制定这套学制的主要组织者与主持人,功不可没。

在这套学制的指导下,全国各地各类学堂纷纷建立,如1904年建立的有上海女子中西医学校、直隶保定医学堂、直隶高等工业学校、上海女子蚕桑学堂,1905年建立的有河北农务实业学堂、福建蚕务学堂、武昌铁路学堂、唐山铁路学堂、江西实业学堂、贵州蚕桑学堂、湖南醴陵磁业学堂,等等。

此次修订后的京师大学堂章程已是第三个大学堂章程。与前两个相比更进一步,在注意课程中西并重、设分科大学的基础上规定了附设通儒院(相当于后来的研究生院),以使学生在通儒院进一步提高,有所发明创造或著书立论,成为高层次人才。此后京师大学堂的发展即以这个章程为指导,建成了全国第一所由中央政府直接管理的综合性大学。可以说草创京师大学堂的是孙家鼐,使京师大学堂走上现代化轨道的是张百熙。

张百熙任管学大臣期间,京师大学堂学生进行了爱国拒俄运动,这一运动被史学家称为我国近现代大学生爱国运动的开端。1903年沙俄不仅不按照与清政府签订的《交收东三省条约》分期撤出其军队,反而增兵备战,又向清政府提出七条无理要求,阴谋把东北变为独占的殖民地。京师大学堂学生得知这一消息后,即鸣钟上堂集会演讲,会后上书管学大臣请代奏拒签俄约疏,并致书各地学堂,掀起爱国拒俄运动,引起国人关注。清政府很快严令学生不得与闻国是,并令管学大臣对学生进行压制。张百熙身为管学大臣一面不能不执行上谕,一面又与学生的爱国心相通,于是他上《奏派学生前赴东西洋各国游学折》,把在上管学大臣请代奏拒俄书上签名的俞同奎、冯祖荀、何育杰等列入派送出洋留学的名单,并说他们学有根底,思想纯正。这批留学生共47名,是京师大学堂当然也是中国大学送去留学的第一批学生。这47人中到日本的31人于1903年底启程赴东；另有16人于1904年初赴欧美各国留学。这批留学生大都照计划完成学业，1909年前后回国，在京师大学堂分科大学开办时任教习，将所学现代科学知识开课讲授，成为中国现代高等教育各学科的开拓者，例如，高等数学（冯祖荀，留学日本）、物理学（何育杰，留学英国）、化学（俞同奎，留学英国）、法学（林行规，留学英国）、法学和政治学（余棨昌，留学日本），等等。这是张百熙对中国教育事业的又一大贡献。因张百熙看到重金聘请来教授现代学科课程的外国教师中，有品学兼优堪为师表者，也有品劣学浅影响不良者，为长远计，为中国自己办教育、不被外人操纵计，必须培养自己的师资。

四、哲人其萎，德者不孤

光绪三十三年二月二十八日，一代名臣张百熙在京病逝，终年六十岁。

当得知张百熙去世的消息后，其门人好友无不惋惜悲痛，"旧日生徒会祭者，皆哭失声"①。各界人士纷纷撰写挽词挽联追念赞扬其功德②：

尽瘁佐维新，阙下魂归湘水阔；
受知成往事，孤哀泪洒蜀江寒。

——四川东滋然

学务尤著勤劳，是中土吉田松阴③，天语褒嘉，允为定论；

---

① 陈学恂主编：《中国近代教育文选》，人民教育出版社，1993年，第247页。
② 以下挽联引自张百熙曾孙张希政、张希林与笔者通信。
③ 吉田松阴（1830—1859），日本幕末志士、学者，精兵学，曾开办松下村塾，其学生在明治维新中发挥作用。

> 儒臣参与政事,其德望欧阳永叔,士林悲悼,盖有同情。
>
> ——湖南罗正均

> 谓公来日方长,为清时丞焕新猷,画索开疆,功名接武曾胡左;
> 讵尔昊天弗吊,不中国慭遗一老,山颓人萎,太息声同亚美欧。
>
> ——福建严复父子

> 有成德者,有达材者,有私淑艾者,先后属公门,咸欲铸金酬范蠡;
> 可为痛哭,可为流涕,可为长太息,艰难值时事,不堪赋鵩吊长沙。
>
> ——京师大学堂

充满对失去这样一位德望很高、勇于革新的师友的痛惜之情。此外,各界人士捐白银七千余两,欲铸张公铜像一尊置于大学堂内以为永久纪念,后因得知张百熙身后萧条,家境清寒,便把此款存入义善源商号生息作为遗属生活费。

对于张百熙的逝世,朝廷也很重视,派贝勒载洵带人前往吊奠,并颁旨追赠太子少保衔,赏银二千两,谥号文达,以褒奖张百熙对国家的贡献。

张百熙一生继承和发扬中国优秀传统文化,忧国忧民,公而忘私,虚怀若谷,尊师敬贤,为国家民族的文化教育事业尽其所能,实践着并实现了他的宏愿:学者当以天下国家为己任,我能拔尔抑塞磊落之奇才。他的精神值得我们纪念和学习。

哲人其萎,德者不孤。

先驱者的探索追求与失落
——中西文化撞击中的严复

程漫红

关于严复的历史地位,有过各种各样的评价。其中最引人注目者,莫过于毛泽东《论人民民主专政》中的一段话:"自 1840 年鸦片战争失败那时起,先进的中国人,经过千辛万苦,向西方国家寻找真理。洪秀全、康有为、严复和孙中山,代表了在中国共产党出世以前向西方寻找真理的一派人物。"

洪秀全、康有为、孙中山是中国近代三次政治革命中叱咤风云的领袖,都是划时代的人物。在毛泽东的评价中,严复赫然与这三者齐名。与章太炎、谭嗣同以及其他一些同时代思想家相比,严复的地位显得十分突出。

这里暂且不去议论毛泽东的评价如何。从中国近代历史来看,严复确实有着特殊的贡献。近代中国"西学东渐"的历史,大致说来可分为三个阶段。第一阶段是向西方学习船坚炮利、振兴实业以富国强兵,以清政府和一部分地主阶级知识分子兴起的"洋务运动"为典型;第二阶段是以维新变法来进行政治体制的改革,以康有为、梁启超发起的戊戌变法为代表;第三阶段,向西方学习的运动深入到文化、心理的层次,进行中西文化的比较,要求改造国民素质。这个阶段以"五四新文化运动"为顶峰。近代史上著名的启蒙思想家严复,就是这第三阶段的最初倡导者。他代表了近代中国先进人士向西方寻求救国之路所走到的崭新阶段,第一次把西方的古典经济学和政治理论、进化论、自然科学、哲学理论系统地介绍过来,从根本上打开了人们的思想眼界,启蒙与教育了整整一代中国人。

严复一生的思想理论与社会活动,明显地分为前后两个不同时期。前期,他是西方文化的积极倡导者与传播者,他把中西文化进行尖锐对比,痛斥旧学,提倡新学,号召"开民智""鼓民力""新民德",宣传变法维新,开创了向西方学习的新纪元;后期,严复一反前期的激进观点与主张,在思想理论与社会活动上都以保守的倾向出现。他不再批判旧学,而是提出要保存中国文化,主张包括中小学在内都要尊孔读经,与前期严复相比判若两人。研究者们对于严复的早期贡献一致给予高度评价,而对于他晚期的思想则多半持否定态度。在笔者看来,严氏前后两个时期的思想表面看来自相矛盾,实则有着一贯性,出发点都是为了救国救民。从早期倡导学习西方发展到晚期主张保存中国文化,是严复中西文化观逐渐走向成熟的标志,也是近代中国向西方学习的运动进入自身反省阶段的表现。

一、从"言技"到"言政""言教"的历程

严复,原名宗光,字又陵,后改名复,字几道。福建侯官(今福建闽侯)人。生于1853年1月,卒于1921年10月27日,享年六十九岁。

从1859年到1879年这二十年间,严复读书求学,在中西学方面

都打下了较坚实的基础。严复初名严传初，他从小读书用功，六七岁时就开始读《四书》《五经》一类的经典。他的家庭本不富裕，后来更由于其父亲严振先于1866年早卒，家境陷于贫苦而辍学，结束了在私塾学习旧学的生活。

此时的中国，正处于清政府和一部分维护现政权的知识分子为抵御列强入侵而兴办洋务运动的时期。在严复的家乡福建，中国第一所造船厂福建马尾造船厂也应运而生。这个船厂为了培养造船的"良工"和驭船的"良将"，附设了船政学堂，免费招收学生。这给窘于家境拮据、学业难以为继的严复提供了一个新的学习机会。严复报考了这个学堂，以《大孝终身慕父母论》一文在考试中名列第一而被录取。1867年入学，至1871年毕业。

在船政学堂的四年中，严复学习了英文、算术、几何、代数、解析几何、三角、电磁学、光学、音学、热学、化学、地质学、天文学、航海术等科目，也读些《圣谕广训》《孝经》，兼习论策，以明文理。这与当时一般读书人所受的教育完全两样。四年以后，严复以优异成绩毕业了。在船政学堂的学习，为他以后广泛地接受与掌握西学打下了自然科学的基础。

毕业后的五六年间，严复一直在海军兵船上工作。他曾与同学刘步蟾、林泰曾、何心川等人登上"建威"练习船到新加坡、槟榔屿、直隶湾、辽东湾等地实习。又曾登"扬武"舰巡历了黄海及日本海各地。这时，日本也正在首创海军事业。1874年，日本海军借故在台湾挑起战端，严复又随总理船政大臣、马尾船厂和艺童学堂的创建者沈葆桢奉命巡视台湾，测量台东各海口，调查军事情形。

1877年到1879年，严复、刘步蟾、林泰曾等被清政府派往英国学习驾驶。在英国的两年间，严复先入朴次茅斯大学（University of Portsmouth），后来又转入格林尼治海军学院（Greenwich Naval College）。在那里学习了高等数学、化学、物理、海军战术、海战公法及枪炮营垒诸学，"考课屡列优等"。他除学习海军知识外，还对英国的社会政治发生兴趣，曾到英国的法庭"观其听狱"，也曾到近代思想启蒙运动的发源地法国游历。他常与中国驻英国公使郭嵩焘论述中西学术政制之异同，很得郭嵩焘的赞赏与推崇。

在英国留学期间，严复接触了大量的资产阶级政治学术理论，如亚当·斯密、孟德斯鸠、卢梭、边沁、穆勒、达尔文、赫胥黎、斯宾塞等人的学说。他尤为欣赏达尔文的进化论。这一段留学生涯奠定了他的西学基础，为以后在中国传播与倡导西学、宣传变法维新初步做好了思想、理论上的准备。

1879年5月，严复学成回国。从1879年到1893年，严复一直在洋务派主办的海军中工作，曾任船政学堂教习，后又改任李鸿章办的北洋水师学堂总教习、总办和天津水师学堂总办。他曾想借助洋务派的力量来实现使祖国富强的政治主张，但官场的黑暗、封建衙门把持下的洋务运动的艰辛，又使他失望。他也曾想另谋发展，与王绶云合办了河南修武县煤矿，发展资本主义经济，但也无助于实现自己的政治主张。他还曾四次参加科举考试，希望得到社会承认，但每次都名落孙山。失败与挫折使他曾一度陷入彷徨，产生"当年误习旁行书，举世相视如髦蛮"的感慨。

1894年到1898年，中国发生了著名的维新变法运动。严复此时虽仍任北洋水师学堂总办，但他早已不把救国救民的希望寄托于洋务派身上，而是投入了资产阶级改良派领导的维新变法运动，他著书立说，宣传变革，真正开始了他一生的光辉事业。1895年，中国在甲午战争中遭到惨败，洋务派精心筹办的北洋海陆军不堪一击，全军覆没。

这个沉痛的事实给当时的中国人提示了一个严重的问题：如果不对腐朽的封建政治体制进行变革，无论买多少枪炮、建多少船舰、盖多少工厂，都不能避免亡国灭种的命运。严酷的现实促使以康有为、梁启超为代表的爱国志士发起了举世闻名的"公车上书"运动，拉开了维新变法的序幕。

此时的严复，也从海军界转向了思想界，积极倡导西学，宣传变法维新、救亡图存。从1895年2月起，严复在天津《直报》上连续发表了《论世变之亟》《原强》《辟韩》《原强续篇》和《救亡决论》等论文，全面提出了他的资产阶级改良思想，抨击中国两千年来的专制政治，号召以"鼓民力""开民智""新民德"为改造中国的根本办法。1897年，他在天津创办《国闻报》，使之成为当时宣传新文化运动的一个重要阵地，后来在戊戌变法运动中，它与梁启超在上海创办的《时务报》南北呼应，成为宣传变法维新思想的两大论坛。1898年，严复还向光绪皇帝上了万言书，提出了变法维新的具体纲领。与此同时，他还完成了《天演论》的翻译工作。这部著作的出版，在社会上引起巨大反响，使之成为马克思主义传入中国以前对中国先进知识分子产生重大影响的西学著作。

1900年，严复离开了他服务三十余年的海军界，从此以思想启蒙和教育工作为己任，进行了大量中西文化的研究、著述与翻译工作，而以西学著作的翻译、介绍为主。到1912年前，他先后翻译了赫胥黎的《天演论》、亚当·斯密的《原富》、约翰·穆勒的《群己权界论》和《穆勒名学》、斯宾塞的《群学肄言》、甄克斯的《社会通诠》、孟德斯鸠的《法意》、耶方斯的《名学浅说》等。在他翻译的著作中，大多附有"按语",表达了他的哲学和社会政治观点。

这段时期,严复还致力于发展教育事业。他于 1905 年帮助马相伯创办了复旦公学(复旦大学的前身),并于 1906 年接替马相伯担任了校长,数月后辞职。① 同年 9 月,他担任同考官,陪同唐绍仪考试"游学毕业生",还担任安庆高等学堂监督,于 1907 年辞职。辛亥革命后,京师大学堂改名为北京大学,严复于 1912 年 2 月到 11 月受袁世凯之命担任北京大学校长职。②

1913 年到 1916 年,严复受袁世凯重用,为袁世凯政府服务。在此期间他的思想与行为都转向保守。政治上主张实行专制,认为中国不宜实行共和。虽然在他看来袁世凯"太乏科哲知识,太无世界眼光",又不足与"列强君相抗衡"③,但袁世凯是中国当时最有势力的人物,要想使国家统一,以便一致对外,非袁世凯莫属,因此只好拥护他当皇帝。思想文化上,严复也改变了过去批判中学、倡导西学的态度,开始提倡尊孔读经、主张保存中国文化以高扬"国种特性"。严复在这段时期的思想与行为,虽然用心良苦,但常不为人所理解,在当时和事后都颇受世人指责。

1916 年袁世凯下台后,严复也退出了历史舞台,悉心研究庄子,写下《庄子评点》。从 1916 年到 1921 年,他的气喘病日趋严重,精神逐年萎靡,于 1921 年 10 月 27 日,在闽垣郎官巷寓邸逝世,终年六十九岁。

严复的著述有《英文汉诂》《老子评点》《政治讲义》《侯官严氏丛刻》《严侯官文集》《严侯官全集》《林严文钞》《当代八大家文钞》《严几道诗文钞》《愈野堂诗集》《严几道先生遗著》《庄子评点》《严几道文钞》《严复诗文选》《严几道与熊纯如书札节钞》等。中华书局近年出版的王栻主编《严复集》收录了严复一生的大部分著作。

---

① 王栻:《严复传》,上海人民出版社,1976 年,第 96 页。
② 王栻主编:《严复集》第 3 册,中华书局,1986 年,第 603、624 页。
③ 王栻:《严复传》,第 131 页。

二、向西方寻求真理的先进中国人

当康有为、梁启超为首的资产阶级改良派在政治领域掀起变法维新的体制改革浪潮的时候,严复则开始了思想领域内的启蒙教育工作。他以传播西学为己任,一面发表《论世变之亟》《原强》《辟韩》《救亡决论》等宣传变法维新、救亡图存的论文,一面着手进行《天演论》等一系列西学著作的翻译工作。

《天演论》一书原名《进化论与伦理学》,是英国著名生物学家赫胥黎的著作。这本书的主要内容是阐述达尔文的生物进化论,论述宇宙演化过程的自然力量与伦理过程中人为力量互相制约、互相依赖的问题。严复在译著中既介绍了原著的基本理论,又不囿于赫胥黎的思想,在大量的"按语"中引进了斯宾塞的普遍进化观。因此,严复的译本既有别于赫胥黎的原著,又不同于斯宾塞的学说,而是从当时救亡图存的现实需要出发,对二者所进行的综合,取此之所长,补彼之所短。对于斯宾塞,严复一方面赞同他认为自然进化是普遍规律,也适用于人类社会的观点;另一方面又不同意他那种"任天为治"的弱肉强食思想。对于赫胥黎,严复则取其"保种进化,与天争胜"的自强主张,而摒弃他关于人性本善、社会伦理不同于自然进化的观点。

在《天演论》中,严复以"物竞天择""适者生存"的生物进化理论警醒国人,阐明只有奋发自强才能救亡图存的道理。这本书引起了整个思想界的暴风骤雨,给了当时的中国人以振聋发聩的启蒙影响。在它正式出版之前,就流传于维新改良派之间,成了戊戌变法运动的思想武器。康有为、梁启超都曾得益于它。梁启超说:"前人

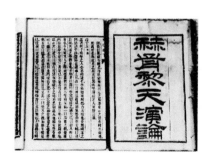

以为天赋人权、人生而皆有自然应得之权利。及达尔文出,然后知物竞天择、优胜劣败,非图自强,则决不足以自立。"① 康有为也说,严复"译《天演论》为中国西学第一者也"。《天演论》出版不上几年,就变成了一般救国人士的理论根据,几代人都在它的影响之下成长起来。胡适在《四十自述》中说,《天演论》给人们"一种当头棒喝","一种绝大的刺激。几年之中,这种思想像野火一样,延烧着许多少年人的心和血"。

《天演论》问世以后,"自强保种""救亡图存"已成为一切爱国志士的奋斗口号。然而怎样才能"自强""救亡"呢?在这一点上,严复有自己独到的见解,提出了具有自己鲜明特色的变法理论——开民智,主张中国的政治改革必须走一条思想解放的道路,立足于千百万人的觉醒、全民族文化水平的提高。

在《原强》一文中,严复指出,要使民族强盛,首先要"治本",从根本上做起。"及今而图自强,非标本并治焉,固不可也。不为其标,则无以救目前之溃败;不为其本,则虽治其标,而不久亦将自废。标者何?收大权、练军实,如俄国所为是已。至于其本,则亦于民智、民力、民德三者加之意而已。果使民智日开、民力日奋、民德日和,则上虽不治其标,而标将自立。"②

严复认为,中国人并非不懂得要向西方学习以图自强,而是没有抓住根本。鸦片战争以后,为"师夷长技"所做出的努力实在也不少了,但都没有收到多少实效,原因就在于没有从根本上提高民族自身的素质。他说:"中国知西法之当师,不自甲午东事败衄之后始也。海禁大开以还,所兴发者亦不少矣:译署,一也;同文馆,二也;船政,三也;出洋肄业局,四也;轮船招商,五也……此中大半,皆西洋以

---

① 梁启超:《饮冰室文集》卷一,上海广益书局,1948年,第230页。
② 王栻主编:《严复集》第1册,第14页。

富以强之基，而自吾人行之，则淮橘为枳，若存若亡，不能实收其效者，则又何也？""是故苟民力已苶，民智已卑，民德已薄，虽有富强之政，莫之能行。""盖政如草木焉，置之其地而发生滋大者，必其地之肥硗燥湿寒暑与其种性最宜者而后可。否则，萎枿而已，再甚则僵槁而已。"①

西方民族之所以强盛，就在于其民智、民力、民德三者皆备，中华民族之所以羸弱不堪、备受欺凌，就在于其"民力已苶，民智已卑，民德已薄"。要自强保种、救亡图存，就要向西方人学习最根本的东西，鼓民力、开民智、新民德。"盖生民之大要三，而强弱存亡莫不视此：一曰血气体力之强，二曰聪明智虑之强，三曰德行仁义之强。"②"是以今日要政，统于三端：一曰鼓民力，二曰开民智，三曰新民德。夫为一弱于群强之间，政之所施，固常有标本缓急之可论。唯是使三者诚进，则其治标而标立；三者不进，则其标虽治，终亦无功；此舍本言标者之所以为无当也。"③

怎样才能"鼓民力""开民智""新民德"呢？所谓"鼓民力"，就是要增强人民的体魄。严复认为"西洋言治之家，莫不以此为最急"。而要增强人民体魄，首先就要废除那些残害民众血气体魄健康的陈规陋习、封建礼俗。他指出："故中国礼俗，其贻害民力而坐令其种日偷者，由法制学问之大，以至于饮食居处之微，几乎指不胜指。而沿习至深、害效最著者，莫若吸食鸦片、女子缠足二事，此中国朝野诸公所谓至难变者也。"④严复主张，像吸食鸦片、女子缠足这一类残害民众体魄的习俗，官方应当明令禁止。倘若这两项陋习都改变不了，则所谓变法，不啻于空谈。

---

① 王栻主编：《严复集》第1册，第26页。
② 同上书，第18页。
③ 同上书，第27页。
④ 同上书，第28页。

关于"开民智",严复认为"民智者,富强之原",开发民众的智力,是提高民族素质的最重要的一环。而开民智的关键,又在于废除八股取士制度,改革教育方式,改变治学风气,倡导"西学""实学"。他说:"欲开民智,非讲西学不可;欲讲实学,非另立选举之法,别开用人之涂,而废八股、试帖、策论诸制科不可。"① 在《论世变之亟》《原强续篇》《原强修订稿》《救亡决论》等文中,严复还把中学与西学做了全面对比,认为西方文化是注重实际的、创新的、发展的,"西之人力今以胜古","先物理而后文词,重达用而薄藻饰";中国文化是守旧的、停滞的,"中之人好古而忽今","中土之学,必求古训","中国夸多识,而西人尊新知"②。

严复认为,要使"民智日开",就要学习西方人注重科学、讲求实际效验的治学态度与方法,改变中国人"好古而忽今"的陈腐风气。而要做到这一点,首先就要废八股,改变"论诵词章""训诂注疏"等教育方式。在《救亡决论》一文中,严复详尽分析了八股取士制度的危害在于"锢智慧""坏心术""滋游手"。

严复还对以儒学为主流的中国传统文化进行了批判,认为或者"其高过于西学而无实",或者"其事繁于西学而无用"。汉学、理学、陆王心学,都是一些"无用""无实"之学,"其为祸也,始于学术,终于国家"。③ 严复提出要全面学习西方的自然科学与社会政治学说,尤其要学习西方人注重实际效验的科学方法论。在以后的一系列译著中,严复系统地介绍了西方的经验主义认识论、逻辑学与方法论,旨在从根本上改变中国人的思维方式。

关于"新民德",严复认为其关键在于提倡自由与平等。西方在新的科学的自然观影响下,天赋人权的学说、自由平等的思想也随之确

---

① 王栻主编:《严复集》第 1 册,第 30 页。
② 同上。
③ 同上书,第 43—45 页。

立,这是西方兴旺发达的重要原因之一。这种自由平等观,完全与中国传统的思想对立,"真中国历古圣贤之所深畏,而从未尝立以为教者也"①。由于自由与不自由的不同,中西社会产生一系列的差别:"中国最重三纲,而西人首明平等;中国亲亲,而西人尚贤;中国以孝治天下,而西人以公治天下;中国尊主,而西人隆民;中国贵一道而同风,而西人喜党居而州处;中国多忌讳,而西人众讥评。其于财用也,中国重节流,而西人重开源;中国追淳朴,而西人求欢虞。其接物也,中国美谦屈,而西人务发舒;中国尚节文,而西文乐简易。其于为学也,中国夸多识,而西人重新知。其于祸灾也,中国委天数,而西人恃人力。"②虽然严复说自己对于中西这两种不同类型的文化"未敢遽分其优绌",实则他对西方文化的偏向是至为明显的。他认为西方国家"以自由为体,以民主为用",打破了森严的等级制度,人人有平等的自由竞争权,因而能各自发挥其所长,竞相争高,促使社会日益进步;中国以纲常为主,上下地位悬殊,只重亲属关系,不重言行信用,结果上下隐瞒、怀诈相欺。人民由于无民主、不自由就不能充分发挥各自的聪明才智而使民族强盛,从而就不能在与外族的竞争中取胜。为了倡导民主、自由,严复还在《辟韩》一文中对于中国几千年的传统封建专制君权论进行了猛烈抨击。

总之,在严复看来,只有鼓民力、开民智、新民德,从根本上提高本民族的思想文化、心理及生理素质,才能自强自立,"与天交胜",在人类进化过程中使中华民族逐渐走向强盛。严复认为这是一个长期的过程,要经过好几代人的努力才能做到,没有捷径可走。因此,他反对突变,反对以革命的方式来变更政治与经济制度,主张走渐进的道路,进行思想启蒙和教育工作。1905 年,严复与资产阶级革命派领

---

① 王栻主编:《严复集》第 1 册,第 2—3 页。
② 同上书,第 3 页。

袖孙中山曾会晤于英伦,在中国是否应走革命道路的问题上,与孙中山发生争论。严复说:"以中国民品之劣,民智之卑,即有改革,害之除于甲者将见于乙,泯于丙者将发于丁。为今之计,惟急从教育上着手,庶几逐渐更新也。"对此,孙中山的回答是:"俟河之清,人寿几何?君为思想家,鄙人乃实行家也。"①

由此可见思想家与革命家的不同。当革命派从现实斗争需要出发全力以赴进行武装斗争,而相对忽略了思想启蒙与教育工作的时候,严复则自觉承担起了这一意义更为深远的任务。政治革命与思想启蒙是推动历史前进的两股不可缺少的力量,虽然后者没有前者那样轰轰烈烈、光彩夺目,但是更为基本。严复等改良派所做的少量思想启蒙工作对于近代中国的贡献绝不亚于革命派的政治斗争。

严复这个时期之所以能较为全面地介绍与传播西方文化,与他的"体用不二"的观点是分不开的。严复不同意"中学为体、西学为用"的论调。他认为:"体用者,即一物而言之也,有牛之体,则有负重之用,有马之体,则有致远之用。未闻以牛为体以马为用者也……故中学有中学之体用,西学有西学之体用;分之则两立,合之则两亡。"②体与用是不能分开的。中学与西学各有自己的体与用,"中学为体""西学为用"则中西两者俱亡。所以,学习西方,不单单是学些"船坚炮利"一类的工艺技巧,也不能满足于"名数质力"等科学知识,而应把握西学之"体",即资产阶级进化论世界观与自由民主制度。只有体用结合,全面引进西学,才能使"民智日开、民力日奋、民德日和",彻底改变中国人的精神面貌,以自强保种。

严复前期中西文化观上这一"体用不二"的观点,是西学东渐进一步走向深入的表现。洋务派讲"中学为体,西学为用",把学习外国

---

① 严璩:《侯官严先生年谱》,收入王栻主编:《严复集》第5册,第1550页。
② 王蘧常:《严几道年谱》,上海书店出版社,1991年。

科学技术与维护封建统治相调和。洋务运动失败的事实告诉人们,不改变旧的封建政治体制,单是靠"船坚炮利"救不了中国;康有为、梁启超等资产阶级改良派从日本的明治维新受到启发,怀疑并否定了"中体西用"的观点。但改良派变法维新的理论,仍然在很大程度上依赖古代哲学,缺乏全新的世界观与实证科学验证,而依靠古代哲学已无力解决中西之争问题。正如梁启超在《清代学术概论》中所说:"康有为、梁启超、谭嗣同辈,即生育于此种'学问饥荒'之环境中,冥思枯索,欲以构成一种'不中不西、即中即西'之新学派,而已为时代所不容。盖固有之旧思想既深根固蒂,而外来之新思想又来源浅觳,汲而易竭,其支绌灭裂,固宜然矣。"而严复基于对中学与西学的精通,尤其是对西学之体用关系的深入了解,使他能够提出一套西方资产阶级进化论世界观和哲学理论以与中国传统哲学相抗衡,对旧学进行全面批判,从而跳出了"中体西用"的框框。

三、朝传统文化的复归

严复前期对于传播西学所做的贡献,是世所公认的。他后期的思想与行为,则长期以来颇受指责。早期的严复被誉为"向西方寻找真理的代表人物",晚期的严复被斥为"反动顽固的愈野老人"。对于严复的晚期之所以有与早期如此不同的评价,是由于严复晚期的思想行为与早期相比,确乎显出有一种"转变"。

早期的严复曾以传播西学最力而成为青年一代的导师,而当那些最初是在他的启蒙教育下把眼光投向西方的新一代沿着这条道路继续前进,进行反帝反封建的新文化运动,发誓要把一切旧的文化统统扫进垃圾堆时,严复却反其道而行之,开始提倡"尊孔读经",宣传"以儒教为中国国教","孔子为中国救主",并预言"异日一线命根,仍是数千年来先王教化之泽"①。

此时的严复,与早期那个"宁负发狂之名",对"六经五子亦皆有难辞"的严复已有了区别。他仍然致力于思想教育事业,强调"讲教育者,其事常分三宗:曰体育,曰智育,曰德育。三者并重,顾主教育者,则必审所当之时势而为之重轻。是故居今而言,不佞以为智育重于体育,而德育尤重于智育"②。但他此处所谓"德育""智育""体育",与早年提倡"鼓民力""开民智""新民德"的内容已有了根本的不同。早年他以废除封建礼俗、提倡西方科哲知识和自由平等观念作为"鼓民力""开民智""新民德"的内容,此时则以"忠、孝、节、义"等孔孟道德作为教育的主要内容。认为"孔孟所言,无一可背"③,主张包括中小学在内都要尊孔读经。

1912年2月至11月,严复担任北京大学校长职。他在这一时期给友人的信中,曾透露出欲将北京大学"经文两科合并为一,以为完全讲治旧学之区,用以保持吾国四五千载圣圣相传之纲纪彝伦道德文章于不坠"④。1913年,严复又发起组织孔教会,并于同年在中央教育会发表《读经当积极提倡》的演说。1914年,在《庸言报》又发表所译《卫西琴中国教育议》以及自己所作《导扬中华民国立国精神议》等文章,都旨在尊孔读经,提倡"忠、孝、节、义"等孔孟道德。他在给友人的信中还说:"鄙人行年将近古稀,窃尝究观哲理,以为耐久无弊,尚是孔子之书,四子、《五经》,固是最富矿藏,惟须改用新式武器发掘淘炼而已。"⑤又说:"中国目前危难,全由人心之非,而异日一线命根,仍是数千年来先王教化之泽,足下记吾此言,可待验也。"⑥

---

① 王栻主编:《严复集》第3册,第678页。
② 王栻主编:《严复集》第1册,第167页。
③ 同上书,第168页。
④ 王栻主编:《严复集》第3册,第605页。
⑤ 同上书,第668页。
⑥ 同上书,第678页。

从早年批判旧学，向西方寻求救国真理，主张"中国今日之政，非西洋莫与师"的严复，到晚年又将孔孟儒学推为"异日一线命根"所系的至高地位。这一转变是颇耐人寻味的。出现这一"转变"的不光严复一人为然，其他一些与严复一样作为近代思想史上第一批奋起反抗孔孟儒学的知识分子，如康有为、梁启超等，晚年又都重新回到了传统文化。

作为后人，如果把前辈们的这种向传统文化的"复归"一概归结为"顽固""保守""反动"，未免过于简单。回顾历史的目的首先是为了求得其中对于今天能有所启发和教益的东西。严复、梁启超等，作为对中西文化的冲突、结合探索了一生的思想家，其思想敏锐程度是远远超出常人的。他们的思想行为之所以在晚年发生转变，首先是因为时代变了，所面临的任务也与先前有了不同。国门初开之时，中国是儒学的一统天下，作为启蒙思想家，严复的责任是把人们的眼光引向儒家经典之外的西方世界，唤醒人们在国难当头之时学习西方以自强保种。而当西方形形色色的思想流派终于像潮水般在中国思想界泛滥开时，鉴别和消化西方文明就成了主要的问题。而鉴别和消化这种文明的结果，使思想家们看到，西方文明并非如想象中那样完美无缺。尤其是第一次世界大战的爆发，给各国人民带来了灾难和痛苦，都在暴露着资本主义文明的弊病。因而梁启超在《欧游心影录》中宣告，欧洲文明已经破产，起而代之的，将是古老的中国—印度文明。严复也反省自己早年把西方描绘成一片充满理想、道德、智慧的乐土而奉其为中国之师的做法是否失之偏颇。这种反省促使他把中西文明做了重新比较和估价，而比较和估价的结果是选择了中国传统儒学。

为什么选择儒学，而不是其他的理论与学说？——如胡适选择现代西方思潮和早期共产主义者之选择马克思主义。许多研究者从各个方面探寻其中的原因。有人认为是由于传统的力量太大，影响太深；有人从儒学本身的特点进行分析；还有人认为这些思想家本来就是在传统文化的"摇篮"之中成长起来，也必将葬身于传统的"墓地"；等等。这些分析都有相当的根据，此处不拟重述。只是指出一点，严复从十四岁开始进入船政学堂读书，所受教育几乎完全是西方式的，与康、梁等成长于传统文化"摇篮"的思想家是不同的。为什么这样一个受西式教育而成长起来的思想家晚年也会与康、梁等殊途同归，回到中国传统文化的怀抱？笔者认为其中最重要的原因在于，严复以一个思想家的敏锐眼光，看到了维护中华民族的"国魂"和"民族精神"的重要性。在他看来，有着两千多年历史的儒家文化已经形成了中华民族的"国种特性"。它曾经使中华民族几千年来受其滋养而绵延不绝，也必将是"异日一线命根"。在《读经当积极提倡》一文中，严复说："中国之特别国性，所赖以结合二十二行省，五大民族于以成今日庄严之民国，以特立于五洲之中，不若罗马、希腊、波斯各天下之云散烟消，泯然俱亡者，岂非恃孔子之教化为之耶！孔子生世去今二千四百余年，而其教化尚有行于今者，岂非其所删修之群经，所谓垂空文以诏来世者尚存故耶！""中国之所以为中国者，以经为之本原。"①

晚年的严复，对于中华民族的前途与命运有着更深一层的忧虑。他看到，中华民族的强弱存亡，不在于一两次战争的胜败，而在于民族精神的存亡。他认为："欧美之真先进，其能以问学术艺为国民之导师者，则莫不瞭然知保存国种特性，为教育之一大事。"如果我们丧失本民族的"国种特性"，亦步亦趋地效法西方，其结果就会"如鱼之离水而处空，如蹩跛者之挟拐以行，如短于精神者之恃鸦片为发越，此谓之失其本性，失其本性未有能久存者也"。"虽极意步趋欧美，终是瞠居其后，不能与欧美并肩，而为一等之强国也。"②

应该说，严复的担忧是不无道理的。如何保存"民族精神""国

---

① 王栻主编：《严复集》第 2 册，第 330—331 页。
② 严复译：《卫西琴中国教育议》，《庸言》第 2 卷第 3 号，1914 年 3 月。

魂"，时至今日仍然是发人深省的问题。在中外文化交流日益加深、中国现代化建设方兴未艾的今天，如何保持"中国特色"，仍然是新一代中国人正在探索的课题。任何民族想要真正兴旺发达，必须有着坚实的根基，立足于自己民族精神的土地。而一个只知模仿的民族，是一个失去生机、没有创造力的民族，它的繁荣也只能是一时的假象。中国的现代化也必须建立在"中国特色"的基础之上。如果一味追求"全盘西化"，那么其后果将正如严复所言："虽极意步趋欧美，终是瞠居其后，不能与欧美并肩，而为一等之强国也。"没有本民族深厚的创造源泉，只会模仿别人，必然只能永远落在别人后面。

当然，至于中华民族的"国魂"与"民族精神"，究竟是否如严复所认为，就是"孔子之教化"？在这个问题上，我们的回答肯定会与严复不同。向后看，回到传统，无论是严复的时代，还是半个世纪之后的今天，都是不可能的事情。因为历史总是在向前发展着。中华民族经过一个多世纪沧海桑田的巨变，正在荡涤历史的尘埃，以朝气蓬勃的崭新姿态走向世界、走向未来。我们应该从中国的未来而不是从她的过去之中，去寻找答案。在中外文化交流中，在现代化建设的进程中，如何立足于民族精神的土地，发掘出传统中先进的东西，众采各民族之所长，以求建立一种充满生机、富有独创精神的新文化，正是等待着我们去不断探索、做出回答的课题。而严复在考察中西文化过程中由提倡西学到鼓励读经的思想变化，为我们今天对传统文化进行创造性转化的工作提供了重要的启示。

倡学术自由，开一代新潮
——学界泰斗蔡元培

徐兰婷

1915年开始的中国新文化运动，吹响了全面批判传统封建文化的号角；而1919年的"五四"运动则推动了新文化运动更迅猛地向前发展。胡适倡导的白话文运动是当时新文化运动的主干，陈独秀引导发起的新人生思想则是新文化运动的灵魂。正是在他们的倡导下，从此以道德革命和文学革命为内容和口号的新文化运动就以披荆斩棘之姿、雷霆万钧之势汹涌澎湃地发展起来了。胡适、陈独秀和其他也在新文化运动中发挥了很大作用的人物，如李大钊、钱玄同、吴虞、周树人、周作人、刘半农等，当时都是北京大学的教师。由此可以看出，"五四"运动的主体是北京大学的先进知识分子，"五四"运动的中心在北京大学。北京大学在新文化运动中的领导地位是由蔡元培先生奠基的。蔡先生力主思想自由、兼容并包，使北京大学吸引并容纳了一批中国当时最优秀的知识分子。蔡先生在"五四"前后的新文化运动中，在北京大学的建设发展中，均占有很重要的地位。

一、从翰林院编修到北大校长

蔡元培,字鹤卿,号孑民,浙江绍兴人,生于清穆宗同治六年十二月十七日(1868年1月11日)。其叔父铭恩,是清末廪生,设塾授徒。先生受其指导读经史及小学等书。十三岁时受业于王子庄氏,王为经学名宿,尤服膺明儒刘宗周,因此先生对宋明理学修养甚深。十七岁时中秀才。二十岁在绍兴徐树兰家读书。徐氏藏书颇丰,先生得以博览群书,学乃大进。于己丑(1889)二十三岁时中举人,庚寅(1890)二十四岁时中进士,壬辰(1892)又被点为翰林庶吉士,甲午(1894)补为编修。可见蔡元培先生有很深厚的儒学功底。

但孑民先生绝不是自封于旧学的人。当时,西学已经传入中国,西方的科学文化及政治都引起中国学者的广泛注意。蔡元培于1898年开始学习日文,同时为更好地吸收西洋文化,他决心到欧洲亲自观察。这个愿望在他四十一岁时才得以实现。1907年,先生抵德国,先补习德文。第二年进莱比锡大学研读文学、哲学、人类学、文化史、心理学、美学等课。1919年蔡元培先生再度到莱比锡大学文化研究所听讲。

在欧洲游历三年,后又到美国作环游旅行。在欧洲的学习使得蔡元培先生对于西学有较深入的了解,且他所从之师多为学问上宏深博大之辈,因而不仅所学知识甚多,而且在治学态度、人格修养等方面都深受影响。顾孟馀先生评价蔡元培先生学问时说:"先生生于中国有史以来世变最亟之时代,其所接触之人物,所闻见之事故,所观摩之学术流派,类别繁

复，因之其思想亦最少受时地之限，而能融会贯通。"①

蔡元培先生在民国后曾任教育总长、中央研究院院长，1917年任北京大学校长。他的主要著作有：《中国伦理学史》、《哲学纲要》、《石头记索隐》、《(泡尔生)伦理学原理》(译)、《(科培尔)哲学要领》(译)等。另外，还有数百篇论文及演讲稿，其中重要的有：《对于教育方针之意见》《以美育代宗教说》《世界观与人生观》《哲学与科学》《教育独立议》《美育与人生》《五十年来中国之哲学》《国文之将来》等。

作为一个贯通中西的学者，蔡元培先生主张学术民主、思想自由，反对历史上那种独尊孔氏的学风，痛疾科举制度下知识只是作为加官进爵之途径的恶俗心理。在就任北京大学校长期间，他力整校风，改革教制，发表演说，宣传他的学术自由、兼容并包、发展美育的思想，在中国教育史上写下光辉的一页。

---

① 顾孟馀：《忆蔡孑民先生》，重庆《中央日报》1940年3月24日。

二、兼容并包，和而不同

在欧洲留学时，西方学者为追求真理而研究学问的精神曾给蔡元培先生以很深的影响。在中国社会，知识分子总是与社会政治密切相连。求知的目的，从利己方面说，是为求功名利禄；从公共方面说，则为求治国平天下。"学"是手段，"仕"是目的。"学而优则仕"的思想在社会中的实现便是科举制度的形成。科举制度的形成反过来又进一步维系"学"与"仕"之间的关系。于是读书人不以读书为本业，而以做官为鹄的。更有甚者，有的读书人到处钻营，争取投靠有权有势者，将来能仰人鼻息以求一官半职。蔡先生当时接管的北京大学就是一个汇集着官僚和纨绔子弟的腐败学堂。当时，"学生对于专任教员，不甚欢迎，较为认真的，且被反对；对于行政司法界官吏兼任的，特别欢迎。虽时时请假，年年发旧讲义，也不讨厌。因有此师生关系，毕业后可为奥援。所以学生于讲堂上领受讲义，及当学期学年考试时要求题目范围特别预备外，对于学术并没有何等兴会"。在这种情势下，蔡元培先生首先从确立办学方针入手，指出："大学也者，研究学问之机关。""大学生，当以研究学术为天责，不当以大学为升官发财之阶梯。"强调学术应独立于政治。蔡先生力图打破中国历史上延续下来的"学""仕"密切相连的教育模式，提倡西方的为学术而学术的精神，认为不可将大学"视为养成资格之所，亦不可视为贩卖知识之所"，学者更"当有研究学问之兴趣，尤当养成学问家之人格"。他的结论便是"教育事业应当完全交与教育家，保有独立的资格，毫不受各派政党或各派教会的影响"①。只有教育从各党派的纷争中独立出来，才能使教育方针保持一贯而不会因政权交替屡屡变迁，这样教育才可能有实效，学术才可能有发展，学者才可能成为独立的知识分子。

---

① 蔡建国编：《蔡元培先生纪念集》，中华书局，1984年，第81页。

抱定学术自由之宗旨，蔡先生在北京大学实施了一系列的改革。他在学术上主要提倡兼容并蓄，学术自由。教授之所以为教授，在于他在学术上有所贡献，在他本行中是个权威，并不在于他在政治上有什么主张。如辜鸿铭在民国已经建立了几年之后，还是带着辫子，穿着清朝衣冠，公开主张帝制，但他的英文水平很高，可以教英文，北大就请他教英文。蔡先生到校仍未改变这一事实，反而又加聘了一个反动人物，那就是刘师培。刘师培出身于一个讲汉学的旧家。袁世凯在计划复辟帝制时，为了欺骗舆论，办了一个"筹安会"，鼓吹只有实行帝制才可以使中国转危为安。筹安会有六个发起人，当时被讥讽地称为"六君子"。在六人中，学术界有两个知名人士，一是严复，一是刘师培。袁世凯被推翻后，这六个人都成了大保守派。就在此时，蔡先生聘请刘师培为中国文学教授，开的课是中国中古文学史。陈独秀是当时新文化运动的思想领袖，蔡先生便请陈任北京大学文科学长，极力扶持陈的工作。他又请了胡适之、刘半农等人任教授。这种情况，正如马寅初先生所说的："当时在北大，以言党派，国民党有先生及王宠惠诸氏，共产党有李大钊、陈独秀诸氏，被目为无政府主义者有李石曾氏，憧憬于君主立宪、发辫长垂者有辜鸿铭氏；以言文学，新派有胡适、钱玄同、吴虞诸氏，旧派有黄季刚、刘师培、林损诸氏。先生于各派兼容并蓄，绝无偏袒。更于外间之攻讦者，在《答林琴南氏书》中，表其严正之主张。故各派对于学术，均能自由研究，而鲜摩擦，学风丕变，蔚成巨观。"① 蔡先生认为，对于教员，应以学诣为主，无论何种学派，只要持之有故，言之成理，就可以自由讲学。正是这种"兼容并包"的民主办学的方针，使得北大讲坛吸引了一大批名流学者，一时间，北大人才济济，一跃而成为中国新文化运动的中心。

蔡先生"兼容并包"的学术民主的方针不是毫无原则的。对于复

---

① 蔡国强编：《蔡元培先生纪念集》，第62页。

辟帝制的辜鸿铭、刘师培等人，蔡先生是让他们讲其所长的学术，而绝不容许他们在讲坛上宣扬帝制复辟，这就是"和而不同"。罗家伦在回忆"五四"时期求学北大的一段经历时说，蔡先生"主张学术研究自由，可是并不主张假借学术的名义，作任何违背真理的宣传，不只不主张，而且反对。……经学教授中新帝制派的刘师培先生，为一代大师，而刘教的是三礼、尚书和训诂，绝未讲过一句帝制。英文教授中有名震海外的辜鸿铭先生，是老复辟派，他教的是英诗（他把英诗分为《外国大雅》《外国小雅》《外国国风》《洋离骚》等类，我在教室里想笑而不敢笑，十分难过，却是十分欣赏），也从未讲过一声复辟"①。

蔡先生的"和而不同"的精神在他一生的言行中也表现得非常明显。如：1923年为了反对北洋政府教育总长彭允彝干涉司法、蹂躏人权，他发表了著名的不合作主义宣言；1928年至1929年因耻与国民党上层官僚集团为伍，他屡次坚辞国民党政府授予他的监察院院长的职务；1933年因胡适顽固反对民权保障同盟的章程及活动，他和宋庆龄坚决主张把胡适清除出同盟等。

蔡先生的"兼容并包"的思想除源于上述的他对教育、学术研究的看法外，还在于蔡先生继承了中国传统中富有人道主义意味的忠恕、仁爱、信义等思想，又接受了西方的自由、平等、博爱的思想。他把这两方面的思想结合起来，以儒家思想中的仁、恕、义去解释博爱、平等、自由的原则。在此基础上，他形成了自己的"兼容并包"的人格精神。正如梁漱溟先生所指出的："关于蔡先生兼容并包之量，时下论者多能言之，但我愿指出说明的：蔡先生除了他意识到办大学需要如此之外，更要紧的乃在他天性上具有多方面的爱好，极广博的兴趣。意识到此一需要，而后兼容并包，不免是人为的（伪的）；天性上喜欢如此，方是自然的（真的）。有意的兼容并包是可学的，出于性情之

---

① 转引自萧超然：《试论蔡元培先生的"和而不同"精神》，《北京大学学报》1988年第1期。

自然是不可学的。有意兼容并包，不一定兼容并包的了；唯出于真爱好，而后人家乃乐于为他所包容，而后尽管复杂却维系得住。——这方是真器局、真度量。"① 正是出于这种自然率真的人格精神，蔡先生的"兼容并包"才具有了强烈的感化人的力量。凡和他接触过的人，无不感受到这种无形的力量。冯友兰先生在回忆他初次见到蔡先生的印象时说："我在北京大学的时候，没有听过蔡元培的讲话，也没有看见他和哪个学生有私人接触。他所以得到学生们的爱戴，完全是人格的感召。道学家们讲究'气象'，譬如说周敦颐的气象如'光风霁月'。又如程颐为程颢写的《行状》，说程颢'纯粹如精金，温润如良玉，宽而有制，和而不流。……视其色，其接物也如春阳之温；听其言，其入人也如时雨之润。胸怀洞然，彻视无间，测其蕴，则浩乎若沧溟之无际；极其德，美言盖不足以形容'。这几句话对于蔡元培完全适用。这绝不是夸张。我在第一次进到北大校长室的时候，觉得满屋子都是这种气象。"② 不独冯先生为然，柳亚子先生也有此种印象，他说："蔡先生一生和平敦厚，蔼然使人如坐春风。"

"兼容并包"的方针，在一定时期内，可能是为旧的东西保留地盘，也可能是为新的东西开辟前进的道路。历史事实证明，蔡先生的"兼容并包"在当时是为新的革命的东西开辟道路的。因为陈独秀当了文科学长之后，引进了许多进步教授，还把他在上海办的《青年》杂志搬到北京，改名为《新青年》，成为北京进步教授发表言论的园地。此后，毛泽东、邓中夏等人也是沿着蔡先生开辟的道路来到北大的。正是在他们的领导下，新生的力量愈益壮大，终于导致了"五四"运动的高潮。

---

① 梁漱溟：《忆往谈旧录》，中国文史出版社，1987年，第89页。
② 冯友兰：《三松堂自序》，生活·读书·新知三联书店，1984年，第320—321页。

三、求传统之创新

蔡元培先生主张西学与中学融会贯通。他认为，研究学术，"非徒输入欧化，而必于欧化之中为更进之发明；非徒保存国粹，而必以科学方法，揭国粹之真相"，以求传统文化的创新。而传统文化之所以能够创新，关键在于吸收和消化外来文化。希腊民族吸收埃及、腓尼基诸古国之文明而消化之，是以有希腊之文明；高卢、日耳曼诸族吸收希腊、罗马及阿拉伯之文明而消化之，是以有今日欧洲诸国文明。中国文化要在现代世界中求生存和发展，也必须吸收外来文化。蔡元培考察了中外文化接触的历史，认为汉以后西域文物虽稍稍输入，初无甚影响，对中国思想最有影响的，是印度文明的传入。他以汉季为中印文化接触之始，晋至唐为吸收之时代，宋为消化之时代。而欧洲文明，自元以来便渐至传入我国，但始终未能在社会上形成广泛的影响，直至清末民初，才有了吸收欧洲文化的机会。然而这种吸收应是"择其可以消化者而始吸收之"，不可囫囵吞入。

在欧留学的经历使他对法国革命的自由、平等、博爱的主张十分敬仰，认为这个口号与中国传统对理想境界的追求是一致的。"所谓自由，非放恣自便之谓，乃谓正路既定，矢志弗渝，不为外界势力所征服。孟子所称'富贵不能淫，贫贱不能移，威武不能屈'者，此也。准之吾华，当曰义。所谓平等，非均齐不相系属之谓，乃谓如分而与，易地皆然，不以片面方便害大公。孔子所称'己所不欲，勿施于人'者，此也。准之吾华，当曰恕。所谓友爱，义斯无歧，即孔子所谓'己欲立而立人，己欲达而达人'。张子所称'民胞物与者'，是也。准之吾华，当曰仁。仁也，恕也，义也，均即吾中国古先哲旧所旌表之人道信条，即征西方之心同理同，亦当宗仰服膺者也。"[①] 蔡先生以义、

[①] 《蔡元培全集》第 3 卷，中华书局，1984 年，第 121 页。

恕、仁来解释自由、平等、博爱，既不是像当时国粹论者那样以"古已有之"来拒绝和蔑视西方文化思想，也不是像胡适那样以全盘西化来彻底打倒传统文化，而是采取一种"和和""中庸"的态度，指出尽管地理不同，但人同此心，心同此理，对世界前途之要求与渴望是相同的。他把儒家的"义""恕""仁"扩充为一种对个人解放和社会改造的追求，作为在中国建立民主政治的基础。同时，在解释自由、平等、博爱的意义时，他不仅保持了它们在西方文化中的原意，并进一步赋予它们以人格修养方面的含义。中国传统认为自由即是无拘束，这种自由观与西方建立在社会契约基础之上的自由观不同，而且在中国这样的父子、君臣有定位的社会中，思想被垄断，个性被钳制，根本谈不上什么自由。所谓的大丈夫"居天下之广居，立天下之正位，行天下之大道"，只不过是一种人格理想。蔡先生指出，自由并非"放恣自便之谓"，而是有责任在其中，为着这种责任去奋斗不已，不为权贵淫威所慑，不为艰难困苦所扰，一心朝着既定的目标，这才是自由。自由意味着完成自己的责任，实现自己的生命。此一看法用诸学术，就是潜心研究，不求功名；用诸社会，就是力矫颓俗，振兴国家。作为"五四"时期的重要思想家，蔡元培先生同样怀着对民族前途和命运的忧虑，他感到，国家所以"民俗日偷、士风日敝者，端由于师法堕落，学术消沉"①。在这种情势下，如"非根基深固，鲜不为流俗所染"。所以只有个人束身自爱，以身作则，才能力挽士风民俗于颓败之间，而风俗正清，国家才能兴旺。所以有识之士，应当恪守正道，为真理、为科学而献身，即所谓"得志，与民由之；不得志，独行其道"。蔡元培先生不仅是如此主张，更以自己的行为实践之。在任北大校长的十年中，经历无数恶劣境况，而先生从来未与任何恶势力做过妥协。

关于平等，先生指出并非"均齐不相系属之谓，乃谓如分而与，

---

① 《蔡元培全集》第3卷，第116页。

易地皆然，不以片面方便害大公"。平等不是那种无条件的绝对平等，更不是中国历史上的那些"等贵贱，均贫富"的空泛的理想，而是浓缩于"己所不欲，勿施于人"的八个字中。中国传统中的所谓平等大多为追求起码的日常生计之满足且流于平均主义。这种平等观是对小农经济生活的反映，在一个生产不发达的社会中，这种平等观如得到实施，其结果必然是社会的普遍贫困。蔡先生根据西方的平等观念，认为平等应是个人在权利、精神上的平等，即每个人都有争取自由和幸福的权利，而这是以个人保持和发展个性，同时又尊重他人的独立为基础的。他反对抹杀个性，奢谈群性，他认为教育就是培养个性的最好方式，教育是要个性与群性平均发展的，它与政党不同。政党只要求群性，要求服从；教育则要培养独立个性，要求自由思想。他反对旧道德的那种家长作风，说："旧日道德，隐然有一种魔力，法规所定，无论当否，无丝毫违抗改变余地。国之君主，家之家长，私塾之师，其令之严，被动者惟有服从，无所谓自由其思想，使居于判断是非之地。"[①]蔡先生感到，平等的风气，应首先从教育界入手，校风正则国风会渐好。因此在就任北大校长时，他以自己的平等待人受到全体师生员工的爱戴，同时他又尊重和相信学生的独立判断和思考能力，让他们对不同学术流派自行消化与吸收。

谈到博爱，蔡元培以中国传统思想的"仁"说明之。他认为"仁"的核心在于爱，而此种爱首先是亲子之爱，由此推广则是"泛爱众"，则是墨子所谓"兼爱"，张子（载）所谓"民胞物与"。他提倡爱人之心。学生对教师应敬爱，学生之间应有手足之情，并将敬爱师友作为对北京大学学生的三项要求之一。他认为博爱是由平等推暨而来的，"不承认平等之义者，即不能再望以博爱"。蔡元培认为，道德的根本，就在于自由、平等、博爱；中国伦理思想的基本信条，也就在于仁、

---

① 《蔡元培全集》第3卷，第47页。

恕、义。这三者与人类心理的意、智、情相连。意志是人生的主体，它又需智与情的翼助。如果意志表现为道德的话，那么决定人心道德之向背的，惟有科学与美学。"二五之为十，虽帝王不能易其得数，重坠之趣下，虽兵甲不能劫之反行，此科学之自由性也。利用普乎齐民，不以优为贵；立术超乎攻取，无所党私。此科学之平等性及友爱性也。若美术者，最贵自然，毋意毋必，则自由之至者矣。万象并包，不遗贫贱，则平等之至者矣。并世相师，不问籍域，又友爱之至者矣。故世之重道德者，无不有赖乎美术及科学，如车之有两轮，鸟之有两翼也。"① 正由于科学与美学集中体现了自由、平等、博爱的精神，因此成为陶铸道德之要具，国家的振兴既然依赖于道德之重建，便更有赖于科学与艺术之提倡。

"自由、平等、博爱"，见诸行动上，则是一勤二俭。"勤则自身之本能大，无需于他；俭则生活之本位廉，无入不得，是含自由义。且勤者自了己事，不役人以为工；俭者自享己分，不夺人以为食，是含平等义。勤者输吾供以易天下之供，俭者省吾求以裕天下之求，实有烛于各尽所能，各取所需之真谛，而不忍有一不克致社会有一不获之夫，是含友爱义。"② 应当说，这种克勤克俭的主张，既是传统思想中安贫乐道思想的发挥，又融合了对自由、平等、博爱的理想的追求。

四、德、智、体、美，育一代新人

由对于"自由、平等、博爱"口号的提倡和对它们的内在含义的中国式理解，蔡元培先生提出了著名的"以美育代替宗教"的主张。

---

① 《蔡元培全集》第3卷，第121—122页。
② 同上书，第122页。

蔡先生是一个无神论者，但他却一向主张宗教信仰自由。他认为："真正之宗教，不过信仰心，所信仰之对象，随哲学之进化而改变，亦即因各人哲学观念之程度而不同，是谓信仰自由。"① 但是他不赞成那种认为宗教仪式和信条可以涵养德行的看法。他以第一次世界大战中法、德、俄三国军队的各自表现，来说明道德素养不是由宗教信仰得来的。俄国最重宗教，德国次之，而在法国，宗教则已退化为一些以宗教内容命名的节日；然而自欧战观之，虽战争目的不同，法德两国军队却都能英勇奋进，俄军中却由于屡发军官克扣兵饷之事而士气低落、军心涣散。可见，道德心并非由宗教而来，却是由美育而来。法德两国美术、音乐发达，德国人追求刚阳博大之美，故能抱定目的，虽历千难万险而始终不渝；法国人追求阴柔和合之美，故能显从容洒脱之态，虽当颠沛流离之际，决不改变其常度。所以若谈陶冶情操，应归功于美育。

事实上，蔡先生所说的美育，并不是现在意义上的美学，而恰恰是一种伦理教育，一种高尚人格之培养。在他那篇著名的《以美育代宗教说》的演说中，蔡先生以"智、情、意"之关系为基础，探讨了宗教的产生及其与科学、艺术由合而分的过程，提出了美术之能够代替宗教的理由。他指出，宗教只是在人类发展的初期阶段，才兼有智、情、意三种作用，因那时人对自身和自然界都没有什么了解，宗教成为愚昧的人类对自己和环境唯一可能的解释。随历史之演进、科学之发达，宗教的垄断才被打破，科学和伦理学有了独立之可能。这时只有美学还与宗教相连。自文艺复兴后，艺术内容由宗教转向了人文，自此，美学便开始了摆脱宗教的过程。与宗教结合的美学，不过是附属于宗教而只起到刺激感情的作用；只有舍弃了宗教的纯粹美学，才纯具"陶养吾人之感情"的作用。美术之所以具有陶养性情的作用，在

---

① 孙中山等：《中国哲学思想论集·现代篇（一）》，台北水牛出版社，1988年，第326页。

于它具有两种特性：一是普遍性，一是超脱性。食物之入我口者，不能兼果他人之腹；衣服之在我身者，不能兼供他人之温。这种物质上的不相入，助长了人我之分和自私自利的计较。而美的对象则不然。美感的发动，以达之于视觉、听觉为限，因而有"天下为公"之感。正所谓"独乐乐，不若与人乐乐"，"与少乐乐，不若与众乐乐"，名山大川，人人得而游览；夕阳明月，人人得而赏玩；图画造像，人人得而畅观。正是美的这种普遍性，足以打破人我成见。同时，人们欣赏美的对象，仅只是因其赏心悦目，绝无功利之贪图。有如戴嵩所画之牛，韩幹所画之马，绝无对之而作服乘之想者，因而美是超越于利害之上的。正由于美可以破人我之偏颇，超功名之利害，所以它能够陶冶人的情操，使人在现实生活中以众人的生与利为目的，而一己的生与利托乎其中；特别是当着生死利害的紧要关头，能够"杀身以成仁"，"舍生以取义"，才能具有"富贵不能淫，贫贱不能移，威武不能屈"的气概。

　　智、情、意三者合和，使人达于真、善、美的境界，从而实现了传统思想中天人合一、知行合一、情境合一的理想。因此，以美育代替宗教，是蔡元培先生思想的核心内容。通过智、情、意三者的关系，既达于自由、平等、博爱的社会理想，又达于真善美合一的人格思想，这不就是几千年来中国传统知识分子所一直追求的吗？蔡元培先生以美育统摄之，为传统的追求赋予了新的内涵。

　　正由于蔡先生将美育与高尚人格之培养结合起来，因而他在提出教育方针时，将德、智、体、美作为基本内容，并特别注重德育。他认为，教育是以追求实体世界的最高精神境界为最终目的的，所有智育、体育、美育都是围绕这个最终目的开展并为此目的服务的。他根据自己关于意志、知识、情感相互关系的理论，指出意志即道德心，它并不能脱离知识和情感单独进行。"凡道德之关系功利者，伴乎知识，恃有科学之作用；而道德之超越功利者，伴乎情感，恃有美术之作用。"① 在蔡元培先生看来，道德教育乃国民教育之根本，一个民族的道德水平才是这个民族文明的核心内容。因此，他十分系统地研究了中国伦理思想发展的历史，著成《中国伦理学史》一书。

《中国伦理学史》可说是较早的系统整理和叙述中国古代各家伦理思想的一本书。书中蔡元培先生以科学的方法分析和评价了各家思想，指出各家的长短优劣。他认为中国的伦理思想产生于对天的崇拜，将天道秩序推广至人类社会，始产生上下尊卑、长幼有序的道德伦理，而这种伦理又靠家长制度来维系和完善。传统中国道德观的根本在于"中"，"中者，随时地之关系，而适处于无过不及之地者也"②。而道德修炼之方法，就在于正心诚意、致知格物。对于中国传统的伦理思想，蔡先生是将它们与"自由、平等、博爱"的口号结合起来说明的，因而他特别注重的是这样三方面的内容：一是孔孟的中庸之学，认为这是民族性格之根本；二是孟子所谓大丈夫的品格；三是以礼乐教化为政之本的政治理想。

事实上，当以仁义忠恕说明自由、平等、博爱之时，蔡先生已是将仁义忠恕的道德规范理想化了，他只注意到它们在形成"完满之人格"方面的作用，却没有看到，这种由家族主义引发出来的道德关系，本身就隐含着抹杀个性、反对自由的倾向。因为上下尊卑的天际关系和孝亲为主的长幼秩序，本身是非对称性的，它表明了尽忠和尽孝仅仅是下级对上级、臣民对君王、子女对父母的义务，这必然导致祖宗崇拜和长老至上，而这种思想最终的结果，只能是极权统治。中国两千多年的历史已经极好地说明了这一点。这种政治制度的导演，绝不是董仲舒一个"独尊儒术"就能办到的，它有思想上的渊源。当然，"仁"的本意也确有"爱人"的含义，"恕"的本意也确含有"宽宏"的

---

① 蔡元培：《蔡元培全集》第3卷，第3页。
② 蔡元培：《中国伦理学史》，商务印书馆，1999年，第6页。

含义，但在两千多年的中国社会演化中，这种"仁者爱人"，"己所不欲，勿施于人"的思想，逐渐地演化为士大夫个人的修行标准，从整个社会的政治和道德说，它们只不过剩下一副空架子，成为伪善者的假面具。

蔡元培先生的《中国伦理学史》一书的意义在于，他以西方自由、民主、科学的精神，为传统的伦理规范贯注了一股清新的甘泉，将"仁""义""恕"等古老的道德范畴同现代思想结合起来，作为德育的基本内容。这是蔡元培先生的贡献，也是他个人高尚的道德修养的体现。

蔡先生是中国近代教育史上首倡世界观教育的人。他认为德育所要实现的，最终还是有价值的人生观，这样才可能最终达到真善美的统一，达到人生最美好的境界。

但是，德育的实施必须有其他方面的辅助方得以成。这些方面中，首推体育。这可以说是对中国近百年来受人欺侮所得出的一点经验。他认为："强邻交逼，亟图自卫，而历年丧失之国权，非凭借武力，势难恢复。"当然，蔡先生提倡体育绝非要提倡穷兵黩武，他将体育作为培养健全人格的重要环节，认为无健康身体的人，精神上也必感痛苦。所以他在接管北大后，兴办了各种娱乐活动，以使学生的身心得到最充分的锻炼。

德育的实施，还要靠智育的辅助，即道德之关系功利者，恃乎知识之提倡。发展科学和实业教育的目的，在于提高人民富裕程度，增强国家财力，这样才可在世界竞争中立于不败之地。而且，知识的学习还可使人的思维缜于细密，以提高民族的理论思维。

将美育列为教育方针的组成部分，是蔡元培先生的首创。他认为由于美学的普遍性和超脱性之特点，使之可以陶冶人的情操，扩大人的视野，消灭人我的界限，超越功利的计较。教育若无美育便不是完全之教育，因为它是人的情感所必需，又是由现象世界到达本体世界之桥梁。教育家的任务，就在于通过美能使人达到最高的精神境界。

在德、智、体、美（若将世界观教育单列为一项，则为"五育"）中，蔡元培先生认为以"公民道德为中坚，盖世界观及美育皆所以完成道德，而军国民教育及实利主义，则必以道德为根本"（《全国临时教育会议开会词》）。只有五育并举，才能够培养出既有强健的体魄，又有丰富的知识，更有高尚的道德的一代新型知识分子。在那个"世风日偷"的年代，这样的知识分子肩负改造风气、振兴国家的重任；在今天，这样的知识分子更是社会进步的中坚。

蔡元培先生的教育思想，奠定了中国现代教育的基础，也成为现代化教育的重要依据。特别值得一提的是，蔡元培先生首次在北大招收女性旁听生，从此开了男女同校的先例，这在中国教育史上是第一次。也正因为他提倡男女平等，才在《中国伦理学史》中独举出俞正燮，以其主张男女人格平等，在伦理学史上给他一席之地。

蔡元培先生对中国文化的贡献是多方面的，而其中尤为重要者，是他力主思想、学术自由，倡导兼容并包而形成的思想、学术的大局，为近代的中国开导出了一新的潮流。诚如梁漱溟先生所说的："核论蔡先生一生，没有什么其他成就，既不以某种学问见长，亦无一桩事功表见。然而他所成就之伟大，却又非寻常可比。这就是：他从思想学术上为国人开导出一新潮流，冲破了社会旧习俗，推动了大局政治，为中国历史揭开新的一页。在这里，他并非自己冲锋陷阵的。他之所以能成其功，全在他罗致聚合了上述许多人物（指陈独秀、胡适、李大钊等人——引者注），倾心倾力维护他们，并从而直接培养出了许多青年后起人物。"[①] 今天我们纪念蔡元培先生，尤应继承他的学术自由、兼容并包的思想，为中国文化的发展不断地开导出新的潮流。

[①] 梁漱溟：《忆往谈旧录》，第86页。

敌机轰炸中谈中国文化
——关注现实的教育家蒋梦麟

戈国龙

在北大校史和中国教育史上,蔡元培先生占有至关重要的地位。由于某种历史原因,作为蔡元培校长的主要助手、多次代理过校长并随后长期担任北大校长的蒋梦麟先生,却一直为我们所忽略。事实上,蒋梦麟从1919年应邀到北大协助蔡元培主持校政,1931年正式担任校长,到他1945年离开北大,治理北大数十年,是北大历史上担任校长时间最长的一位校长,其时内乱外患、风雨飘摇,蒋校长勇于负责,殚精竭虑,为乱世中北大的维持和发展,做出了积极的贡献。尽管蒋梦麟作为国民党高级官员,其政治理念与我们不同,但若撇开政治见解差异不谈,他无疑是一位爱国重教、精思力践、长于事功的教育家。在世纪之交的历史时刻,重新省思蒋梦麟先生的教育思想和文化观念,并给予公正的评介,是十分必要的。

一、蒋梦麟传略

蒋梦麟（1886—1964），原名梦熊，字兆贤，号孟邻，浙江余姚人。因出生前夕其父梦见一只熊到家里来，故取名梦熊，后又因在学校闹事，梦熊这个名字入了黑名单，遂改名梦麟。

在蒋梦麟五岁零一个月的时候，他的父亲便送他进家塾读书，因此使他得以接受传统文化的系统训练。这种家塾教育强迫幼童背诵不知所云的古文，令蒋梦麟感到家塾生活简直像监狱："一日又一日地过去，课程却一成不变。一本书念完了之后，接着又是一本不知所云的书。接受训练的只是记忆力和耐心。"[①] 但是这种强制性教育也使蒋梦麟受益不浅，一方面"一个人到了成年时，常常可以从背得古书里找到立身处事的指南针"[②]，传统文化中的修身做人之道对蒋梦麟有很大的影响；另一方面"中国的传统教育似乎很褊狭，但是在这种教育的范围之内也包罗万象"[③]。家塾教育对于蒋梦麟后来的求学方向有奠基的作用。蒋梦麟曾说自己的童年教育有三个来源："第一是在私塾里念的古书，来自古书的知识，一方面是立身处世的指针，另一方面也成为后来研究现代社会科学的基础。第二个知识来源是听故事，这使我在欣赏现代文学方面奠立了基础。第三个知识来源是对自然的粗浅研究，不过在这种粗浅研究的根基上却可以移接现代科学的幼苗。"[④]

接受了几年家塾教育的蒋梦麟，已经立志要走一条"学而优则仕"的人生道路，继续到当时颇有名气的绍兴中西学堂深造，于旧学之外，开始学习英文，后来又增加了日文，初步接受西方近代科学的训练。

---

① 蒋梦麟：《西潮》，辽宁教育出版社，1997年，第19页。
② 同上书，第20页。
③ 同上书，第69页。
④ 同上书，第24页。

1902年考入浙江省高等学堂，学识渐增，尤其对中国历史中历代兴衰的原因有了相当的理解，成为他日后从事西洋史和中国史比较研究的一个基础。1903年蒋梦麟回绍兴参加郡试，经过连续三场角逐，终于如愿以偿，考取了余姚县学附生（即秀才）。1904年考入上海南洋公学，积极为留学美国做准备，这是因为他看到"不论立宪维新或者革命，西化的潮流已经无法抗拒"[1]。在南洋公学，蒋梦麟一方面如饥似渴地学习各门

课程，包括中国旧学和西洋学科两方面，同时也认识到"要有高深的学问，必须先有强健的体魄"，特别注意体育锻炼；为了发展德育，又温习了《四书》，研究宋明哲学家以及历代中外伟人的传记。1908年夏，参加浙江省官费留美考试，未被录取。于是向他父亲要到几千块钱，预备到加利福尼亚州深造。

1908年8月底，蒋梦麟赴美留学，开始了长达9年的美国求学生涯。一开始他入加利福尼亚大学农学院读了半年，一位朋友劝他放弃农科之类的实用科学，另选一门社会科学。这引起蒋梦麟的深思，碰到足以影响一生的重要关头，他从不轻率做任何决定。但是有一天路上碰到一群蹦蹦跳跳的小孩子去上学，心里忽然豁然开朗："我在这里研究如何培育动物和植物，为什么不研究研究如何培育人才呢？"[2] 这样蒋梦麟毅然决定转到社会科学学院，选教育为主科，从此与教育结下不解之缘。蒋梦麟对学问的兴趣很广泛，选读的功课包括上古史、

---

[1] 蒋梦麟：《西潮》，第52页。
[2] 同上书，第66页。

英国史、哲学史、政治学,甚至译为英文的俄国文学。这期间他又结识孙中山先生,担任孙中山先生在旧金山的革命机关报《大同日报》的主笔。1912年,蒋梦麟毕业于加利福尼亚大学教育系,获学士学位,旋赴纽约入哥伦比亚大学研究生院,师从杜威研究教育。在哥大蒋梦麟学到如何以科学方法应用于社会现象,而且体会到科学研究的精神。1917年获哥伦比亚大学哲学博士学位,毕业论文为《中国教育原理之研究》(*A Study in Chinese Principles of Education*)。同年6月,蒋梦麟离美返国。

　　蒋梦麟回国后和几位朋友一起创办了《新教育》月刊,它的主要目标是"养成健全之个人,创造进化的社会"。蒋梦麟担任主编,在月刊上发表了一系列的教育论文,宣传新教育思想。"五四"运动后,蒋梦麟受蔡元培的委托,抵达北京代蔡主持北大校务,从此与北大结缘,一直担任蔡校长的主要助手,并在蔡校长离校期间多次代理校长职务。1930年12月4日,国民政府正式任命蒋梦麟为国立北京大学校长,在西南联大时期他以北大校长身份任联大三常委之一(另两位是清华大学校长梅贻琦、南开大学校长张伯苓),一直到1945年离开北大就任国民政府行政院秘书长职为止,蒋梦麟治理北大的时间长达二十余年,伴随着北大走过了无数的风风雨雨的岁月。在那动乱的年代里治理北大谈何容易,蒋梦麟曾沉重地说:"政治腐败,我们那里能不谈政治;既谈政治,教育界那里能不遭政客的摧残,仇视,利用。即退一步,我们可不谈政治,然而那里能不主张公道?主张公道,那不公道的一班人,就与我们捣乱。"① 这是从外在环境方面说,更令蒋梦麟头痛的是学校经费没有保障,要提高学术,"第一要工具,第二要人才","没有经费怎么办得动"。② 蒋梦麟多次慨叹学校经费困难,已到山穷水

---

① 蒋梦麟:《过渡时代之思想与教育》,商务印书馆,1933年,第188页。
② 同上书,第189页。

尽的地步。在内忧外患的艰难岁月里，蒋梦麟校长励精图治，殚精竭虑，利用一切可以利用的条件，采取各种灵活的办事手段，使北大之舟渡越了一个又一个难关险阻，驶向希望的彼岸。

蒋梦麟是一位长于治事并取得多方面事功的卓越人才。傅斯年曾说梦麟先生学问不如蔡孑民先生，办事却比蔡先生高明①。这是因为蒋先生从小就善于观察思考并参加行动，终其一生，蒋并未在所学专业上多有著述，却参与了多方面的社会实践，并担任了一系列重要职务。除长期担任过北大校长外，蒋梦麟还担任过教育部长、中央政治会议委员、中华教育文化基金董事会副董事长、中国红十字会会长、行政院秘书长等要职。1948年起担任"中国农村复兴联合委员会"（简称"农复会"）主任委员，在国民党政府退居台湾后，蒋主持"农复会"工作，将其后半生的全部心血致力于台湾的土地改革和农村复兴事业，并取得一定的成就。晚年更在台湾提倡节育运动，显示了他的远见卓识。

蒋梦麟的教育思想主要体现在1933年商务印书馆出版的《过渡时代之思想与教育》一书中。值得一提的是蒋先生在防空洞的间隙中写下的"有点像自传，有点像回忆录，也有点像近代史"②的《西潮》一书，以其优美的文笔、丰富的体验、深刻

---

① 参见蒋梦麟：《现代世界中的中国》，学林出版社，1997年，第192页。
② 蒋梦麟：《西潮》，第4页。

的问题赢得了广泛的读者，成为解近代中国的一面镜子。蒋梦麟的主要著作还有《谈学问》《文化的交流与思想的演进》《孟邻文存》《新潮》等，部分著作已在大陆新近出版。

二、过渡时代之思想与教育

蒋梦麟在《新潮》中自述："著者大半光阴，在北京大学度过，在职之年，但知谨守蔡校长余绪，把学术自由的风气，维持不堕。"① 蒋梦麟的教育思想和实践，充分体现在他治理北大的历史过程中。重温蒋校长治理下的北大校史，对于了解北大的优良传统，使北大更好地走向新世纪，是不无裨益的。

"教育思想，必与其所处时代之思想相共进行。"② 蒋梦麟从新旧时代过渡的大背景中思考教育问题，认为"教育家必先知当时学术思想之大势，与夫时代之精神，非此不能谈教育也"③。反过来教育对于时势有两方面的责任，"一方面为随时势而施教育，曰顺势是也；一方面为纠正时势而施教育，曰变俗是也"④。教育家必须善观时势，适应时代需要，不能徒事消极破坏，还应从事积极建设。当时之时代潮流，为西方文明传入中国，中国必须顺应世界大势。蒋梦麟把西方欧美近世文化的精神归结为两点："（一）科学之精神，近世西洋学术莫不具科学之精神。科学之精神云者，好求事实，使之证明真理是也。""（二）社会之自觉，西洋之文明，根乎希腊之个性主义。个性主义云者，发展个人固有之能力，不使为外界所压迫，养成一活泼强健灵敏之个人是

---

① 蒋梦麟：《现代世界中的中国》，第3页。
② 蒋梦麟：《过渡时代之思想与教育》，第14页。
③ 同上书，第284页。
④ 同上书，第283页。

也。"① 这两点精神，正是蒋梦麟从事教育的主要目标。蒋梦麟一再强调："欲解决中国社会之基本问题，非尊重个人价值不为功"。"欲养成适当之特才，非发展个性不为功。"② "教育有种种问题，究其极，则有一中心问题存焉。此中心问题惟何？曰做人之道而已。做人之道惟何？曰增进人类之价值而已"。"故欲言人类之价值，当先言个人之价值，不知个人之价值者，不知人类之价值者也。"③ 蒋梦麟认为教育之目标在于养成具健全之人格、独立不移的精神、精确明晰的思考力的个人，这样才能改造社会，"所以真正的个人主义，就是以个人为中心，以谋社会的发达，并不是自私自利"④。要养成健全的个人，就必须注重科学文化训练。他在初到北京大学时在学生欢迎会上的演说中说："西洋文化先进国到今日之地位，系累世文化积聚而成，非旦夕可几。千百年来，经多少学问家累世不断的劳苦工作而始成今日之文化。故救国之要道，在从事增进文化之基础工作，而以自己的学问功夫为立脚点，此岂摇旗呐喊之运动所可几？"⑤ 由此可见蒋梦麟的教育信念，从长远来看他的观点是富有生命力的，虽然有时难免不合时宜。

为了达到上述目标，蒋梦麟在《世界大战后吾国教育之注重点》一文中，提出了系统的教育方案。

（一）教育行政方面有四端。

（甲）随地随时推行义务教育以促进社会之进化。（乙）随地随人施设职业教育补习教育以增加经济之能率。（丙）推广大学及专门教育，以养成倡导社会进化加增经济能力之领袖。（丁）推广童子军以养成自动自助之能力。

---

① 蒋梦麟：《过渡时代之思想与教育》，第 20 页。
② 同上书，第 50、51 页。
③ 同上书，第 99、100 页。
④ 同上书，第 402 页。
⑤ 同上书，第 394 页。

（二）学校施设方面有五端。

（甲）发展个性以养成健全之人格。（乙）注重美感教育体育以养成健全之个人。（丙）注重科学以养成真实正当之知识。（丁）注重职业陶冶以养成生计之观念。（戊）注重公民训练以养成平民政治之精神。

以上方案虽是为应对战争而提出来的，但亦可见蒋梦麟教育思想之一斑。在治理北大的实践中，蒋校长基本上从提高行政管理效率、改善教学条件、增进学术水平、端正学校学风等方面贯彻落实他的教育理念。

先谈行政管理体制的改革，"北京大学为新思潮发生地，既有新精神，不可不有新组织"①，其主要内容有：

（甲）实行选科制，援美国哈佛大学例，准许学生于性之所近，于规定范围内自由选择，人各随其个性而发展其学力。这是蒋梦麟个性教育思想的体现。

（乙）在学校的系统组织方面，设立四大部：一、评议会，司立法。二、行政会议，司行政。三、教务会议，司学术。四、总务处，司事务。评议会、行政会议两者，为北大之首创。

（丙）诸系：大学各科分四组，计十八个系，各系有一主任，由教授互选。

以上是蒋梦麟协助蔡元培改革完善北大体制的基本情况。蒋梦麟在1931年正式出任北大校长后，又对北京大学的行政和教育制度做了较大的调整，明确提出"教授治学，学生求学，职员治事，校长治校"的方针，公布了《国立北京大学组织大纲》，规定北京大学以（一）研究高深学术，（二）养成专门人才，（三）陶融健全品格为职志。在蒋梦麟卓有成效的领导下，北大形成井然有序、系统完整的教学行政管理体制，从而为北大的教学科研准备了体制条件。

---

① 蒋梦麟：《过渡时代之思想与教育》，第458页。

1931年北京大学在蒋梦麟、胡适和傅斯年等人的共同努力下争取到一批中华教育文化基金会的资金，由中华教育文化基金会与北京大学每年各提出20万元，以五年为期，双方共提出200万元作为合作的特别款项，专作设立研究讲座与专任教授及购置图书仪器之用。利用这笔资金，北大聘请了一大批当时第一流的教授任教，购置了大量的图书资料和仪器，大大改善了北大的教学科研条件。在蒋梦麟的主持下，这一时期北京大学取得了丰硕的科研成果。

　　蒋梦麟非常重视教学质量，对新生入学资格考查很严，宁可少招生也不降低要求。要求北大学生必须人人掌握一种外国文字，能看，能说，能写。在蒋梦麟的理想中北大一定要办成世界第一流的大学，一定要在世界教育、科学方面占有重要地位，因此他在北京大学成立23周年的纪念大会上，希望北大全体同人努力做好三件事情：第一，当输入西洋的文化，用全力去注意它；第二，当整理国学，用科学方法把国学整理一番，将来出一部北大的《国学丛书》；第三，当注重自然科学。由此可以看出蒋梦麟文化建设的雄心，他为北大描绘了一幅全面学术振兴的蓝图。如果是在和平建设的年代，蒋梦麟将是一位大有作为的名校长。他的一些办学思想到今天仍然有积极意义。遗憾的是当时局势动荡不安，内有军阀黑暗统治，外有帝国主义的侵略，根本没有安定的办学环境，使蒋梦麟的理想难以实现。当时学生运动风起云涌，动不动就以罢课为手段，"多事的那几年里，差不多没有一个月不发生一两次风潮，不是罢课就是罢工"，"在那时候当大学校长真是伤透脑筋……学生要求更多的行动自由，政府则要求维持秩序"。①作为北大校长的蒋梦麟一方面对学生运动表示同情，一方面又要维持学校秩序，心情是很复杂矛盾的，但又无可奈何。

---

① 蒋梦麟：《西潮》，第124页。

蒋梦麟曾和胡适共同发表了《我们对于学生的希望》一文①，系统阐述了蒋、胡二人对学生运动的态度。从好的方面来看，学生运动可以引起学生的自动精神，引起学生对于社会国家的兴趣，引出学生作文演说的能力，引起学生求知识的欲望等。但是从总体上蒋梦麟是不鼓励学生运动的，尤其是反对无谓的政治运动和牺牲。他认为学生运动是变态社会的产物，在变态的社会国家里面，政府太卑劣腐败了，国民又没有正式的纠正机关，于是干预政治的运动一定是从青年的学生界发生。学生干预政治，都是社会和政府逼出来的，使学生无法享受安心求学的幸福。但是我们不要忘记，这种运动是非常的事，是变态社会里不得已的事，同时又是很不经济的不幸事，因此只能是暂时的救急办法，不可以长期存在，尤其不可滥施。罢课不仅于自己有大损失，而且有精神上的坏作用：一是养成倚赖群众的恶心理，二是养成逃学的恶习惯，三是养成无意识的行为的恶习惯。因此希望学生注重课堂上、操场上、课余时间的学生活动，包括学问的生活、团体的生活和社会服务的生活等。蒋梦麟还从学校领导的角度提出奖励学生自治、给学生思想自由的机会、帮助学生研究社会问题、帮助学生达成丰富的生活等措施来疏导学生的运动心理。根据以上的分析介绍，蒋梦麟的主要意思是希望学生珍惜求学时光，努力发展学业和能力，将来报效祖国。这种看法出自大学校长，是完全可以理解的，虽然当时有"缓和阶级斗争"之嫌。其实，蒋梦麟对"五四"运动是大加赞赏的，他说："'五四'学生运动，就是这解放的起点，改变你做人的态度，造成中国的文运复兴，解放感情，解放思想，要求人类本性的权利。"②

总起来看，蒋梦麟重视全民族素质的提高，把文化建设当成国家振兴的头等大事，在治理北大的教育实践中，希望把北大办成世界一

---

① 参见蒋梦麟：《过渡时代之思想与教育》，第156页。
② 同上书，第27页。

流大学，培养一大批优秀人才为国家服务；在动荡不安的时代里，为北大的维持、稳定和发展，呕心沥血，竭智尽能，做出了巨大的贡献，终使北大这只学问之舟平稳渡过内外冲突的惊涛骇浪。北大后来的成就，实际上包含了蒋氏的一份心血。

三、在敌机轰炸中谈中国文化

蒋梦麟从小受中国传统文化的熏陶，又在美国留学多年，对西方文化有切身的感受，和那个时候多数的优秀知识分子一样，他可以说是学贯中西，兼具中西文化的素养。据蒋在《西潮》中的自述，他在美国留学时对于欧美的东西，总喜欢用中国尺度来衡量，并且认为一个中国学生要了解西方文明，只能根据他对本国文化的了解，对本国文化了解愈深，愈有助于了解西方文化。但当蒋先生回到上海时，又处处用西方的眼光来衡量中国的事情，所以对他来说，中西方文化的比较实在不是一项专门研究的学术课题，而就是他生活的一部分。蒋梦麟的思想和行为都带有亦中亦西的特色，一方面不能忘情于中国的旧道德体系，一方面又激赏西方现代文明的成就。由于蒋梦麟大部分时间从事实际的社会工作，他对中西文化的研究并没有专门深入的著述，但由于他游历广泛，见多识广，又有丰富的人生体会，加上他那简明、轻松、优美的文笔，往往使他的论述一针见血而又亲切有味。《西潮》中专门有一节《敌机轰炸中谈中国文化》，在敌机轰炸时的防空洞里冷静反思中国文化，这恐怕是古今谈论中国文化绝无仅有的情势，充分显示了蒋梦麟关注现实、贴近社会的思想方式。

东方与西方不同，因为它们的文化不同，虽然仍可以发现东西方文化的共通点，但又可以区别出它们的基本特征。文化上的异同，不应该由表面上的类似之点来判断，而应该由各自的基本特征来论定。

蒋梦麟从三方面来讨论中国文化的特征：（一）中国文化之吸收力，（二）道德与理智，（三）中国人的人情。

（一）中国文化之吸收力

"文化是个有生命的有机体，它会生长，会发展；它会衰老，会死亡。文化，如果能够不断吸收新的养分，经常保持新陈代谢的作用，则古旧的文化，可以更新，即使衰老了，也还可以复兴。"① 这是蒋梦麟晚年的一段话，在《新潮》与《西潮》之间过去了几十年。但蒋先生的文化观是前后一致的。他认为大凡文化的发展，有内外两重因素，内在基于生活的需要，外在基于环境的变迁，而一种文化有没有生命力，能不能在历史长河中绵延不断、历久弥新，关键在于能不能吸收新的文化、适应新的环境。中国文化的历史证明，中国文化具有伟大的吸收能力，"凡是值得吸收的精神食粮或知识养分，不论来自何方，中国总是随时准备欢迎的"②，这种吸收能力使中国能在几千年的历史过程中历经沧桑而屹立不坠。蒋梦麟认为中华民族本来就是多民族混合而成，古有所谓东夷、西戎、南蛮、北狄等称谓，因此各民族相接触相交流的历史源远流长，如赵武灵王吸收胡人的战术、胡人的骑射即是一例。中国文化成功地吸收融合印度佛教文化的事实更是人所共知，宋明新儒学的建立即是吸收佛教文化的结果。蒋梦麟更举西方文化传入中国以来中国在衣、食、住、行各方面的变化为例，说明中国一直不断地在吸收外国东西，但是"中国人只想把外国因素吸收进来充实自己的思想体系，但是他们绝不肯放弃自己的思想体系而完全向外国投降"③。

蒋梦麟尝说："宋与汉不同，其要素在佛教，今日与汉宋思想不

---

① 蒋梦麟：《现代世界中的中国》，第33页。
② 蒋梦麟：《西潮》，第221页。
③ 同上书，第222页。

同,其要素在科学。"① 中国文化在历史上曾经成功地调和融会儒道,儒道与佛教,今后中国文化发展的主要课题,在于吸收融合西方文化,如此方有中国文化的灿烂前景。揆诸历史,以中国文化的巨大吸收力,吾人自当充满信心。

(二) 道德与理智

通过研读希腊哲学家的哲学著作,蒋梦麟深深感觉到希腊哲学家有敏锐深刻的理智,而中国古代思想家始终囿于道德范围之内,并深信这就是东西文化分道扬镳的主要原因。他说:"世界各国的文化奠基于不同的宇宙观。中国人所想的是一个道德的宇宙,并以此为基础而发展了他们的文化。希腊人所想的是一个理智的宇宙,也以此为基础而发展了他们的文化。"②"道德宇宙不可能产生理智宇宙的果实,理智宇宙也不可能产生道德宇宙的果实。"③ 这就是蒋梦麟观察中西文化差异所得到的主要结论。

这并不意味着中国人缺乏理智,但是他们的理智活动却局限于道德与实用的范围,没有为知识而知识的纯粹科学兴趣。中国也有很多发明创造,但都是基于实用的目的,不像希腊人那样肯在原理原则上探讨,也不像现代欧洲人那样设法从个别的发现中归纳出普遍的规律。中国人也观察大自然,但目的在于发现有利于伦理道德的自然法则,而不是为了满足知识的兴趣。因为根本不注重纯粹知识,所以不可能发展出自然科学。相反,对希腊人而言,很早就发现了理性世界,发展出抽象的逻辑和知识理论,他们运用理智本身就是一种快乐,不必与道德和实用相关。

通过研究宋儒格物致知之说,蒋梦麟认为中国的知识论与科学发

---

① 蒋梦麟:《文化的交流与思想的演进》,台北世界书局,1962年,第1页。
② 蒋梦麟:《西潮》,第235页。
③ 同上书,第236页。

展没有根本的矛盾,"吾国的知识论,是与近世科学的知识论走的同一条路线,即思想与官觉合作求事物之条理"①。不过因为"吾国重人道而不重物理,格物同时也是格事,知天道所以为人道,非为物理"②,所以"中国未曾发展出自然科学,只是因为她根本无意于此"③。换言之,中国文化具有发展科学的潜力,只是没有朝这个方向发展而已。蒋梦麟乐观地说,近代中国人学习西方科学得心应手,并未见有大障碍。"我们已经在道德宇宙的墙上开了一扇窗子,凭窗可以眺望长满科学与发明果实的理智的宇宙。"④

另一方面,"我们绝不可忘记中国旧的道德体系,这个旧体系是经过千百年长期的经验和历代不断的努力而建立起来的"⑤,"相反的一方面,把中国的学问加以整理研究,也可能对现代科学世界提供重大的贡献"⑥。中西文化各有偏重,"希腊人之讲理则,偏重于知,逻辑即求知之方。中国人之讲理则,偏重在行,人伦为行之常轨。故苏格拉底之学,为修其理智,教以辩证;孟子之学,为修其天爵,教以人伦"⑦。如果能综合中西文化之长,"一片新的知识园地将与新的道德观念同时建立起来,以供新中国富于创造能力天才的发展"⑧,以道德宇宙保持安定,以理智宇宙促成进步,这就是蒋梦麟所希望达到的理想境地。

(三) 中国人的人情

蒋梦麟所讨论的"人情"主要指中国人的心理结构和精神取向,

---

① 蒋梦麟:《文化的交流与思想的演进》,第10页。
② 同上书,第8页。
③ 蒋梦麟:《西潮》,第233页。
④ 同上书,第234页。
⑤ 同上书,第237页。
⑥ 同上书,第235页。
⑦ 同上书,第4页。
⑧ 同上书,第237页。

这是中国文化的重要表现。中国人的人情的一个特点是重常识与重人情，这与重实用的原则是一致的。当西方传教士到中国以后，中国人并不注重《圣经》及其宗教观念，眼睛盯着的是牧师从西方带来的实用货品以及牧师表现出来的道德品质。由于重人情，西方现代法律观念不易在中国发展，中国人以为最好是不打官司。音乐艺术可以陶冶性情，移风易俗，自然是有用的；诚实幽默既可以修身养性，又可以更好地与人相处。爱敌如己未免太理想，中国人宁舍理想而求实际，"以直报怨，以德报德"可也。中国人多半乐天知命，如有粗茶淡饭足以果腹，有简陋的房屋足以安身，有足够的衣服可以御寒，他就心满意足了。蒋先生信手拈来，谈论着中国人的人情，虽无甚高论，却也是实情。

中国人的精神追求的源泉和归宿是大自然，蒋先生说："大自然是中国的国师。她的道德观念和她的一切文物都建筑于大自然之上。"① "中国人深爱大自然，这不是指探求自然法则方面的努力，而是指培养自然爱好者的诗意、美感或道德意识。月下徘徊，松下闲坐，静听溪水细语低吟，可以使人心神舒坦。观春花之怒放感觉宇宙充满了蓬勃的精神；见落叶之飘零则感觉衰景的凄凉。"② 这段话对中国人的性情描写可谓传神入微。对此蒋先生自己是有真体会的。有一次他游天坛，秋夜的天坛，万里无云，皓月当空，银色的月光倾泻在大理石的台阶上，忽然之间蒋先生觉得自己已与天地融而为一。这种升华的经验使他理解到为什么中国人把天、地、人视为不可分的一体，因为这样可以使中国人从大自然领悟到人性的崇高，使日常生活中藐不足道的人升入庄严崇高的精神境界。人生于自然，亦养于自然，他从大自然学到好好做人的道德。"大自然这样善良、仁慈、诚挚，而且慷

---

① 蒋梦麟：《西潮》，第 242 页。
② 同上书，第 241 页。

慨,人既然是大自然不可分的一部分,人的本性必然也是善良、仁慈、诚挚,而且慷慨的。中国人的性善的信念就是由此而来,邪恶只是善良的本性堕落的结果。"① 蒋先生这里论述的,正是中国传统思想"天人合一"的精微所在。

由以上论述,我们基本上可以了解蒋梦麟的主要思想。作为本文的结束语,我想指出的是,由于蒋梦麟在政治上是追随国民党的,加之海峡两岸长时期的隔离,蒋梦麟对大陆读者是极为陌生的,讲北大校史的人很少讲蒋梦麟,讲教育史的人也很少讲蒋梦麟,我想这是不合情理的,也不是客观公正的。我们不赞成蒋梦麟的政治信念,但不能不看到作为一个有理想抱负的知识分子所做的实际贡献,尤其是蒋担任北大校长期间,曾和日本军国主义机智周旋,表现了中国知识分子的凛然大义和爱国气节,被罗家伦誉为"郭子仪第二"②。蒋梦麟在1923年北京大学开学致辞中说"至少也要维持北大的生命,决不让他中断"③,表明了他在动乱的环境中维持北大生命的决心。蒋梦麟曾评价蔡元培说:"余尝论蔡先生之为人,具中国固有文化之优点,而同时受西洋文化之陶镕。"④ 此语用来评价蒋梦麟,亦不为过。

---

① 蒋梦麟:《西潮》,第241页。
② 转引自马勇:《蒋梦麟教育思想研究》,人民教育出版社,1997年,第210页。
③ 蒋梦麟:《过渡时代之思想与教育》,第409页。
④ 同上书,第393页。

他没有完成什么，却几乎开创了一切
——中国现代文化史上的胡适

乔清举

中国现代史是以 1919 年"五四"运动为界划分的。之前是近代，之后是现代。然而，思想文化界却是在 1917 年就进入现代的，其标志是白话文运动的开展。在推动思想、文化界提前进入现代的诸多文化人物中，胡适是较为重要的一个。可以说，胡适是现代中国文化的奠基人之一，他为中国现代思想以至于文化树立了新规范[①]，中国学术思想通过胡适实现了从传统形态向现代形态的转变。作为树立新规范的历史人物，胡适思想的内容十分丰富，包括一般文化研究、文学、哲学史研究以及考据等。本文拟分别从这几方面着手讨论胡适与中国文化的关系。

---

① 参见余英时：《中国近代思想史上的胡适》，收入胡颂平编著：《胡适之先生年谱长编初稿》，台北联经出版事业公司，1984 年。亦可参见李泽厚：《胡适、陈独秀、鲁迅》，收入《中国现代思想史论》，东方出版社，1987 年。

一、一代人才与"过河卒子"

胡适,名洪骍、嗣穈,字适之,1891 年出生于上海大东门外。[①]

胡适祖籍安徽省徽州地区绩溪县,世代以经商为生。其父曾任台湾省知州,帮助过爱国将领唐景崧、刘永福等抗日,后因病死于厦门。

胡适自幼比较聪颖,又是他母亲的唯一亲生儿子,三岁便被送到私塾读书。他在私塾曾先后读过《诗经》《书经》《论语》《易经》《孝经》等,饱受传统文化的滋养、熏陶。也曾读过《水浒传》《三国演义》以及当时比较流行的评弹、歌词等,这些东西都是用白话俗语写成的,对于胡适以后提倡白话文产生了很大的影响。

胡适十一岁时,读到司马温公《家训》中"形既朽灭,神亦飘散,虽有到烧舂磨,亦无所施"一段,又读到范缜《神灭论》中"形者神之质,神者形之用,神之于形,犹利之于刃,未闻刃没而利存,岂容形亡而神存哉"一节,心里感到很是高兴,觉得这些话语表达了他的感情,于是便不再相信鬼神、地狱以及轮回之说了,甚至还要打碎神胎,惹出一场不大不小的祸。

胡适十四岁那年,到上海读书。在上海求学期间,胡适先后进过"梅溪学校""澄衷学校""中国公学"和"中国新公学"四个学校。在中国公学期间,学生和校方因学校管理问题意见不合,发生冲突,于是一部分学生退出公学,组建新公学。胡适也参与了此事,

---

① 本传略资料大都出自胡适《四十自述》以及《胡适留学日记》(都为台北远流出版事业股份有限公司,1986 年),不再一一注明详细出处。

加入了新公学并兼任英文教员。后来新公学因资金困难，不得不与公学合并。胡适感到无颜归校，于是就结束了在上海的求学生涯。那时是 1910 年。胡适刚到上海时，正是中日甲午战争失败和维新变法失败后不久，国内思想界比较活跃，上海、湖南等地都是维新变法思想传播比较广泛的地区。胡适在上海也受到了新思想的影响，读了不少有关的书籍，有邹容的《革命军》、梁启超的《新民说》等。他自命为"新人"，不愿接受上海道举行的开学考试。他认为，上海道代表了旧政权、旧势力。他也读了吴汝纶删节的严译《天演论》。当时国内局势动荡不安，内忧外患接踵而至，举国上下都在为民族的命运担忧，因此，严译《天演论》一经问世，马上便流行到全国各地，一时间"物竞""天择"等成了人们的口头禅。胡适自己也深受其影响，他的名"适"、字"适之"就是这时起的，取"物竞天择，适者生存"之意。这期间，给他影响最大、印象最深的是梁启超的文章。① 他认为梁文于明白晓畅之中，带有浓挚的情感，使读的人不能不跟他走，不能不跟他想。他承认自己深受梁的恩惠，《新民说》主张要把中国这个老大的病夫民族改造成为一个新鲜、活泼的民族，深深地震动了胡适那虽显成熟但又有几分幼稚的心灵。后来他对中国文化所发的许多激烈、苛刻、缺乏公正的言辞，恐怕与这时的影响不无关系；梁的《中国学术变迁大势》使他知道，在《四书》《五经》之外，中国还有其他学术思想。胡适后来认为，这是第一次用历史的眼光整理中国学术思想，第一次给人们以学术史的见解。看到梁的书尚有未竟部分，他甚至下决心，要补全梁的中国学术史。其《中国古代哲学史大纲》便导源于此。

在上海求学期间，胡适还曾参与编辑了颇有进步意义的报纸《竞业旬报》，其宗旨是"振兴教育、提倡民气、改良社会、主张自治"。胡适不断为报纸提供稿子，其中有科学小品《地球是圆的》，章回小说

---

① 参见胡适《四十自述》有关部分。

《真如岛》等。这些都是用白话文写的，给胡适提供了锻炼白话的良好机会，也给他提供了自由发表思想的机会。他发表的文章内容一般都是关于反对迷信、地狱、报应的。值得注意的是，其中有一篇叫《苟且》，他在文中痛斥中国人随便省事，不肯做彻底的思想的毛病。他认为，"苟且"是中国历史上的一场大瘟疫，把几千年的民族精神都瘟死了。胡适在后来的文化讨论中仍坚持这个思想，并把它系统化了。

1910年，胡适刚过二十岁。这时他已离开了学校，又无正式工作，生活无处着落，漂泊流落在上海街头。这一年恰值清政府以美国退回的庚子赔款作为经费，招收官费留美学生的第二年。胡适很偶然地得到这个消息后也参加了考试，顺利地取得了留学资格。

初入美国，他先到康奈尔大学农学院学习。农学院有实习课，有一次实习内容是按颜色、果肉硬度等项目给苹果分类。这对于胡适来说，真是勉为其难了，几个小时过去了，还没有分出几个来，即使分出的几个，其中也有不少是分错的；而这对于美国学生来说，简直是轻而易举的事，他们很快地将果子分好，填好表格，拣几个苹果塞进口袋里，扬长而去。胡适感到自己学农，既与初衷相悖，又无实际用处，不如转攻哲学。这时是1911年秋天，第二年春天，他便转入了康大文学院。次年夏天，他完成了康大文学院的功课，于1915年转入哥伦比亚大学研究院哲学系，师从杜威攻读博士学位。在哥大学习了两年，1917年毕业。但胡适的论文未获通过，没有获得博士学位，他的学位是1927年他在中国学术界有了一定声望后获得的。

胡适在哥大选修了杜威的两门课，一是"论理学之宗派"，一是"社会政治哲学"。前者大大地启发了他，他的博士论文题目"中国古代哲学方法论进化史"便是因此确定的。他认为，杜威给他影响最大的还是《思维术》一书。该书认为，人类有系统的思想要经过五个阶段。第一，困惑、遇到问题；第二，决定困惑及问题的症结所在；第三，提出解决问题的假设；第四，确定种种假设中，哪个可以解决问题；第五，小心证明那个可以解决问题的假设。胡适把这五个步骤简化为"假设""求证"两步，提出了后来流布甚广的"十字真言"，即"大胆的假设，小心的求证"。胡适认为他自己深受方法的惠益，因此能够发前人所未发，言前人所未言。他说自己治学几十年，都是围绕方法而进行的。

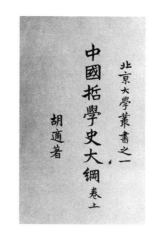

1917年年初，胡适在《新青年》第二卷第五号上发表了《文学改良刍议》一文，主张用白话取代文言。他认为，每一时代都应有自己时代的文学，文言已不适合当时，已成为死文字了，能够取而代之而成为文学利器的，必然是白话。之后，陈独秀在六号上发表了《文学革命论》，提出必须用白话代替文言，不容置疑，也没有讨论的余地。至此，轰轰烈烈的白话文运动全面铺开了。此后，胡适又陆续发表了《历史的文学观念论》《建设的文学革命论》《文学进化观念与戏剧改良》，提出了一系列崭新的、系统的文学观念。

胡适除了不断地发表文学观点之外，也在哲学领域开展工作，1919年出版了《中国哲学史大纲》上卷，这是中国历史上第一本用全新的观点编写的哲学史专著，对于建立作为一门科学的中国哲学史做出了不可低估的贡献。此外，他还先后发表过《说儒》《戴震的哲学》等文章。

1919年，"五四"运动爆发。"五四"运动之后，全国出现了研究评价中国文化的新思潮。胡适认为，新思潮的意义就是"重新评估一切价值"，他也加入了对于中国文化的评估热潮，发表了一系列文章，指责甚至攻击了中国文明。在评估中国文明的同时，他还进行了"整理国故"的工作。广义的"整理国故"是对中国文化史的研究；狭义的"整理国故"则是考证、训诂、校勘等。他前后考证过《红楼梦》《儒林外史》《三国演义》《水经注》等。

1949年,国民党败退台湾。胡适也经由美国到了台湾,任"中央研究院院长"等职。1962年,胡适因心脏病猝发逝于台湾。

胡适自1917年归国受聘为北京大学教授以后,在北大任教数十年,先后任过中文系主任、英文系主任、文学院院长和校长等职。他任校长共有三年,从1946年到1948年。

北京大学素以"民主""自由"著称于世,蔡元培先生的"思想自由、兼容并包"的办学方针一直是北大的传统。北大学者饱受"民主""自由"精神的滋养,以追求真理为己任,对中国文化上下求索,发微探玄。胡适早年曾是个自由学者,在中国文化的研究方面做出了杰出的贡献。但后来在政治倾向上,他倒向了国民党。此后,由于政治的束缚,胡适的学术成就大不如前,在北大任校长三年,竟无一有影响的著作问世,诚让后人为之惋惜。胡适对此也似有觉察,有时表示"不入政府",但更多的是叹息"做了过河卒子,只能拼命向前"。20世纪50年代,台湾曾掀起研究中国文化的热潮,这与国民党的"光复大陆"的政治方针有一定的联系。胡适在这次研究中坚持并发挥他早年关于中国文化的观点,受到了国民党的批判。

胡适一生对教育事业极为关切。他认为,教育的先进与否,是一个民族是否文明的标志。中国虽有五千年的文明,但没有一个有上千年历史的大学,实在令人惭愧。所以,他经常要求政府办好十所或五所大学。在北大任教期间,他为北京大学的发展做了许多有益的事情。胡适对于教育事业的关切,使他一直到逝去之前,还心系于教育。如1949年他还为北大筹款,帮助物理系发展[1]。他还曾帮助、扶植台湾省的科技、学术的发展。[2]

---

[1] 参见1987年台湾《传记文学》月刊征集付印的胡适致吴大猷的十四封信。

[2] 同上。

二、全盘西化与中国文明

国内学术界一般把胡适对中国文化的态度斥为"民族虚无主义",把他贬为"全盘西化"的始祖。这种看法其实并不完全妥当,甚至也不是很客观。

20世纪初到30年代中期中国所发生的文化讨论,并不是第一次,但就参加人数之多,论战之激烈,提出的观点之繁杂,影响面之广而言,却是首次。胡适也积极地加入了论战,但其主张并非始终如一,而是发生了很大的甚至是实质性的改变。

胡适早年就主张要派有中国文化深厚功底的人出洋留学。在留学期间,他也感到中国留学生不了解中国文化是可耻的事情。当时的胡适还对中国文化一往情深,时时为中国文化辩护,甚至袒护。他的《留学日记》中有不少关于这些方面的记载。如,他认为中国人由父母包办婚姻,当事双方均知相爱义务,比西方人更能获得真正的爱情;西方的父母,当女儿到一定年龄时,就教她们跳舞等社交技艺,让她们自己择婿,这就不免有时会上当受骗。中国的家族制度比之西方虽有不合理之处,但亲养子,子孝亲,比之西方要强得多。他甚至还要写一本《中国社会风俗真诠》,取西洋人论中国风俗之言,一一评其得失,为祖国辩护①。

1917年归国后,胡适的思想发生了根本转变,从赞誉、褒扬中国文化转为指责、攻击。究其原因,我认为是由于他通过对中美两国现实的对比所产生的恨铁不

---

① 参见胡适:《胡适留学日记》。

成钢的危机感和紧迫感所致。胡适留学七年，对于美国社会的稳定与繁荣、城市市政建设的发达、教育的先进等都有深刻的体会，七年洋教育的浸润使他对美国的一切感到亲切，如鱼得水。陡然从美国回到中国，好像一下子从20世纪退到了18世纪。整个民族文化仍然极其落后，新思潮还不曾广泛地传播，文化界连几本值得一读的书也没有问世。这种状况自然导致了胡适的不满，他认为中国惰性太大，进三步，退两步。因此，不应对中国文化抱太大的希望，希望越大，失望也就越大。此后他便开始了对中国文化的指责、攻击："我们必须承认我们百不如人，不但物质机械不如人，不但政治制度不如人，并且道德不如人，知识不如人，文学不如人，音乐不如人，艺术不如人，身体不如人。"① 胡适用这样苛刻的言辞攻击中国文化，是否意味着他对中国文化完全失望了呢？事实并非如此。他不仅没有丧失信心，相反，倒可以说是满怀信心。他认为，中国人的大错之处就在于，他们总是认为自己的祖宗的遗产太丰富了，故步自封，导致今天的落后局面。所以，自信心必须建立在反省的基础上。我们的文化并不丰富，与古希腊、罗马文化相比，我们只能感到自惭形秽，早在两千多年前我们就落后了。所以，我们应该反省，祖宗罪孽深重，我们自己罪孽深重，在反省的基础上拼命努力方能在世界之林有一席之地。我们说不能将胡适斥为民族虚无主义简单了事，就在于他仍然保持着对民族未来的希望，仍然思忖着如何建立未来文化，使中华民族不至于覆灭，而能够兴旺发达。他说，信心不在过去而在未来，我们相信，我们的未来握在我们手中。对于民族未来的焦虑使他痛之切责之深，恨铁不成钢，这种心情完全可以理解。

在当时有两种观点甚为流行，影响极大。其一，认为世界文明有各种不同的途径，中国、印度、西方分别代表了三种不同的发展路径。现

---

① 胡适：《介绍我自己的思想》，收入《胡适文存》，台北远东图书公司，1979年。

今是西方文明的天下，其后便是中国文明的复兴。这种观点的代表人物是梁漱溟先生①。其二认为，西方文明是物质的文明，是征服自然界的文明，东方文明（也就是中国文明）是精神文明。第一次世界大战业已表明，欧洲的物质文明已经腐朽，取而代之的将是东方的精神文明，西方文明期待着东方神明的超拔，这种观点的代表人物是梁启超②。

梁漱溟先生的观点可谓文化多元论。这种观点否定了文化发展的一元论，从而也否认了西方文化作为人类文化发展的最高阶段的典范意义。多元论实质上否认了文化发展的统一标准及其绝对性，承认各个文化发展的标准都在这一文化自身，各个标准都是相对的，都有其存在的价值和理由，三条路径是三种标准在实践中的实现。既然标准各异，都是相对的，那么，学习西方完全不必要。在当时面临民族落后的现状，学习西方实现民族强盛是拯救民族的唯一道路。承认文化的多元论，否认学习西方的必要性，实质上是引导民族走向灭亡。在举国上下都学习西方，以实现民族自强的时势下，这种观点是与时代不合拍的音符。胡适对这种观点不以为然，提出了"有限的可能说"。他认为，人类的身体结构基本上一致，他们所处的环境也大同小异，所要解决的问题也无甚区别，在这种大同小异的环境下所产生的解决方案也绝不会有什么实质的不同。所以他主张一元论文化发展观，世界文化发展只有一条道路，东西方文化的差异只不过是它们各处在文化发展的不同阶段而已。西方文化已完全脱离了中世纪阶段，最能代表西方文化的"科学"与"民主"都是近代的产物。中国文化尚未完全摆脱中世纪，而印度文化则仍处在中世纪之中。既如此，学习西方与否，答案岂不是昭然若揭？胡梁的争论，不仅仅是文化的一元论和多元论的争论，而且也是关于民族前途的争论。梁先生主张多元论，实质上否认了学习西方的理论基础。虽然梁先生有鉴于时势也主张学习

---

① 梁漱溟：《东西文化及其哲学》，台北九鼎出版社，1982年。
② 梁启超：《欧游心影录节录》，台湾中华书局，1960年。

西方，但既然每一民族各有不同的发展途径，何必要学习西方，趋之若鹜？胡适一针见血地指出了这种理论的实质。他说，如果承认了梁先生的理论前提，那么我们就只好永远落后下去了。①

出洋留学的人都耳闻目睹了欧美社会的嬗变，一般都主张一元论，提倡学习西方。如冯友兰先生也认为，东西方文化问题不是一个东西问题，而是一个古今的问题。一般人所说的东西之分，其实不过是古今之异②。首先，胡适留学七年，对欧美社会了解较深，也曾读过《中国是中世纪的欧洲》一书，恐怕这些影响都是促成他主张一元论的原因。其次，胡适主张一元论恐怕也与他的"历史的眼光"不无关系。"历史的眼光"要求按历史的本来顺序认识历史，绝不允许将历史割裂看待，主张多元论。

现在有人认为梁先生率先提出了民族文化发展多元论的先声，笔者实不敢苟同，每一理论都有自己的时代，时代的差异可以导致理论作用的差异。在当时的状况下，强调差异性，否认东西方文化的共同性，强调民族性，否认世界性，其实质作用是否认学习西方，为了固守民族性，一味故步自封不思进取，这个民族有什么前途呢？

第一次世界大战战火熄灭不久，梁启超出游欧洲诸国考察，其结果就是《欧游心影录》一书的出版。他在书中说，西欧科学的发展所取得的物质进步比从前两千年的成就还要大，但科学造成的纯物质的机械进步不但没有解决人生问题，反而由于科学原理日新月异，旧权威不断灭亡，新权威还不曾建立，全社会都陷入了怀疑、沉闷和畏惧之中了，遂酿成了欧洲战争，给人类造成灾难。梁启超认为："救济（欧洲）精神饥荒的方法，我认为东方的——中国和印度——比较好。东方的学问以精神为出发点，西方的学问以物质为出发点。"③

---

① 参见胡适：《读梁漱溟先生的〈东西文化及其哲学〉》。
② 参见冯友兰：《三松堂自序》，生活·读书·新知三联书店，1984年。
③ 梁启超：《饮冰室合集》第七十二卷。

梁书贬西方文明为"物质文明",崇东方文明为"精神文明",这种分类观点的抛出引起了国内学术界对东西方文明的重新认识,以及是否学习西方的讨论。

胡适认为,"文明是一个民族应付他的环境的总成绩","文化是一种文明所形成的生活的方式"。① 无论哪个文明,其中必定包含有物质的和精神的两种成分,绝没有纯粹的物质文明或精神文明,将二者割裂开来的观点,包含了灵与肉的冲突的成见,是不恰当的。他认为,所谓的物质文明,不应是征服物质的文明,而是为物质所征服的文明,就此意义而言,真正的"物质文明"恰恰是东方而不是西方。东方文明的最大特点是知足,知足常乐,拘于物质的束缚,不去改造它,遂造成东方民族的懒惰和不长进,东方人都扼制精神需要而不是满足它,要求人们"无智无欲",所以,东方文明才是真正的物质文明。

相反,西方文明才是追求人类幸福的文明,它征服物质,把人从物质环境的重负之下解放出来;它不仅不忽视人类的精神享受,恰恰相反,它在满足精神享受方面所取得的成绩,绝非东方能够望其项背的。从理智上讲,西方文明的特点是科学,科学要求探索真理,这正是满足人的求知欲望;相比之下,东方圣人只会教导"绝圣弃知",要求人们"无智无俗"。从宗教上讲,西方文明建立了实证主义的宗教道德,要求一切"拿证据来",这是理智的态度而不是盲目信仰;东方人只注重个人修养,八百年的理学居然认识不出妇女缠足是惨无人道的。所以,西方文明才是真正的理想主义精神文明。胡适所说的"精神文明"和传统学者所说的精神文明内涵大不一样。前者的"精神文明"是对精神、理智上的需要的满足,而在后者的心目中的"精神文明",则只不过是"圣人之道"一类的东西。这正是资产阶级学者和传统学者的区别所在。

胡适认为,东西方文明的差别,实质上是工具的差别。人类是基于器具的进步而进步的,石器时代、铜器时代、钢铁时代以及机电时

---

① 胡适:《我们对于西洋近代文明的态度》。

代都代表了文化进化的不同阶段。西方已进入机电时代，而东方则犹处于落后的手工业时代。西方人利用机械、物质，而东方人则利用人力，"东西洋文明的界线只是人力车文明和摩托车文明的界线"①。东方文明把人当牛马，无论如何也算不上精神文明。而且工具越进步，其中包含的精神因素也就越多，摩托车、电影机所包含的精神因素要远远大于老祖宗的瓦罐、大车、毛笔。"我们不能坐在舢板船上自夸精神文明，而嘲笑五万吨大汽船是物质文明。"②

在文化讨论中，给胡适带来最大影响的，是他的"全盘西化"的主张，但这实在是历史的误会。就理论的系统性、态度的一贯性而言，胡适远不及"全盘西化"的另一位主张者陈序经。大概是由于胡适是名人吧！这个观点总是被归在他的名下，而陈却鲜为人知。

1929 年，胡适在英文版的《中国基督教年鉴》上发表了《今日中国之文化冲突》一文，正式提出"全盘西化"的口号，他用了两个词表达这一意思。其中，"wholescale westernization"意为"全盘西化"，而"wholehearted westernization"则意为"一心一意的西化"，两词内涵大相径庭。当时并未引起广泛的注意。1935 年 1 月，十教授为了配合国民党的军事围剿，在国民党当局的授意下，发表了所谓的《十教授宣言》，反对学习西方（其实质是反对马列主义），主张对中国文化存其所当存，对西方文化取其所当取，建设中国本位的文化。胡适作为一元论者，不会容忍这种变相的折中论调在社会上流行，写了《试评所谓"中国本位的文化建设"》一文，一针见血地指出，十教授的折中调和论调是行不通的。十教授也纷纷著文"澄清"自己的观点。胡适起初并不了解《宣言》的真相，待到他明白了真相后，出人意料地没有做任何辩解，而提出要和十教授成为"同志"。

胡适说，他曾经主张"全盘西化"，但真正的"全盘"就是百分之

---

① 胡适：《漫游的感想》。
② 胡适：《介绍我自己的思想》，收入《胡适文存》。

百的意思，否则就不叫"全盘"。但百分之百是不可能的。因此，他建议用"充分世界化"来代替"全盘西化"，"充分"在数量上是"尽量"，在精神上是"尽力"。这样一则可以免去许多无谓的论争，二则可以争取许多同情和帮助，一切在精神上赞成西化的人都可以成为"同志"，包括十教授。①

胡适本来是主张"全盘西化"的，他甚至还为此辩解过，反对别人把他列入调和派②。何以此时对自己的观点做出如此重大的修改呢？原因可能在于此刻他已在政治上倒向国民党，当自己的观点与国民党的意图有所龃龉时，他只能修改自己的观点与之调和。胡适一贯追求"民主""自由"，但由于他自己与政治纠缠在一起，思想不能完全诚实，说话也不得不瞻前顾后，欲言又止。这是胡适的悲剧。

胡适的文化观的意义就在于他自觉地运用"历史的眼光"，把中国纳入世界文明发展史的总过程中，提出了民族文化发展一元论的思想，主张抛弃传统的束缚，向西方学习。当然，胡适用苛刻的言辞指责中国文化，有不少是出于感情用事，缺乏应有的客观、冷静的分析态度。"全盘西化"也有很大的恨铁不成钢的偏激成分，这些都是我们应该注意的。

三、文学改良与白话文运动

新文化运动发轫于文学改革，文学改革则得力于胡适、陈独秀、钱玄同的全力提倡、推行。诚如胡适所言，陈独秀以其"必不容反对者有讨论之余地"的勇气，补足了胡适的"改良"和"尝试"的软弱缺

---

① 参见胡适：《充分世界化与全盘西化》。
② 参见胡适：《我是完全赞成陈序经先生的全盘西化论》，收入马芳若编：《中国文化建议讨论集》，龙文书店，1935年。

陷，联合起来，推动了中国大地上轰轰烈烈的白话文运动的掀起。白话文运动势若破竹，很快超出了讨论和尝试的局势，走向了小学的课堂，成为取文言而代之的正统教材。

白话文运动之所以能够引起举国上下的响应并得到广泛的发展，有其深刻的社会思想和情感基础。许多人对此已有论述。那么，胡适何以提倡白话？他对这场轰轰烈烈的运动做出了哪些贡献呢？

胡适用白话取代文言的思想萌芽于留美期间，导致他的观点的诱因很多，但最重要的原因还是他的资产阶级意识的觉醒以及"历史的眼光"使然。

胡适对文学被垄断、把持在少数文人、士大夫手中的局面感到不满。他认为，文学不能只是文人、士大夫们宣泄自己情感的工具，而应从庙堂走向草野，成为广大群众表达喜怒哀乐的工具。这实质上是促使文学实现性质上的根本转变——由为少数人服务的玩偶变成广大群众抒情达意的工具。胡适《文学改良刍议》中提出的"不作无病之呻吟""务去烂调套语""不用典"以及"不讲对仗""不避俗字俗语"等，都表明了他明确的资产阶级意识——使文学接近广大群众。胡适屡屡爱用但丁、乔叟用方言俗语写诗著文，马丁·路德用现代德语翻译《圣经》作为例子，说明利用方言作为表达工具，能够推动文学事业的发展，这也表明了他明确的资产阶级意识。在他看来，士大夫阶层之所以能够垄断、把持文学就在于他们手中有自己得心应手而又不易为广大群众掌握的工具——文言文。他们以此为工具构造所谓的庙堂文学，而把小说、戏曲等一概斥为草野文学，不屑一顾。因此，要改变文学的性质，必须从其表达方式即文言文改变起。用"历史的眼光"来看，每个时代都有适合自己的表达形式，文言文作为思想表达工具，典故堆砌，无病呻吟，已不能很好地发挥抒情达意的作用，其文字已成为"半死的文字"。所以，必须废除这种"半死的文字"，而代之以生动活泼、富于表现力的"俗字俗语"。胡适认为，活文字的文学在中国很早就出现了，只是由于前后七子等人的仿古文学，才使文学改革遭到了挫折和限制，否则，中国就可以出现与欧洲文艺复兴相媲美的文学了。可以说，胡适提倡文学改良，提倡新文化运动，其目的就在于建立大众化的中国现代文学。他一直称新文化运动为中国的"文艺复兴"。

对于胡适对新文化运动的贡献，学术界一般评价过低，这不太公平。胡适的贡献，不仅仅在于他的《文学改良刍议》，更重要的是他还做了一系列的实际工作。他提出了自己的文学史观，认为一部文学史就是活文字替代死文字的"文学工具变迁史"，因而，白话代替文言就是理所当然的。（限于篇幅，他关于文学史的观点在此不做详细探讨。）这些理论为白话文运动的开展奠定了基础。他还进行了旧小说的整理工作，甚至"尝试"着写新体自由诗，出版了第一本白话诗集《尝试集》，为白话文运动提供了材料。他也曾是"国语统一筹备会"的成员之一，为统一国语（即普通话）做过工作。他的《尝试集》尽管水平不高，但它的出版的确起了抛砖引玉的作用。继《尝试集》之后，中国现代新诗坛呈现出一派繁荣的景象，许多新诗人脱颖而出。章士钊在《评新文化运动》中说，自从白话文运动推广之后，"天下悦胡君之言而响之者众"，"举国趋之若狂"，青年们"以适之为大帝，绩溪为上京，遂乃一味于《胡适文存》中求文章义法，于《尝试集》中求诗歌律令"。这道出了胡适对时人的影响。发动、推广白话文运动是胡适对中国文化史的一项不朽的贡献，无论如何赞誉也不会过分。

一般人认为，胡适提倡文学改良，只是形式上的改良，忽略了内容。这是片面的见解，这种观点割裂了形式和内容的辩证关系。文言文就是文言文所要表达的内容的一部分，绝没有无内容的纯粹形式，对于白话文来说，也是如此。反对文言，不仅仅是反对这种形式本身，而且也是对这种形式所代表的时代观念和价值观的摒弃。事实上，胡适之所以提出文学改良，恰恰是因为文言矫揉造作，不适于表达现代人的观念和情感,所以,他才不赞成任叔永用文言写诗。在《文学改良刍议》一文中,赫然写着"须言之有物""不摹仿古人"等。所以,他才说,用白话代替文言,"初看起来,这都是'文的形式'一方面的问题,算不得重要,却不知道形式和内容有密切的关系。形式上的束缚使精神不能自由发展,使良好的内容不能充分表现,若想有一种新内容和新精神,不能不先打破那些束缚精神的枷锁、镣铐"①。

胡适等提倡白话文的实际意义,不待笔者赘言,每个人都可以有深切的体会。笔者认为,白话的推行,其意义绝不局限于文学性质的转变,更重要的是它有文化史上的重要意义。白话的推行,标志着中国思想、文化界的觉醒,推动它们顺利地实现了进入现代阶级的嬗变。它也促进了民族意识的觉醒,"五四"运动之所以能够广泛、深入地开展,与白话文运动的开展关系甚为密切。白话取代文言,也促进了民族思维方式的转变。总之,对白话取代文言的历史意义的研究,绝不能说已经充分,仍然有待于进一步的探索。

四、对中国思维方法之探究

尽管中国历史上哲学思想极其丰富,但作为一门学科的中国哲学史研究却不存在。可称为学术史的东西只不过是"艺文志""儒林传"以及后来的诸儒学案等。传统的学术一般分为汉学和宋学。汉学意在考据、训诂,宋学旨在发挥义理。宋元明诸代都是宋学的天下,程朱理学支配了一切意识形态,甚至是儒生科举考试的标准答案。但明朝的覆灭,清王朝的建立,使许多民族意识较浓的学者们陷入了沉思。他们认为,宋学空疏,不着边际,于事无补。于是便有顾炎武等人出

---

① 《胡适文存》第 1 集,第 223—234 页。

来提倡经世致用之学，后来清代朴学大兴，子学尤为昌盛，涌现了不少颇有建树的学者。但清代学术和其他时代一样，哲学史的研究仍然没有和经学、子学分开，而是和它们纠缠在一起，所不同者只在于：过去以经学为至高无上的学问，经学统领、代替一切；现在则突出了子学的地位，这便是清代学术的概况——一直到胡适时期都是如此。这也是中国文化的一个传统特点：文、史、哲不分。

胡适留美七年，受到了西方传统哲学思维的训练和杜威的实证思维术的影响，吸收了资产阶级的哲学研究方法，并自觉地把它运用于对中国哲学的研究，结果便产生了他的博士论文——《中国古代哲学方法论之进化史》。归国以后，胡适受聘于北京大学讲授中国哲学史。在讲授过程中，他把博士论文修订扩编成为《中国哲学史大纲》上卷出版了。是时1919年。

胡适《中国哲学史大纲》（以下简称《大纲》）的出版，在中国文化史上意义重大，它是对传统的突破，标志着作为一门科学的中国哲学史研究的诞生。胡适之前北大也曾开过中国哲学史，主讲人是陈汉章。但陈氏所讲的中国哲学史与经学史差别不大。据听过他的课的人回忆，他从尧、舜、禹讲起，讲了一年多也没讲完这几个人。与前任不同，胡适的哲学史以全新的面貌出现。其特点在于，第一，《大纲》确立了中国哲学的内容及其研究方法。考据、训诂等不再是哲学史的一个部分，而是甄别史料的一种技术，根本上不属于哲学史的内容。这就划清了哲学史与汉学的界限。第二，胡著从老、孔讲起，一改习惯上从尧舜讲起的做法，"宁疑古而失之，不可信古而失之"。这种态度既表现了科学研究应有的慎重，更重要的是，它打破了尧舜的神话，起了解放思想的作用。这与"五四"时期的精神是一致的。第三，《大纲》划清了经学与哲学的关系，将孔子与诸子平列。这打破了经学定于一尊的局面，给人以耳目一新的感觉。"它不同于封建时代哲学史书代圣贤立言，为经传作注解，而敢于打破封建时代沿袭下来的不准议论古代圣贤的禁例。他把孔丘和其他哲学家摆在同样的地位供人们评论，这是一个大的变革。"① 《大纲》的第四个特点是它运用了西方哲学史研究的分期方法，把中国哲学史划分为古代（大体相当于诸子时代）、中世纪（自汉到北宋，中世纪又可分为汉—魏晋、魏晋—北宋两个阶段，前一阶段以汉为主体，后一阶段以佛教为主体，唐以后，佛教与中国哲学融为一体）、近代（明、清之后）、文艺复兴时代（清代，古学昌明，又有西学输入，两者的结合，可望产生出一种新的中国哲学）等阶段，这种划分虽不免有比附的色彩，但却是比较研究的先声。第五，胡适的《大纲》是从博士论文发展而来的，因此它继承了论文重视方法论的特点。胡适认为"哲学是受它的方法制约的……哲学的发展是决定于逻辑方法的发展的"②。逻辑的方法，也就是名学的方法。中国古代没有"名家"，无论哪一派都是"名家"。老子要求"无名"，孔子要求"正名"，墨家有"名有三表"。这种认识实质上是胡适一贯关注方法论的反映。

当然，时过境迁，现在再看胡适的《哲学史大纲》，其缺点是显而易见的。牵强的比附，令人啼笑皆非，如王充是社会主义者，墨子是实用主义者之类。唯心主义的粗疏、轻率的运用，简直叫人不好意思批评。但尽管如此，《大纲》对中国哲学史研究的开创意义还是不可低估的。此外，胡适还写过《说儒》《戴东原的哲学》等，对学术界也产生了一定的影响。

---

① 任继愈：《学习中国哲学史的三十年》，《哲学研究》1979年第9期。
② 胡适：《先秦名学史·导言》。

五、"大胆的假设，小心的求证"新论

凡是对中国近现代学术史略有一些常识的人，无不知道胡适的"大胆的假设，小心的求证"这一口号。它凝结、概括了胡适一生的治学方法。胡适对之也津津乐道，敝帚自珍。这一口号和胡适的"整理国故"联系在一起，深深地影响了"五四"时期的中国学术界。

在胡适的《中国哲学史大纲》的序言中，蔡元培说胡适出身于世传汉学的绩溪胡氏，这是不正确的，但胡适偏爱考据倒也是世所公认的。他早年取得留学资格所交的试卷的题目便是"规矩考"。留学时，他仍然非常关注西方的考据、校勘以及"高级批判"等学科，系统地研究了有关的著作，特别是杜威的《思维术》一书。他深受杜威关于思维的思想的启发，运用杜威的思想比较、汇通了西方的校勘学和中国的汉学。他得出结论认为二者有相通之处，东西方治学方法原本是一致的，都是从常识出发。所谓科学，只不过是常识的规范化和系统化而已，现代科学法则和古代的考据学等在方法上是相通的。他的流布甚广的口号"大胆的假设，小心的求证"就是由此产生的。胡适认为，这一口号是对科学的方法的概括，具有广泛的适用性。从文化根源上讲，这一口号实质上是中国的汉学、西方的校勘学和杜威思想相融合的产物。

胡适从1923年《国学季刊》发行以后，一头埋在故纸堆里，"大胆的假设，小心的求证"起来了。这便是他的"整理国故"的工作。本来，整个清代学术一言以蔽之，可以说是汉学的复兴，涌现出了不少博古通今、功力深厚的考据学家，其成就远非胡适所可比拟。然而，当时真正有影响的恰恰是胡适，原因何在？当然不能排除胡适当时已"暴得大名"，名人的东西的影响自然比较大，但最根本的原因还在于胡适的学术研究有新意。他兼治中西、融会贯通，又有一套自觉的方法论作为指导。他有时虽不免肤浅，但却是前无古人的。正因为如此，

胡适的考证才给人耳目一新的感觉。"乾嘉学派"不可不谓功力深厚，然而，诚如胡适所言，他们囿于几本书的限制，考证了多少年，仍然在古书中打圈子，终不能有所突破。此外，他们还过分注重功力，纠缠于一些细枝末节，缺乏比较参考的资料等，这些缺陷在胡适那里得到了弥补。他特别强调，要用"历史的眼光"尽量扩大研究范围，凡是在中国文化史中有一席之地的东西，不论道佛、经子等均可以研究；要系统地整理，不能只出经师而无思想家，只有校史者而无史家……要注重比较参考的资料。他还举例说瑞典学者高本汉（Bernhard Karlgren）研究中国古文字，广泛地参考了方言以及日语、朝鲜语等，在短短的几年内取得了极高的成就，远在清代学者数百年的研究成果之上。

胡适运用他的一套方法整理国故，成绩斐然者有三：整理旧小说，考证《红楼梦》，研究禅宗史。

胡适之前，白话小说都被看成是下里巴人的东西，不登大雅之堂。然而胡适却把它们视为极有价值的文学名著，确立了它们在中国文学史上的地位，而且把它们当成一项研究主题，考证作者的身世、书的流布情况，校勘善本等。这在中国文学史上还是第一次。他先后整理过《儒林外史》《水浒传》等。这些白话小说的出版，也促进了白话文运动的深入开展。

在整理、研究活动中，尤其值得一提的是他对《红楼梦》的研究。他研究《红楼梦》长达十二年之久，先后写了五篇关于《红楼梦》的文章。他认为，《红楼梦》和《水浒传》不同，不是集体的成果，而是个别作家的劳动结晶，是作者曹雪芹（名霑）自己的身世的写照（限于篇幅，他关于《红楼梦》的观点不做详细探讨）。海内外学者对胡适的研究成果，贬褒不一，毁誉各有，笔者不学，对《红楼梦》素无研究，无权评判其是非得失。但毋庸置疑的是，他对《红楼梦》的考证研究，在开创新红学方面，其功绩不可低估。时至今日，海内外红学研究不可不谓繁荣，但胡适的观点仍不失为一家之言。

国内评论胡适的考据方法（"大胆的假设，小心的求证"）有主观唯心主义之嫌，这固然不错，但也并非全部如此。胡适研究禅宗史，因缺乏史料而搁笔，不做结论，为收集资料而四处奔波，先后到过英国、法国，还比较参考了流落到日本的经卷，其审慎态度值得赞扬。他认为，禅宗南宗的正统地位实是荷泽大师神会奋斗而来的。他不放过每一个机会与北宗进行论战，借慧能之名宣扬自己的思想，《坛经》便出自他之手。朝廷确立南宗为正统，取代北宗，将他册封为禅宗第七祖，慧能自然也就成为六祖。因此，禅宗史需要重新改写。现在，禅宗史研究已有很大的进展，但胡适的观点仍不失其参考价值（限于篇幅，胡适关于禅宗史的具体观点在此不做详述。读者若有兴趣，可参阅《胡适论学近著》《胡适禅学案》等）。

作为结尾，笔者想提出以下几点统计，以说明胡适与中国文化史的关系：

第一个提出用白话取代文言，推动了白话文运动的开展。

第一个用白话写诗，出版了第一本白话诗集《尝试集》，推动了现代新诗的诞生。

第一个编写中国哲学史专著，出版了第一本中国哲学史著作《中国哲学史大纲》，促进中国哲学史科学的诞生。

第一个把白话小说作为学术项目进行研究。

第一个用现代观点考证《红楼梦》，开创了一代新红学。

…… ……

他没有完成什么，却几乎开创了一切，这就是中国现代文化史上的胡适。

读圣贤书，所学何事
——傅斯年先生的文化选择

杨立华

在中国近代学术史上，傅斯年是一个有着特殊地位和影响的人。除去他个人的学术成就以外，他在学术和文化方面的思考，对于他所处的那个时代的学术风气的形成有着极为深刻的影响。由于傅斯年在传统学术的现代转型中所做出的突出贡献，也由于他对塑造北大学术传统的特殊作用，我们在重提那一段历史时，有必要重新审视他所做出的一切努力和贡献。

一、元气淋漓的一生

傅斯年，字孟真，1896年3月26日生于山东聊城。傅氏为聊城望族。其七世祖傅以渐为清代开国第一科状元，官至武英殿大学士、兵部尚书，历代官宦不绝，书香传家。然而，"传胪姓名无双士，开代文章第一家"的显赫背景，到傅斯年出世时已经是徒具其表，骨子里的衰败已清晰可见。傅斯年从三四岁起便在其祖父的教导下科读蒙童读物,每日晨起,祖父更口授以历史故事,从盘古开辟一直到明朝,历时四年。傅斯年后来在历史学方面之所以能够取得那样突出的成就,与这种家学渊源是有着莫大关系的。除家学传承以外,傅斯年的父祖两代皆重信笃义之人,这种人格上的感召,更影响了傅斯年的一生。

傅斯年九岁时,其父傅旭安病故。从此,家境更趋贫寒。1908年,在父亲的学生的资助下,傅斯年离开家乡,赴天津求学,并于1909年春考入天津府立中学堂。1913年,傅斯年入北京大学预科。在经过了三年高标准的训练以后,傅斯年升入北京大学国文门,开始了他一生中最为重要的一段求学生涯。

当时的北大文科,正是章太炎学派称盛之时,一大批著名的国学大师,如黄侃、刘师培、陈汉章等都在这里执教。傅斯年深厚的国学功底得到了黄侃、刘师培、陈汉章等人的青许,因此,在入本科后不久,他就成了黄、刘、陈的高足。正当傅斯年锐意于章氏之学的时候,胡适的出现,给他带来了春雷惊梦般的巨大震动。1917年,对北大来说是具有历史意义的一年。在这一年,蔡元培先生出任北京大学校长,随之而来的一大批新文化运动的骨干,如陈独秀、胡适、杨昌济等,都成为北大的教师,使得北大成为一个新旧学派兼容并包的学术重镇。刚刚从美国回来的胡适在北大哲学系讲授"中国哲学史"等课程,他大胆地丢开唐虞三代,而直接从老子讲起,他这种做法使得学生们非常震惊,"骇得一堂中舌挢而不能下"。傅斯年听了他的课以后,说:"这个人书虽然读得不多,但他走的这条路是对的,你

们不能闹。"傅斯年的这番话不但使得胡适在北大站住了脚跟,同时也开始了他与胡适三十多年亦师亦友的交往。

在胡适的影响下,傅斯年由一个对章氏之学深造自得的传统学人,一转而变为新文化运动的中坚力量。在蔡元培、陈独秀等人的支持下,傅斯年与同学一起创办了《新潮》杂志,这一刊物的宗旨是"批评的精神""科学的主义"和"革新的文词"。很显然,《新潮》是为新文化运动张声势的,它的基本主张与《新青年》完全一致。傅斯年作为《新潮》的主要领导者,在1919年的"五四"运动中,被推为学生游行总指挥,亲自扛着大旗率领学生游行。但由于他对政治运动和社会革命持保留的态度,在运动的后期,他主动从学生运动中脱离出来。

1919年夏,傅斯年从北京大学毕业,同时考取了山东官费留学生。1920年年初到达英国,入伦敦大学研究实验心理学。1923年秋,傅斯年离英赴德,入柏林大学研究院学习相对论、比较语言学等。在欧洲期间,他结识了陈寅恪、赵元任、俞大维等,并与他们结下了终生的友谊。

1926年冬,傅斯年回国探亲,在广州中山大学校长朱家骅的邀请下,到中山大学任教,担任文学院院长及国文、历史两系主任。1928年,国民政府决定成立中央研究院,由蔡元培先生担任院长,傅斯年被任命为历史语言研究所筹备委员。同年年底,历史语言研究所正式成立,傅斯年被聘为所长。1929年,历史语言研究所迁至北平,傅斯年在主持研究所日常事务的同时,开始在北大任课。在傅斯年的主持下,历史语言研究所开展了大量的工作,如安阳殷墟的大规模发掘工作、明清大库档案的整理等。1931年"九一八"事变，国难方殷，傅斯年开始为抗日做宣传工作。1937年"七七"事变以后，傅斯年以社会名流的身份参加国防参议会，从此开始了他一边主持历史语言研究所和中央研究院的日常工作，一边积极地为抗日奔走的生活，直至抗战胜利。在国防参政会期间，傅斯年曾数次揭露行政院长孔祥熙和宋子文的腐败无能，由此而得"傅大炮"之名。

1945年日本投降，因北京大学校长蒋梦麟出任行政院秘书长，蒋介石属意傅斯年出任北大校长，傅斯年力辞，同时推荐胡适担任。因当时胡适在美未归，故在其归国以前，由傅斯年为北京大学代理校长。当时北大所面临的主要任务是复校工作，这项工作非常繁重。其中最为棘手的是如何对待伪北京大学的师生。所谓伪北京大学，即是在北京大学南迁后，日本侵略者在北大旧址上建立的北京大学。当时没有南迁的一部分教授为日寇利用，在伪北大任教。傅斯年是一个注重民族气节的人，他认为教师应该以名节为重，方能为人师表，因此，他决定排除一切干扰，清除伪北大的教职人员。虽然伪教职人员多方努力，从各方面给傅斯年施加压力，但他不为所动，毅然辞退了一切伪教人员，从而保持了北大的纯洁性。傅斯年曾对他所熟悉的北大校长进行了评论，他说：蒋梦麟先生学问不如蔡孑民先生，办事却比蔡先生高明；我自己的学问比不上胡适之先生，但办事却比胡先生高明。最后笑着批评胡、蔡两位先生说："这两位先生的办事，真不敢恭维。"蒋梦麟听完以后对傅斯年说："孟真，你这话对极了，所以他们两位是北大的功臣，我们两个人不过是北大的功狗。"[①] 虽然是玩笑话，但却相当准确地定位出这几个人对于北大的贡献。

1949年年初，在经过痛苦的徘徊以后，傅斯年离开大陆飞赴台湾，就任台湾大学校长，1950年12月20日卒于任上。

---

① 参见蒋梦麟：《忆孟真》，台湾《自由青年》第8号。

二、变古者恒居上乘

傅斯年早期的文化观主要来自于《新青年》同人。在胡适等人的影响和启发下,傅斯年从旧国学的笼罩中摆脱出来,开始全身心地投入到新文化运动之中。傅斯年对于由陈独秀、胡适所倡导的"文学革命"十分赞赏,并由此而确立了自己的文学革新观。对于文学革命,傅斯年的观点可以归结为两句话,即"变古者恒居上乘,循古者必成文弊"[①]。傅斯年的这一结论是通过对中国历代文学史的总结得出来的。在《文学革新申义》一文中,他对由楚汉至今的文学兴衰做了归纳,指出那些"因循前修""不辟新境"的文学,只能导致文学的极度衰弊。而"曹王变古,独开宗风;李杜韩柳,俱启新境;宋词元曲,尤多作之自我",一切在文学史上做出大成就、开出新风气的人,都是"变古者"。在对文学史上的现象加以分析后,傅斯年又进一步指出了当时文坛的弊端。在那个时候,流行的古文派别很多,其中影响最大的是桐城派。傅斯年对桐城派古文做了激烈的批判,他说:"故析理之文,桐城家不能为,则饰之曰,文学家固有异夫理学也;疏证之文,桐城家不能为,则饰之曰,文章家固有异夫朴学也;抒感之文,桐城家不能为,则饰之曰,古文家固有异夫骈体也。"[②]桐城派古文的无用已经到了如此地步,而更为可怕的是桐城派古文对学人性灵的伤害。傅斯年指出,即使中国"犹在闭关之时",桐城等末流文派也应剪除,何况当时正处于社会激进变革的时代,如此无益有害的文体,又如何能不加以变革呢?

从文学革新出发,傅斯年对于胡适倡导白话文的主张,也由衷地赞同。他通过对历史的考察,指出在远古时代,口头语言与书面语言是"合而不离"的。文言之所以分离,主要是由于竹简繁重,古人主要

[①] 傅斯年:《文学革新申义》,收入《傅斯年全集》第4册,台北联经出版事业公司,1980年。
[②] 同上。

是依赖口耳相传的方式传播信息，为了方便，人们才渐渐地有了"修整之文"。傅斯年认为，直到汉魏，文章尚未远离口语，只是到了两晋六朝，文与言才真正分离开来。这样一来，使用白话文便不是什么创新，而是古已有之的了。白话文的优点在于切合人情，容易传达人的思想和情感。然而白话文的建设工作并不是简单的事情，仅仅认识到白话文的重要性是不够的，还要对白话文的写作加以研究。傅斯年认为，文学革命有两大任务："其一，对于过去文学之信仰心，加以破坏；其二，对于未来文学之建设，加以精密之研究。"前一项工作，从1917年以来，已经有了很大成效；而后一项，则尚须做很多的工作。

在创办《新潮》时，傅斯年曾经提出"批评的精神"作为办刊的方针之一。对于中国的社会和文化，傅斯年确是本着这样一种批评的精神进行思考的。除了批评中国人的易于满足、缺乏定见、无责任心等劣根性以外，他还系统地评判了中国流行的人生观念。中国传统有所谓达生观，对此傅斯年批评说，"达生观竟可以说是一种'非人性的人生观'"；对于出世观，傅斯年说，"也是拿'非人'论人，不能解释人生的真义"；至于物质主义，傅斯年指出，"中国人到了这步田地，都是被了他的害"；而对于遗传的伦理观念，傅斯年认为，这种教导人们"为圣人制定的道德而生"的人生观念，是"硬拿着全没灵气的人生信条，当作裁判人生的一切标准"①。事实上，傅斯年是激烈地反对传统的，这与"五四"时期的大多数人是没有什么不同的。傅斯年的激进态度，在对待所谓国粹的问题上，有着清楚的表现。他说：

> 国粹不成一个名词（请问国而有粹的有几？），实在不如国故妥协。至于保存国粹，尤其可笑。凡是一件事物，讲到保存两字，就把往博物院去的运命和盘托出了。我们若真

---

① 傅斯年：《人生问题发端》，收入《傅斯年全集》第4册。

要做古人的肖子，也当创造国粹（就是我们自己发明点新事物），不当保存国粹。天地间事，不进就退，没有可以保存得住的。①

由此，我们可以看出，傅斯年对于传统文化持一种颇为消极的态度。一方面，他对于"国而有粹"深表怀疑；另一方面，他又认为，即使有所谓国粹，也是无法保存的。真正发扬国粹的办法，只有创造。

傅斯年在文化观上的激进态度，与当时一些人所主张的"全盘西化"虽然有些相近，但在他自己而言，则认为他的主张与此不同。在《中国学校制度之批评》一文中，傅斯年指出：

中国的传统文化，尽管他的缺欠已经成为第二天性，抹煞是不可能的，然而必须拿现代的事实衡量一番，其中应改的东西，不惜彻底地改；应扩充的东西，不惜彻底地扩充。战前有"本位文化"之说，是极其不通的，天下事不可有二本，本位是传统，便无法吸收近代文明，这仍是"中学为体西学为用"的说法。牛之体不为马之用，欲有马之用，当先有马之体，这实在是一种国粹论，是一种反时代的学说。与之相反便有"全盘西化"之说，这又不通之至，一个民族在语言未经改变之前，全盘化成别人是不可能的。前者一说是拒绝认识新时代，后者一说原不能自完其说。

事实上，傅斯年的文化观，自从接触新文化以来，便已基本形成，而且终其一生也没有十分大的变化。总的来说，他所持的文化观是较为激烈的，对于传统文化，明显是批判多于认同。而这一观念的形成，与新文化运动的影响是分不开的。

---

① 傅斯年：《毛子水〈国故和科学的精神〉识语》，收入《傅斯年全集》第4册。

三、科学的东方学

早在"新潮社"时期,傅斯年就已经对用科学的方法整理国故有所认识。而在他长达七年的留学生涯中,他更把主要的精力放在学习西方的自然科学上面,从实验心理学到相对论,无不广泛涉猎,这样的经历使得傅斯年对西方自然科学的精神有很深的领悟。这种领悟与原有的深厚的国学功底相互激发,从而最终形成了科学的史学观念。这一观念成为他创办历史语言研究所的根本宗

旨。在《历史语言研究所工作之旨趣》一文中,他提出了这样的目标:"要把历史学语言学建设得和生物学地质学等同样","我们要科学的东方学之正统在中国"。

事实上,傅斯年关于科学的史学的观念在很大程度上源于德国兰克历史学派的影响。在傅斯年留欧期间,西方史学界关于历史学是科学还是艺术的争论已经进行了上百年,其间论争的丰富、思想的多样,无疑使傅斯年深受影响。傅斯年回国后不久,即提出"以自然科学看待语言历史之学"[1]的史学观点,与这一特殊的背景显然是不无关系的。

傅斯年首先对史学与著史做了明确的区分。他指出"历史学不是著史",同时也不是"以简单公式概括古今史实"的"史论"[2]。在傅斯年看来,史学的对象只是史料,史学只不过是整理史料的科学。他说:

---

[1] 董作宾:《历史语言研究所在学术上的贡献》,台湾《大陆杂志》第2卷第1期。
[2] 傅斯年:《闲谈历史教科书》,收入《傅斯年全集》第4册。

> 史学的对象是史料，不是文词，不是伦理，不是神学，并且不是社会学。史学的工作是整理史料，不是作艺术的建设，不是作疏通的事业，不是去扶持或推倒这个运动，或那个主义。①

一句话，史学即是史料学，而所谓科学的史学，也就是科学的史料学。傅斯年认为，在历史诸学科中，唯有史料学才能成为真正的科学。

傅斯年的史学观实际上是有着一种历史观为依据的。这种历史观不承认历史有一个"理性的因"，亦即不同意历史有着所谓的发展规律。傅斯年在20世纪20年代与顾颉刚讨论古史时曾经指出：

> 我们看历史上的事，甚不可遇事为他求一个理性的因。因为许多事实的产生，但有一个"历史的积因"，不必有一个理性的因。②

在傅斯年看来，"历史本是一个破罐子，缺边掉底，折把残嘴，果真由我们一整齐了，便有我们的主观分数加进去了"③。这里，傅斯年的说法与陈寅恪在《〈中国哲学史〉审查报告》中所谈到的"其言论愈有条理系统，则去古人学说之真相愈远"颇为接近。盖傅斯年以为，史学之所以可以成为科学，即在于必须持客观的态度，而一旦在历史的理解中加入主观的成分，那便与科学相去甚远了。

对于整理史料的具体方法，傅斯年特别强调史料比较方法的运用，他说：

> 假如有人问我们整理史料的方法，我们要回答说：第一

---

① 傅斯年：《史学方法导论》，收入《傅斯年全集》第2册。
② 傅斯年：《答书一》，收入顾颉刚编著：《古史辨》第2册，上海古籍出版社，1982年。
③ 傅斯年：《谈两件〈努力周报〉上的物事》，收入顾颉刚编著：《古史辨》第2册。

是比较不同的史料,第二是比较不同的史料,第三还是比较不同的史料。①

而为什么要进行史料的比较呢?傅斯年认为:"历史事件虽然一件事只有一次,但一个事件既不尽止有一个记载,所以这个事件在几种情形下,可以比较而得其近真,好几件事情以每每有相关联的地方,更可以比较而得其头绪。"②在具体的史料比较中,傅斯年又提出了八种彼此不同的方法,即直接材料与间接材料的比较、官方记载与民间记载的比较、本国记载与外国记载的比较、近人记述与远人记述的比较、口述材料与文字材料的比较等。

傅斯年所开创的史料学派对于中国传统学术的现代转型做出了巨大的贡献。尽管"史学即史料学"的提出不无偏颇之处,但它确实有效地将客观性和科学性引入到史学研究中来,使得我国近代的史学研究得以在乾嘉考据学的基础上又推进了一步。在他领导的几十年中,"史语所"取得了非常大的成绩。除我们前面提到安阳殷墟的挖掘和明清大库档案的整理外,傅斯年等人还运用史料学的方法对既有的史学问题加以研究,做出了一批光辉的学术典范。其中傅斯年本人的《性命古训辨证》即是其中的一个代表性的著作。

四、子民外一人

傅斯年早年即有教育救国的思想,留欧期间,更对西方的教育制度颇多留意。1922年,蒋梦麟赴欧洲考察教育,当时傅斯年尚在伦敦,他曾给蒋梦麟去信,建议他留心两个问题:其一,比较各国大学

---

① 傅斯年:《史学方法导论》,收入《傅斯年全集》第2册。

② 同上。

行政制度；其二，各国大学学术的重心和学生的训练。由此我们可以约略看出傅斯年在教育方面的志向。事实上，教育一直是傅斯年的主要工作，除在史语所主持工作和为抗日奔走外，他一直在从事与教育有关的工作。他先后执教于中山大学、北京大学和台湾大学，并先后任北京大学和台湾大学校长，尽管时间较短，但成绩斐然。傅斯年在教育方面所做出的成就，国民党元老吴稚晖曾在挽联中有高度评价："是真正校长，主持大学，孑民外一人"，这一评价还是相当准确的。

傅斯年一直留心于教育制度的改革，他对当时中国的学校制度十分不满。在《中国学校制度之批评》一文中，傅斯年指出：

> （中国的）学校制度，只可说是抄袭的，而不可说是模仿的，因为模仿要用深心，抄袭则随随便便；只可说是杂糅的，而不可说是偏见的，因为杂糅是莫名其妙中的产品，偏见尚有自己的逻辑；只可说是幻想的，而不可说是主观的，因为幻想只是凭兴之所至，主观还可自成一系。并模仿、偏见、主观还有些谈不上，便是中国学校制度。

针对这样一种教育状况，傅斯年积极倡导教育改革。他首先提出了大众教育和现实教育的主张。他认为，对于各级各类学校的数量、发展速度，政府要统一规划。关于中小学课程的设置，傅斯年指出，中小学既要为高等学校输送人才，又应该承担起职业技能训练的任务，因此首要的工作是减少课程的种类，同时要注意教材的选编应以有助于学生理解为原则。

在傅斯年看来，大学教育应与一般的中等教育有所不同，"大学教育不能置之一般之教育系统中，而应有其独立之意义"[①]。他认为，大

[①] 傅斯年：《改革高等教育中几个问题》，收入《傅斯年全集》第6册。

学教育的宗旨在于对学生进行学术训练,应从学术的立足点出发,培养学生的研究能力,从而在教育的目标上区别于中小学教育。既然大学教育以培养学术能力为目的,那么便要求大学教授首先应该具有学术研究的能力。傅斯年说:"不能研究的教授很难是好教授,不能'苟日新,又日新,日日新'的教书匠,是很难启发学生的。"①他总结多年的教育经验后提出了高校教育的三个原则:(一)帮助学生解决生活问题,即解决吃饭、住宿、穿衣、读书、看病等五个问题;(二)加强课业,即"认真的教、认真的考";(三)提倡课外活动,使学生具有"健康的体格、健全的精神"。上述三个原则被傅斯年称为"平淡无奇的教育"②。尽管傅斯年关于教育的很多设想因为他的早逝而未能实现,但这些思想对于我们今天的教育也还是有着启发意义的。

傅斯年真诚地爱护自己的学生。1945年"一二·一"惨案发生以后,傅斯年立即飞往昆明。当他得知他的朋友云南省警备司令关麟征是这一事件的主使者时,便痛斥关说:"从前我们是朋友,可是现在我们是仇敌,学生就像我的孩子,你杀害了他们,我能沉默吗?"由此我们一方面可以了解傅斯年疾恶如仇的性格,另一方面也可以看出他对学生的深厚感情。傅斯年到台湾后,不顾身体的状况,毅然承担了台湾大学校长的职务,最后终于身殉教育。在他病故以后,台湾大学全体师生奉上这样的挽联:

> 早开风气,是一代宗师,吾道非欤?浮海说三千弟子;
> 忍看铭旌,正满天云物,斯人去也,哀鸿况百万苍生。

这很可以看作是对傅斯年毕生的一个总结了。

---

① 傅斯年:《台湾大学与学术研究》,收入《傅斯年全集》第6册。
② 傅斯年:《几个教育的理想》,收入《傅斯年全集》第6册。

文化研究乃真理之探求
——汤用彤教授对中国文化之探讨

孙尚扬

或许可以说，中国近现代史上的几次"文化热潮"的勃兴与高涨大体都可以溯源于其时社会的当务之急，其宗旨或在救国保种，或在启蒙救亡，或为解决传统文化与现代化之间的关系。文化与现实问题之间这种注定的密切关系更多地起到了推动社会进程的积极作用，但毋庸讳言，这二者之间过分密切的关系有时也会使理论之鹰因现实的重负而难以奋飞，使文化讨论流于浮泛肤浅、缺乏理论深度，这就需要一些有识之士高瞻远瞩，既向现实猛进，复向历史追溯，更向理论王国探寻。本文将对汤用彤先生在对文化理论尤其是对中国文化的探究中所得之创获做些介绍和述评，以纪念北京大学校庆，并为热情关注文化问题的研究者们提供一份思想资料。

一、汤用彤先生与北大

汤用彤先生,字锡予,祖籍湖北黄梅,1893年农历六月二十一日生于甘肃省渭源县。他的父亲汤霖(字雨三)曾任渭源知县,丢官后在兰州和北京教馆广收弟子。汤用彤先生幼年即随父亲熟读《四书》《五经》等各类典籍,正如他在《汉魏两晋南北朝佛教史》一书跋中所言,"幼承庭训,早览乙部"。

1908年,汤用彤先生进入北京顺天学校,与梁漱溟、张申府、李继侗和郑天挺等先生同校。1911年,由该校考入清华学校,1916年毕业。同年考取官费留美,因治疗沙眼而未能成行。1917年,清华缺一国文教师,汤用彤先生乃以学生身份充任该课教师,足见当时他的国学水平。同时,他还担任《清华周刊》总编辑。

1918年,汤用彤先生去美国留学,先入汉姆林大学,1919年进入哈佛大学研究院,学习哲学、梵文、巴利文。汤先生以惊人的毅力刻苦攻读,于1922年获得哈佛哲学硕士学位,并于同年回国。1922—1926年,在南京东南大学(中央大学前身)任哲学系教授、系主任,著名的古希腊哲学专家陈康先生就是汤先生当时的学生。1926年夏至1927年夏,汤先生转任天津南开大学哲学系教授,康德哲学专家郑昕先生(新中国成立后还曾做过北大哲学系主任)是汤先生当时的学生。1927年至1930年夏,任南京中央大学哲学系教授、系主任。其间汤先生又兼任支那内学院巴利文导师,并从欧阳竟无听受佛学,为以后的学术生涯奠定了更牢实而广博的学养基础。1930年秋到北京大学任

教授，1934年起兼任哲学系主任，抗战爆发后（1937）先至长沙后到昆明任西南联大哲学系教授、系主任。抗战胜利后，随北大迁回北京，任哲学系教授、系主任，文学院院长，并在1947年夏到1948年的休假期间赴美国加利福尼亚大学讲学一年。1949年新中国成立后至1951年，任北京大学校务委员会主席、文学院院长。1952年院系调整后，汤先生担任北大副校长，直到1964年病逝。

汤先生主要著作有：《汉魏两晋南北朝佛教史》《印度哲学史略》《魏晋玄学论稿》《往日杂稿》《康复札记》。其中后三者已收入由汤一介先生整理、中华书局出版的《汤用彤学术论文集》；还有一些论文收入《理学·佛学·玄学》一书，由北京大学出版社出版；汤先生生前未定稿的《隋唐佛教史稿》也已整理出版。

汤先生的学术生涯主要是在北大度过的，由于他在佛教史、魏晋玄学、印度哲学等诸多研究领域里成绩卓著，也由于他的高风亮节，他赢得了北大师生的敬重与爱戴，并因此一直在北大担任重要职务，起着教学、学术研究的组织者和带头人的重要作用，他的治学态度、办学方针乃至立身处世之道都对北大产生过一定的影响。可以说，他对北大学术传统及其特色的形成做出过重要贡献。

汤先生用力量多并且由以奠定他的学术地位的是他对佛教史的研究。新中国成立前，社会的忙迫动乱也殃及祖国文化和学术研究，"九一八"事变后日本帝国主义对中国的残暴蹂躏使众多的爱国学者颇受刺激，他们自觉地担负起挽救祖国文化的伟任，汤先生便是其中之一。当时日本学者在佛教史研究方面颇有成绩，国内一些学者也追随日本人的研究,汤先生对此颇不以为然,他虽然痛感"读书无心,救国乏术",但也不妄自菲薄。以他在佛教史方面的深厚功力,一反学术界亦步亦趋的风气,汤先生乃着手撰写《大林书评》(1937),其中五篇书评从史料的运用是否得当、考证是否严密、断句是否正确、是否注意佛教兴衰的社会历史背景等方面,对日本著名学者常盘大定、塚本善隆、足立喜六、高井观海、矢吹庆辉的研究专著做了批评,一一指出他们的疏漏和缺欠。汤先生的这种看似琐碎的劳作绝非出于狭隘的民族主义,相反,他的评述完全是辩证全面的,既指出其不足,也肯定其成果,且考证精当,平情立言。他的这种批评工作在《汉魏两晋南北朝佛教史》中也随处可见。据汤先生的学生和助手任继愈先生所忆,他所接触到的世界各国佛教史专家(当然也包括日本人)无不惊叹汤先生学养之渊博,心折其谨严,欣赏其考证精审。汤先生在这方面丰硕的成就不仅奠定了他本人的学术地位,也为祖国文化争了光。可以说,北大在国际学术界、教育界的地位也正是靠众多像汤先生这样博大精深的专家、理论家艰苦劳作才得到的。

从 1935 年起，汤先生一直主持北大哲学系（包括西南联大时期）。因此，哲学系的教学及研究方向，与他本人的学术研究和领导有着很密切的关系。当时清华大学哲学系较注重逻辑，有"逻辑实证论学派"之称，这种风气之特点在于培养学生独立思考，受过这种训练的学生往往喜好构造哲学体系。系主任金岳霖先生就曾建构过博大精深的哲学体系，他的《知识论》《论道》等著作已成为现代中国哲学史上的重要著作和研究对象。汤用彤先生领导的北大哲学系则风格迥异，不大注重逻辑学，没有专职讲授逻辑学的教授，但也曾聘请张申府、金岳霖等兼任北大逻辑学课程。后来，郑昕先生曾为一年级学生讲授过逻辑课，但郑先生的专长是康德哲学。逻辑学没能在北大引起浓厚兴趣并形成较强的学术阵容。在北大哲学系，哲学史和佛教哲学的研究很受重视。哲学史又包括欧洲哲学史、中国哲学史、印度哲学史，这三门课程汤用彤先生都曾讲授过，也就是说，世界上主要哲学及其历史汤先生都曾涉猎过，而且无不成就卓著。在北大，佛教哲学的研究更是沿袭相传，除汤先生本人外，周叔迦、熊十力诸位先生都曾讲授过这方面的课程。正是在与汤先生等人的思想砥砺及在北大的教学中，熊十力先生建构了他自己的极富个性的庞大的辩证唯心主义哲学体系。

在欧洲哲学的教学与研究中，最受师生欢迎的还是古典哲学这个领域。西方现代哲学诸如实用主义、罗素、怀特海哲学在北大市场不大。汤先生除开设过佛教哲学、魏晋玄学等课程外，还曾讲授过大陆理性主义（笛卡儿、莱布尼茨、斯宾诺莎）和英国经验主义（洛克、贝克莱、休谟）两门课程。他讲授这两门课程主要是加强学生的哲学思维训练，让他们知道学习、研究中国哲学史，必须有对外国哲学的深刻理解，必须了解外国哲学特有的概念、范畴和推论方法，必须受过这种严格的训练，研究中国哲学时才能有广阔的视野，才能找到新的研究角度。在西方哲学研究方面，除 1923 年在《文哲学报》上发表《叔本华之天才主义》并译介亚里士多德哲学外，汤先生很少公开发表论著，但他对西方哲学的深刻理解和把握却是有目共睹的。这一点可以证诸他的《魏晋玄学论稿》，他曾详细阐述斯宾诺莎关于上帝的思想，并用这些观点分析王弼的贵无论；他借莱布尼茨的预定和谐说来说明嵇康的声无哀乐论；他参考休谟对经验的分析来解释郭象破除离用之体。但他绝不拉杂比附，浪言融通，而是以从中得到的哲学素养、精神、方法治中国哲学，这种研究无不圆融无碍，不露斧凿之痕。汤先生的这种兼通中外、融会古今、不拘一偏的治学方法对于今天专业分割森严的理论工作者来说，应该具有启发意义。

汤先生在随北大复员回京并担任北大文学院院长期间，曾为文学院、哲学系聘请过一批著名学者担任教授，他们是张颐、贺麟、郑昕、朱光潜、游国恩、季羡林等先生。汤先生认为只有集中一批一流教授才能把北大变成国际上的一流大学，同时，他又在行政上行"无为之治"，使学校的学术气氛颇为自由，而且活而不乱。这种方针无疑有利于学术的繁荣。

作为一名爱国学者，汤先生对北大有着深厚的感情。国民党溃退时曾派人送给他两张机票，动员他南下，但他拒绝了。他爱北大，爱北大的学生，新中国成立后他也得到了北大师生及党和人民的信任、尊重，这一切都激励着他以更大的热忱投入新的学习和工作。遗憾的是从1954年起，他由于患脑溢血而失去了宝贵的健康。他曾反思自己的学术成果，希望以新的世界观为指导，对以前的研究做一番检视和纠正，这一点可以见于新中国成立后他整理出版的著作的前言和序中，只是他已心有余而力不足。但他并没有向疾病妥协，在病中仍坚持学术研究，在《新建设》杂志上发表过《康复札记》等文，而且仍培养研究生，对青年教师更是热心辅导提携。现在，这些人都已成为北大哲学系骨干力量，在学术界也拥有重要地位，这或许可以告慰汤先生在天之灵了。

二、圆融东西，不露斧凿

汤先生的文化观主要见于1922年发表的《评近人之文化研究》和1943年所著《文化思想之冲突与调和》两文中。新中国成立后，汤先生亲手将这两篇文章整理收入《往日杂稿》中作为附录。在这部论文集的前言中，汤先生说："附录二篇是我在新中国成立前对文化思想的一些看法，它表现了我当时的历史唯心主义的错误观点，编入本文集，便于读者在读本书和作者的其他著作时，于我的思想有所认识。"汤先生的自述体现了他不断求新求真的可贵精神，今天看来，我们似乎不能以简单的唯物唯心的定性分析来评估其价值。事实上，这两篇文章表现了一位正直的爱国学者在文化问题上的敏锐和深刻。重温并绍述汤先生的基本思想，对现在重又面临着远未解决的文化问题的现代思想者们来说，仍不失其学术价值。

鸦片战争中，中国文化开始了与西方文化的全面接触和撞击。此后，如何对待西方文化、如何处理中国传统文化与西方文化的关系等问题，一直像梦魇一样纠缠并苦恼着中国知识分子。新文化运动前后，思想界更将国家的安危和前途系于对此问题的研究和解决：激进者以全盘西化为中国文化之出路；保守者则抱着孤臣孽子之心，提倡固守本位文化；调和派则倡导以中学为体、西学为用，可谓众说竞起，莫衷一是。汤先生针对当时思想界的各种极端偏向，切中要害地指出，"时学之弊，曰浅，曰隘"。他说，那些盲目崇拜西方文化者，一方面对传统文化轻谩薄骂，以仇恨死人为进道之因；另一方面他们对西方文化的把握和介绍却又"卑之无甚高论，于哲理则膜拜杜威、尼采之流，于戏剧则拥戴易卜生、萧伯纳诸家。以山额与达尔文同称，以柏拉图与马克思并论"。当时罗素抵沪演讲，欢迎者拟之孔子，杜威莅晋讲学，推尊者比之为释迦。在汤先生看来，杜威、罗素在西方文化与孔子、释迦在中印所占地位，高下悬殊，不言而喻。因此，这种比拟不仅不伦不类，而且"丧失国体"。至于那些抱孤臣孽子之心固守本位文化的守旧者，同样也仰承外人鼻息，偶或听到少数西方学者称羡亚洲文化，也不问他们持论是否深刻理解和把握了东方精神，更不问其研究旨意何在，立刻借来作妄自尊大的护盾，而且自欺欺人地认为欧美文化即将衰落败坏，亚洲文化将起而代之。西化和守旧看似极端对立，实际上却殊途同归："维新者以西人为祖师，守旧者藉外族为护符，不知文化之研究乃真理之讨论，新旧骰然，意气相逼，对于欧美则同作木偶之崇拜，较政客之媚外恐有过之无不及也。"把文化研究自觉地引入"真理之讨论"，既不推诿历史地落在自己肩上的寻找中国文化出路的重任，也不滞留于浮浅空疏的讨论，当时能做到这一点的人并不太多，汤先生的自觉倡导因而有着发人深省的思想意义。

正因为能视文化之研究为真理之讨论的人不多，文化研究中的浅隘之风流弊甚大，这主要表现在立论不求探源，敷陈往往多误。汤先生颇有勇气地以当时著名的思想家梁启超等人为例，批评了他们在讨论中西文化差异中所阐发的一些不甚深刻的说法。关于中西文化的差异，最显而易见的现象是西方产生了发达的近代科学，而中国则没有，在解释其原因时，较流行的一种看法认为中国不重实验，轻视应用，所以没有科学；此外，梁启超曾武断地说："从前西洋文明总不免将理想实际分为两橛……科学一个反动，唯物派遂席卷天下，把高尚的理想又丢掉了。"汤先生认为他们或以为科学全出实用，或以为科学理想低下，将工程机械与理论科学混为一谈。实际上，科学的兴起并非纯出于实用目的，其动机在于理论兴趣。汤先生曾较早向中国学术界介绍过亚里士多德哲学，他大概记得亚氏曾说过，希腊人的科学、哲学兴趣完全是由于对自然的惊异而产生的。汤先生认为这种由古希腊沿袭下来的理性传统在现代科学中仍是主流。由此可见，包括梁启超所提出的以上解释都失于浮浅，没能探源立说。另外有人则认为中国无科学的原因在于中国非理论精神太发达，所谓非理论精神即是玄学精神，其表现在或趋神秘，或限于人生，皆与科学精神相反。汤先生认为这种对玄学精神的界定立义太狭隘，难以得到认可。

汤先生指出，由于时学浅隘，在文化研究中，"求同则牵强附会之事多；明异则入主出奴之风盛"。在对这种时弊的针砭中，汤先生指出，要想在文化研究中得到真理，必须"精考事实，平情立言"，更要探源立说，统计全局。这些原则也贯穿在他一生的治学生涯中，使他的一些研究论著历久弥醇，令人回味无穷。

从以上汤先生对当时文化研究的批评中可以看出，他既反对盲目膜拜西方文化，也反对固守本位文化。那么，如何处理西方文化与中国传统文化的关系呢？在《文化思想之冲突与调和》一文中，汤先生从一般理论上阐发了自己的基本思想。

汤先生认为，中西交通后所产生的中国文化前途到底如何的问题，经过新文化运动的热烈讨论，到20世纪40年代仍远未解决。全盘西化派和本位文化派持论皆以价值判断为基础。汤先生不愿重复这种大而无当的做法；至于我们能不能接受外来文化，则是预言家们的事，我们不相信预言，所以汤先生也不愿意重作一些蹩脚的预言。相反，他认为应该从历史事实出发，从中国文化与外来文化思想已经发生过的接触的历史出发，讨论中外文化的关系问题，即文化移植问题，由此总结出一些规律，作为今日如何对待西方文化之参考。

历史上曾发生过中国文化与印度文化的接触，对这一事实向来有不同的解释与评价。宋明儒家认为中国文化有不可磨灭的道统，这个道统经由古圣先贤尧、舜、禹、汤、文、武、周公、孔子、孟轲、扬雄一代一代沿袭相传，佛学传入，只是一次捣乱，宋明儒学仍继承弘扬了这个道统，捣乱并没有使中国固有文化失去其特质，中国文化的发展自三代以来并没有改换其方向。另有一种完全相反的说法，认为中国思想因印度佛学的传入已彻底改变特质，宋明儒学是阳儒阴释，如果没有外来佛学，它甚至根本无由发生。

根据文化人类学的研究，前一类解释可以归入较早出现的演化说，即认为人类思想和其他文化上的事件一样，自有其独立之发展演进，极而言之，则思想是民族或国家各自生产出来的，完全与外来文化思想无关；后一类解释则可以归入当时较流行的播化说，即认为一个民族或国家的文化思想都是自外边输入引进的，甚至有人认为世界文化同出一源（埃及），极而言之，则一种文化思想追根溯源总是受外方影响，而外方思想可以完全改变本来文化的特性与方向。汤先生对以上二说均持否定态度，他更赞同功能学派或批评学派的文化社会观，即认为外来文化和本地文化发生接触后，其作用与结合是双方的，绝不是片面的。外来文化输入本地后，必须适应新的环境，才能在与本地文化的冲突中生存流行，因而它必须先改变自己的本来面貌；另一方面，正由于它改变了自己固有的特色与形式，因而适应了新的环境，它也就被本地文化吸收融化，成为本地文化中的新成分。据此，汤先生认为佛教输入中土的历史绝非像上面两种极端片面的解释一样，而是相反："印度佛教到中国来，经过很大的变化，成为中国的佛教，乃得中国人广泛的接受。"

汤先生在这个问题上所持观点是以这样一种思想为前提的："须先承认一个文化有它的特点，有它的特别的性质，根据这个特性的发展，这个文化有它一定的方向。"在《魏晋玄学和文学理论》[①]一文中，汤先生也曾强调过文化思想的民族性。所以，似乎可以说他的文化观有一种多元主义的倾向，但他并未因此陷入相对主义；相反，他倒更深刻地认识到，正是由于文化的多元性，各种文化思想或传统"往往有一种保守或顽固性质"。惜乎汤老于此未做进一步阐发，但其言下之意，当是以历史事实告诫人们要吸收西方文化，必须考虑到文化传统的这

---

① 《中国哲学史研究》1980年第1期。

种保守性或惰性，全盘西化事实上是不可能的，不如针对这种保守性做更切实的吸收引进工作。

汤先生进而具体勾画出外来文化与本地文化接触融合的步骤和阶段。"（一）因为看见表面的相同而调和。（二）因为看见不同而冲突。（三）因为发见真实的相合而调和。"这三阶段既是时间先后次序，也是一般的逻辑进程。汤先生的力作《汉魏两晋南北朝佛教史》和《魏晋玄学论稿》基本上可以说是以上结论之印证。可见，他所阐发的文化观皆持之有据，绝非主观臆想的浮泛之论，他的文化研究也确实是"真理之探讨"。

三、在历史的表象背后

据说，史学家的良心在于尊重历史事实，并揭示出历史发展的客观规律。但是，诚如培根说自然规律对人们是隐而不现的一样，历史规律也是潜藏在纷纭复杂的表象之后的，只有那些耐得住艰苦劳作、龙虫并雕的研究者们才能得到历史老人的垂青。研究一般社会历史是这样，研究文化思想史更是如此。

汤先生对中国文化思想史的研究成果，主要见于《魏晋玄学论稿》。抗战中，他本拟撰写一部《魏晋玄学》，但社会的动乱使他终未遂愿，可谓学术界之一大遗憾。不过《魏晋玄学论稿》大体上反映了他的主要成就，从中可以见到较清晰的体系框架。

关于魏晋玄学，学术界一般都认为它具有较浓厚的个性特色。章太炎早年就曾看到汉魏学术各不相同，对魏晋学术、精神都颇为欣赏，但他没能从思想深度上指出汉魏学术有何不同。汤先生一方面承认"汉魏之际，中国学术起甚大变化"[1]，但又不滞留在这个简单的结论上。

---

[1] 汤用彤：《汤用彤学术论文集·读人物志》，中华书局，1983年，第196页。

他认为历史变迁常具连续性，文化学术异代不同，然其因革推移，悉由渐进，研究历史，必须弄清它变迁之迹。但研究不同时代学术的异同，光弄清其变迁之迹，做一些现象描述，也还是不够的，更应当注意变迁之理由：第一，分析时代思潮的影响；第二，考察其治学之眼光、方法。因为新学术的兴起，虽因于时风环境，但若无新眼光、新方法，就只能产生一些支离片段的言论，而不能有组织完备、自成体系的新学。汤先生甚至以新方法为新学术的根本依赖，这充分说明他对思想方法的重视。事实上，学术的演进确实是以新方法为标识的。

《读〈人物志〉》和《言意之辨》两文基本上是以完成以上两项工作为宗旨的。汤先生认为刘劭《人物志》是汉学向玄学演进的中介，这一时期社会思潮的主流是名学，所谓名学不同于先秦惠施、公孙龙等名家，后者出于礼官，旨在研究名位名分之理，而汉魏之际的名学则是以循名责实为骨干，检形定名是其中心。简言之，《人物志》是汉代品鉴人物这一时风的结果。当时品评人物有一整套标准，主要是由形所显观心所蕴，形质异而才性不同，因才性之不同而名目亦殊，这就是所谓的形名之辨。它上接汉代清议，却又不同于正始年间之清谈，因为它尚限于循名责实，纯粹高谈性理及抽象原则，绝不可见。但谈论既久，由具体人事以至抽象玄理，乃学问演进之必然趋势；另外，《人物志》已采取道家之旨，因此下开正始老学兴盛之风，所以，汤先生在《崇有之学与向郭学说》中称名学为准玄学。形名之辨作为汉魏之际的时风（社会思潮）为玄学的勃兴准备了理论前提和思想资料。

那么汉代学术、玄学的根本区别究竟何在？汤先生认为汉代学术乃是儒家学说与阴阳家道家思想的杂糅，谈名教，重元气，是对天地万物的总体观，没有超出宇宙生成论（cosmology），以元气为宇宙生成之质料；而玄学则贵尚玄远，论天道则不拘构成质料，而进探本体存在，论人事则轻忽有形之迹，而专期神理之妙用。从哲学高度来看，汉代思想向魏晋玄学的演进实质上是从宇宙生成论进展到本体论（ontology）。在《崇有之学与向郭学说》一文中，汤先生更指出贵无崇有皆为玄学，即都是有无之学、本末之学，都主张体用一如，不同的是以王弼为代表的贵无论以无为最高哲学本体，落实在人生哲学上则主张越名教而任自然，以郭象为代表的崇有论则以有为"真实"（reality），在人事上则主张调和名教与自然。但二者都是本体论。

美籍华人学者成中英在阐发他的本体诠释学时，不无尖锐地批评中国历史上的哲学家都缺乏自觉的方法论。根据汤先生对玄学的深刻探讨，这种批评至少是以偏概全的。汤先生认为玄学起于汉魏之际的人物品鉴这一社会思潮，而玄学家们自觉地用来建构其哲学体系的方法论——言意之辨——则源于名理才性之辨（准玄学）。玄学家们的宗旨在寻求最高的哲学本体，在他们看来，具体现象是可说的，有言则有名，而抽象的本体则是无名绝言、只能意会的，而这种现象与本体、可说的（what can be said）与不可说的（what can not be said）之分别，都起于并依于言意之辨。《三国志·魏志·荀彧传》注引何劭《荀粲传》谓，粲兄俣等均主张"立象以尽意"的"言尽意论"。而荀粲与之不同，独倡"言不尽意"之义。他认为，《周易》中的"象外之意，系表之言，固蕴而不出"，立象立言并不能尽意，他们常以"夫子之言性与天道不可得而闻也"作为立论之据。玄学开山祖王弼"上采言不尽意之意，加以变通"，以老庄解《易》，并援用《庄子·外物篇》筌蹄之言，作《易略例·明象章》，对此做进一步新解，最后得出的结论是"尽意莫若象，尽象莫若言"，"言者所以明象，得象而忘言。象者所以存意，得意而忘象"。简称得意忘象。"王氏新解，魏晋人士用之极广，其于玄学之关系至为深切。"郭象承袭王弼所言，以寄言出意为方法，王郭二人都依言意之辨而得出自己之方法，既用来解释经籍，会通儒道，更分别用以建构起贵无、崇有的哲学体系。汤先生还指出，言意之辨有其解放思想的作用，它像奥康的剃刀（Ockam's Razor）一样剃除汉代学术中烦琐的数象之学，使人们从劳而无功的寻章摘句的注经中解脱出来，更自由地进行哲理玄思。在《王弼之〈周易〉〈论语〉新义》一文中,汤先生就曾说过:"王弼新《易》之一特点,则在以传证经。盖皆自由精神之表现也。"

最有意味的是,汤先生在详析玄学各流派之特点时,把诸位释子也放在玄学中讨论,认为道安等之本无类似王弼之贵无,支道林即色义与向郭崇有之说具有相同的哲学意义,至于"秦人解空第一"的僧肇则继承魏晋玄谈极盛之后,契神于有无之间,对于本无论著无,而示以万法非无,对于向郭、支遁之著有,而诏之以万法非有。深识诸法非有非无,乃顺第一真谛,而游于中道矣,其思想几破玄学之藩篱。对以上各位释僧之佛教哲学,汤先生以"佛玄"一词概括其特点。因为汤先生根本否认玄学是受印度佛教影响而产生的,相反,他认为魏晋佛学是玄学的支流。玄学的勃兴与发达已如《读〈人物志〉》一文所阐述的一样,是中国学术自然演化的结果,佛学不但只是玄风大盛的辅助原因,而且它之进入中土并能生存流布乃是由于它依附于中华思想以扩张势力……在《魏晋思想的发展》一文中,汤先生更进一步对此加以阐发,他说:"玄学与印度佛教,在理论上没有必然关系。""反之,佛教倒是先受玄学的洗礼,这种外来的思想才能为我国人士所接受。""不过以后佛学对玄学的根本问题有更深一层的发挥。"

汤先生的《魏晋玄学论稿》和《汉魏两晋南北朝佛教史》可以说是珠联璧合,相互补充,详尽地呈现出佛教初传中国后与中国本土文化相互冲突调和的生动画面,同时,更勾画出中国本土文化思想自身发展的逻辑进程。例如,他通过详尽地占有并研讨当时的思想资料,得出这样的结论:汉魏之际,学术思想中刑名较盛,正始年间老学较盛,元康时期庄学较盛,东晋时佛学较盛。由此,汤先生向我们展现出魏晋思想发展的清晰轮廓。

汤先生还对魏晋玄学中的本末有无等基本范畴进行了详尽的分析探讨,在这种工作背后表现出他深厚的西方哲学素养和功力。此外,他也讨论了自然与名教、圣人有情无情等问题在玄学中的演变过程，指出玄学虽尚玄远，但并非不涉人生实际问题，并认为玄学的中心问题是如何达到理想的圣人人格。在短文《谢灵运〈辨宗论〉书后》中，汤先生认为谢文的宗旨是讨论证悟本体以达圣人境界的方法，其做法则是调和中国传统"圣人不可学不可至"与印度传统"圣人可学亦可至"，得出"圣人不可学但能至"，以此为僧人道生"佛性""顿悟"说做理论论证。"竺道生曰，成佛由于顿悟，谢康乐曰，得道应需慧业，故成圣者固不由学也"。从这个看似简单的思想现象中，汤先生却看到了预示中国学术发展的消息。他说："谢康乐之论成于晋亡之后，其时正为圣人是否可至、如何能学问题争辩甚烈之时，谢侯采生公之说，分别孔释，折中立言以解决此一难题，显示魏晋思想之一转变，而下接隋唐禅门之学，故论文虽简，而诏示于吾人者甚大也。"

从汤一介先生整理的《魏晋玄学讲义》大纲中可以看出，汤老计划撰写的《魏晋玄学》是一部以问题为中心的断代哲学史，《魏晋玄学论稿》基本上对其中的问题都予以较详的探讨，与《汉魏两晋南北朝佛教史》一书相互发明，其中经过周密详备的讨论、精当严密的考据、高屋建瓴的把握勾勒，所得之结论历经数世而仍鲜有超之者，可见其思想价值之恒久了。在我们看来，汤先生这方面的研究成果之价值更重要的是在于思想史的重建。正如贺麟先生在四十多年之前的《当代中国哲学》一书中所说的一样："写中国哲学史最感棘手的一段，就是魏晋以来几百年佛学在中国的发展，许多写中国哲学史的人，写到这一期间，都碰到礁石了。然而这一难关却被汤用彤先生打通了。"《魏晋玄学论稿》又何尝不是如此，此前虽有不少学者认识到玄学有其特色，但只有汤先生第一个如此精当而深刻地揭示出魏晋玄学的内在发展线索；而且在研究方法上，他注意统计全局，强调对魏晋玄学做全方位的文化考察，其中尤其注重社会思潮与玄学之间的关系。唯物主义者普列汉诺夫在阐述历史唯物主义的社会结构理论时，十分重视社会心理在经济基础与上层建筑之间的中介作用，汤先生虽然一再批评反省自己的唯心主义文化观，在具体研究上却不期而与普氏理论有颇多契合之处。另外，汤先生在研究中外文化关系时，也有很多合理之处，他认为外来文化的吸收引进必须注意在本土文化中培养土壤，如此方能使之生根开花，成为中国文化的新成分，并起到促进民族文化发展的助因之作用，这对我们今天探讨现代化与传统文化之间的关系应该具有较大的启发意义。

汤先生对文化理论及中国文化研究的成果很是丰富，这里的绍述是挂一漏万，他在考据方面尤其成绩卓著，并得到国内外学术界的高度赞扬，他在佛教方面的具体研究成果也是举世公认的，限于篇幅，我们不能一一详述。新中国成立后，他更注意文化思想发展的政治、经济背景。惜乎汤老早逝，若假以天年，汤先生会为我们留下更丰厚的思想遗产，汤先生未竟之事业，当是吾辈后学之研究目标；汤先生的治学态度和方法，当是吾辈后学之借鉴！

"为真理而死,壮哉!为真理而生,难矣!"
——马寅初校长精神不死

席大民

1958年,马寅初校长曾将他的新著《我的经济理论、哲学思想和政治立场》一书献给北大,并在扉页上题词:"敬以此书作为给北京大学六十周年纪念的献礼。"书中包括他的智慧与胆识的结晶《新人口论》。今天纪念北京大学校庆,如果我们不能沿着这位活了整整一个世纪的智者和勇者的足迹,总结出一点什么,学习到一点什么,那将是我们这一代北大人的愚昧和耻辱。

鸦片战争打开了长久封闭的国门,从此经济问题就是文化选择中的一个重要课题。"五四"以前,西方经济思想的引入与文化问题的联系至少包括以下几方面:其一,体用本末关系。从魏源的"师夷之长技"到洋务派的办"洋务",虽然逐渐引入西方经济技术,却是当作服务于"中学"之"体"的"用"、辅助中国文化之"本"的"末";王韬、薛福成则提出"恃商为国本""商握四民之纲"的口号。其二,西方经济思想与中国固有经济思想尽管矛盾却并存在一起。洪秀全以"均平"

思想为主导写了《天朝田亩制度》，同时又在洪仁玕仿效西方自由资本主义制度起草的经济纲领《资政新篇》上连连眉批"此策是也"。康有为的《大同书》和《人类公理》，从我国旧有思想和西方社会一般常识中都可找到先行思想材料。其三，用中国文化旧有范畴和思想理解西方经济思想。严复所译名词术语往往使用中国原有范畴，有的还比较接近，有时则用中国传统经济观点不恰当地比附原著观点。康有为则更是"自觉"地"托古改制"。这的确是中国人接受外来文化古已有之的方式。直到"五四"前后，一批批留学欧美取得博士学位回国的青年学者，才真正比较系统、比较恰如原貌、分门别类地介绍西方经济科学的成果，并回来研究中国经济社会问题，由此产生文化选择上的独特思考，产生了中国社会文化背景下的传奇经历和遭遇。马寅初先生就是其中的杰出代表。

一、"单身匹马，战死为止"

马寅初，清德宗光绪八年农历五月初九（1882年6月24日）出生在浙江绍兴府。父亲马棣生在绍兴经营酿酒作坊，后移至绍兴东南的嵊县浦口镇，马寅初童年是在这里度过的。母亲王氏，目不识丁。马寅初小学念的私塾。虽排行第五，父亲还是把继承家业的希望寄托在他身上。马寅初不满这种安排，想去大城市念书，父子间产生矛盾，终大闹了一场，遭父毒打，竟至绝望，甚至要赌气去投江自尽。幸得父亲好友张江声来访，愿意出资供他念书，才因祸得福，认为干爹，到上海念中学去了。

三年苦读，马寅初以优异成绩毕业，并考入天津北洋大学，学习矿冶专业。"北洋"乃当时国内一流工科学府，其毕业生到美国留学可以不经考试而直接进入美国各大学的研究院。1907年，马寅初以特别

优秀的成绩毕业,被北洋政府保送美国耶鲁大学官费留学。

到耶鲁后马寅初改攻经济学硕士学位。正是在这里他学会了"冷热水浴"的健身方法,坚持终身,享百岁长寿。1910年5月他获经济学硕士学位,并考入哥伦比亚大学研究院攻读经济学博士学位。1914年完成博士论文《纽约市的财政》,获美国哥伦比亚大学经济学博士学位和哲学博士学位,论文出版后立即成为畅销书,并列为哥伦比亚大学一年级教材。1916年,马寅初谢绝了哥伦比亚大学正式聘请,告别纽约回国。

回国后马寅初接受蔡元培聘请,任北京大学经济系教授,后又兼系主任。蔡元培是1916年冬从法国被召回任北大校长的。他推行"囊括大典、网罗众家、思想自由、兼容并包"①的方针,设文、理、法三科,废门改系,逐步形成现代学科的数、理、化、地、文、史、哲、英、法、德、俄、经、政、法等十四个系,成为全国规模最大的高等学府之一;此外,设立作为全校最高权力机关的教授评议会,并设教务长,马寅初被选为北大第一任教务长。再者,马寅初十分钦佩的:"蔡先生来长北大,留学人材归国,将外人(即外籍教员——笔者)之无学识者,完全革去,聘请中国人,可谓痛快极矣。"②

在北大期间马寅初主要讲授应用经济学课程,如银行学、货币学、交易所论、汇兑论等。此外他还经常在校内外演讲,这些演讲记录和原稿汇集成四集《马寅初演讲集》于1923—1928年出齐,共收入二百

---

① 蔡元培:《我在北京大学的经历》,《东方杂志》第31卷第1号。
② 马寅初:《马寅初演讲集》第2集,商务印书馆,1923年,第191页。

篇演讲词，内容主要是评论、介绍西方经济学家各派理论，批评当时的政策和经济现象。此间他还发表了《中国关税问题》（1923）、《中国国外汇兑》（1925）两本专著。

在北大期间马寅初还有三篇演讲（未收入演讲集）值得一提。一篇是书面的，提出法科应废止毕业论文，理由主要是叫四年级学生在教员指导下翻译有关专业的西方名著，比起写论文实际收获和效益无论对学生还是对社会都更大，这是1918年5月发表的。第二篇是1919年3月在天安门广场庆祝第一次世界大战结束的演讲，题目叫《中国之希望在于劳动者》，同时李大钊做了《庶民的胜利》、蔡元培做了《劳工神圣》的演讲。题目很相似，内容不同，马强调了中国需要引进外资的问题，下文还要提到。还有一篇是1921年12月5日在北京大学经济学会的演讲，强调对中国实际情况的调查研究，在此基础上写出有"特立精神"的专著来，不能总是翻译别人的书没有自己的书。这三篇一强调介绍外国经济等社会科学新成果，一强调中国之缺乏资本需引入外资，一强调贴近研究中国社会经济实际，这是他以后思想和工作的几个基调。

正是后者，促使他在1927年离开北大。他曾说，学经济的回国后除教书外不要到北京去，"北京是政界中心，不是商业中心"。这年马寅初应聘任中国银行总司券，应好友、浙江省主席张静江邀请任省政府委员、省财政委员会主席，同时还兼任浙江杭州财务学校的教学工作。次年到南京，立法院院长孙科派叶楚伧邀请马寅初去立法院工作，先后任立法院经济委员会委员兼委员长、财政委员会委员兼委员长，同期一直到1936年先后在南京大学、上海交通大学、苏州东吴大学、浙江大学兼任教授。这期间他发表了《中华银行论》（1929）、《国际贸易》（1933）、《资本主义发展史》（1934）、《中国经济改造》（1935）四本书和一百多篇文章，涉及货币、银行、财政、汇兑、经济形势、贸易、税收、交易所等几乎所有经济学领域。

1937年夏天马寅初到庐山开会、讲学、避暑,年底从庐山经武汉转移到四川重庆避难。他由于提出征收战时过分利得税的主张和向发国难财者征收临时财产税作为抗战经费的提案,得罪了四大家族。蒋介石以赴美考察、委以重任想使马先生沉默,马寅初则公开声明"为了国家和民族的利益,我要保持说话的自由",不去美国而应聘到重庆大学担任经济学教授和商学院院长,以后又多次发表揭露发国难财者的演讲。1939年5月,中共领导人周恩来、王若飞会见了马寅初。蒋介石因马寅初竟在他的陆军大学演讲而被激怒,先以暗杀威胁,后捕入集中营,一年又八个月后才改为家中软禁,直到抗战胜利。获自由后作《中国的工业化与民主是分不开的》一文,锋芒锐指四大家族。毛泽东在重庆谈判期间会见了马寅初。之后校场口事件中与李公朴、郭沫若等同被殴伤。后转至上海,1948年秘密转移至香港。这十多年间马寅初的学术著作有:《经济学概论》(1943)、《通货新论》(1944)、《马寅初战时经济论文集》(1945)、《财政学与中国财政》(1948)。

1949年中华人民共和国成立后,马寅初任中央人民政府委员、政务院财政经济委员会副主任、中国保卫世界和平大会全国委员会常务委员、世界和平理事会理事、华东军政委员会副主席、浙江大学校长等职。1951年马寅初回到北大,任北京大学校长,并担任中国科学院哲学社会科学学部委员,开始了他在北大的第二个十年。在这里他完成了《我国资本主义工业的社会主义改造》《联系中国实际来谈谈综合平衡理论和按比例发展规律》《我的经济理论哲学思想和政治立场》《新人口论》。其间,第一届全国人大选他为常委,1957年一届人大四次会议上,马寅初把《新人口论》作为一项提案正式提交大会。1958年5月起,在康生、陈伯达的插手下,大规模讨伐马寅初的运动开始,全国有二百之众上阵,发表了五十八篇讨伐文章,其中北大就有十八篇。马寅初最后发表的文章是《重申我的请求》,曰:"我虽年近八十,明知寡不敌众,自当单身匹马,出来应战,直至战死为止,决不向专以力压服不以理说服的那种批判者们投降。"

以后不许他发表文章，他也被迫辞去北大校长之职，从此开始他第二次沉默的时期，第一次只是1943年、1944年这两年，而这一次是二十年。他在沉默的最初几年，以八十多岁高龄，写出百万字的《农书》。"文革"初期，他不忍让别人在抄家中毁掉这书稿，提前亲手点燃了它。有幸的是他的长寿，使他得以恢复名誉，任北大名誉校长，在北大庆祝百岁寿辰；或者说有幸的是北大，得以当面向这位传奇的世纪老人，向这位活着的历史老人道歉！1982年5月10日下午5时，马寅初逝世，享年一百零一（虚）岁。

二、经济救国之路与北大精神

早在1919年以前二十一年就有了北京大学的前身京师大学堂，前七年就正式改名北京大学，前三年蔡校长使之成为中国当时最现代化的综合大学。但北大校庆日定在了"五四"，因为"五四"精神即北大的精神。马寅初说："我们须知'五四'运动以前，北京大学为社会所不注意，自'五四'运动发生……以后，北大二字乃名满中外。"那么"五四"精神、北大精神究竟是什么呢？直到今日仍有这个问题。一曰民主与科学，即启蒙；一曰爱国与救亡。这二者常常交织在一起，不同的人有不同的理解，代表了不同的文化取向。马寅初对这两个近代史上经常交织在一起的主题，有自己的独特的理解。

新文化运动是他的文科同事陈独秀、胡适等人发起的，是一场空前大胆激进的反对中国传统文化、提倡西方科学与民主的新文化的启蒙运动。马寅初没有直接参与，也没有反对，但他的工作本身就是一种启蒙。马寅初没有受过十分正规的"中学"教育。早年在老家上过几年私塾，以后去上海念中学和北洋大学，主要接受的是西方自然科学的知识，留学美国更是接受西方文化的教育。如果说他也参加了启蒙运动，那也不是在于写多少反孔文章和提倡白话文方面，而是用尽量通俗的口头文言形式的语言介绍西方经济学特别是应用经济学的知识。他这方面的演讲和文章，主要针对两个方面的对象：一是普通民众和青年，批评一些存在于一般人常识中的陈旧的经济意识，蒙以现代西方经济学的知识；二是对上层掌握国家经济实权的人物，多年来一直起一个顾问、智囊、批评家、监督者的作用。

至于民主，他是矛盾的。一方面他自己到处演讲，以其经济专家、教授的身份干预经济决策，这本是身体力行着一种西方民主，因为中国谏客只是向当权者进言，并不能大肆宣传自己的主张、四处散播批评当权者的言论。另一方面，作为一种民主制度，固然好，但在中国条件尚不具备。他说："中国要讲真正的共和（democracy）……必先提倡普通教育，而办普通教育之资，必取之于富的阶级，欲取之于富的阶级，必先实行所得税、遗产税、累进等税，换言之，必使财富化为福利，始能渐进于真正共和之域。"① 那么没有民主制度作保障，何以决策者能听从这些建议呢？何以能使听了你演讲的人对你做出有效的支持呢？这个问题不解决，他所力行的西方民主，与中国封建谏臣在效果上是没有太多的区别的。

对于爱国救亡他是坚决支持、备加赞扬的，他讲的"北大之精神"就主要是从这方面来讲的，但有他独特的理解。在题为"北大之精神"的演讲中他说："回忆母校自蔡先生执掌校务以来，力图改革，'五四'运动，打倒卖国贼，作人民思想之先导。此种虽斧钺加身毫无忌之精神，国家可灭亡，而此精神当永久不死。然既有精神必有主义，所谓北大主义者，即牺牲主义也。服务于国家社会，不顾一己之私利，勇

---

① 马寅初：《马寅初演讲集》第2集，第111页。

敢直前，以达其至高之鹄的。"① 这正是中国士大夫素来就有的"天下兴亡，匹夫有责"观念意识和伦理精神的传统，只是这里已不是以中国文化为中心的"天下"的兴亡问题，从梁启超已认识到，是国家、民族国家（即 nation）的兴亡问题。但这种心理情绪是相同的。维护对象是新的，而伦理动力是传统的。谭嗣同具有这种精神，马寅初也以此激励自己和北大学生，这正是他后来"碎身粉骨不必怕，只留清白在人间"②的一种精神动力。但在早期，他不主张为此"过分地"闹事。他以经济学家的立场，认为这样会影响经济机制的正常运转，对国家不利。如 1925 年"五卅"惨案以后他做了这样的演讲："此次上海英捕惨杀华人案发生后，举国哗然，上海罢工罢市以示威，全国罢学以表同情，物质上损失虽大，而精神上之得益实不小。虽然，罢市可暂而不可久，况上海为全国金融之中心，商业之枢纽，一旦罢市，不啻全国罢市，影响于国家财政，国民生计，至深且大。"③

这种与共产党人的分歧不仅仅是策略上的。即使是最早的马克思主义者李大钊就已经意识到这个旧世界迟早要灭亡，因而应助其灭亡而不是相反。他则要在旧社会机制中用他之所学，以最适当的内外经济政策，实现经济的逐渐恢复和发展，从而增强国力，独立于世界。这种分歧第一次表现在 1919 年 3 月的天安门演讲。李大钊之"庶民的胜利"意指十月革命的胜利带来新社会的曙光。马寅初之"中国之希望在于劳动者"则是说，生产必得三要素，自然、劳力和资本，中国独缺资本；

---

① 马寅初：《马寅初演讲集》第 4 集，商务印书馆，1928 年，第 20 页。
② 1946 年书赠重庆大学爱国运动会主席许显忠题词。
③ 马寅初：《马寅初演讲集》第 3 集，北京晨报社，1926 年，第 72 页。

而资本可以引进而致富,劳动者则不可缺,因此,有了劳动者,只要引入外资,中国的经济发展就有希望。以后,他常讲,"劳动果是神圣,资本也是神圣",中国缺的是资本。而且人民的痛苦不在于工人受资本家压迫,而在于军阀专横。

对于共产党人要推翻旧社会的主张他是知道的,但他认为必须在知道如何"立"的情况下才能去"破"。他指出:"据马克思说,共产主义仅能实行于资本主义极发达之国家。若中国者,生产落后,其相差程度尚远,何足以言共产?"① 同样,中国也不能实行资本主义,"本人向倾向于资本主义,但现在已觉极端资本主义不能施行于中国"②。"我们应舍短取长,采行第三途径。即一面作有计划之生产,一面保留私产制度。"③ "如是,则将来世界无论何种主义战胜,中国均可保持经济调和之状态。"④

使马寅初与共产党最终走到一起的是中国当时的现实。从国际来看,中国要发展资本主义民族经济缺乏基本的条件:主权完整、民族独立。这样,外贸、关税、外资利用、汇兑等一切应用经济学知识都不能在中国实现。而国内,一切有利于民族工业发展、有利于国计民生的建议都由于视国家为私物、发国难财的四大家族和官僚资本当道而无法实现。抗战的爆发使这一切弊端更充分暴露出来了,于是马寅初的思想有一个大的转变:从民主有赖经济发展作基础,经济条件具备方可谈民主,转而认为"中国工业化与民主是不可分割的",工业化的道路必须伴随一条政治民主之路;从救亡在于建设经济而不在闹事和破坏,幻想好人政府帮助好商人,转而认为必须立即推翻四大家族的统治,建立新的民主国家,才能实现民族救亡的伟业。当时的中国

---

① 马寅初:《资本主义欤共产主义欤》,《东方杂志》第28卷第24号。
② 同上。
③ 同上。
④ 同上。

的确已经到了这样一个时刻，无论怎样的文化取向，都必须在政治上做一个选择，与共产党一起建设一个新中国。一切文化选择和发展都只能以这个新的开端为前提。

三、《新人口论》与文化反思

新中国成立以后马寅初最主要的贡献是提出《新人口论》。人口问题是我国自古以来一向就重视的问题。传统的人口观点是"广土众民"，这一思想与生产力的一定发展水平有关。当人类改造自然的能力极其微弱的时候，即在原始社会，人口增长的速度是很缓慢的，自然环境限制了人口的数量。当生产发展到一定阶段，人口的增多与生产的发展是同步的。中国封建社会人口统计表明，每当人口发展比较快的时候，也同时是生产发展、社会兴旺的时期。因此人丁兴旺、子孙满堂是人们所希望的。这种观念还打上中国文化特有的烙印——把生产的需要变成一种道德伦理要求：不孝有三，无后为大。清代中叶以后人口增长比较快，到近代逐渐出现一些主张节制人口增长的观点。如汪士铎有"人多则穷"乃"世乱之由"的观点，薛福成也抱"人满"为患为忧。马寅初早期不同意人满为患的说法，当然他也不同意传统的观点。他认为人口问题的原则大体是与"资本"的数量成一恰当的比例，人满不为患，患者缺乏资本。解决的办法不是输出和消灭人口而是引进资本。但在旧中国，事实上，外资虽然涌入，中国的贫困问题仍未能解决，原因已如上述。新中国成立后，随着思想视野的扩展，马寅初从新的角度对人口问题做了调查与反思。1955年，他草拟了一份以控制人口与科学研究为内容的报告，准备在同年举行的人民代表大会上发言，但在征求意见时持反对态度者居多，甚至有人认为其思想体系是马尔萨斯的一套，马寅初于是撤回报告，静待成熟的时机。

1957年由于当时最高领导人毛泽东主席提到人口问题，马寅初于是将《新人口论》作为一项提案正式提交一届人大四次会议。

在矛盾哲学颇有说服力的20世纪50年代末期，马寅初虔诚地坚信中国面临着生产领域里的另一个重要矛盾，这就是人口自身的生产与资金之间的矛盾。新中国成立后，由于就业机会的增多、生活的改善，青年结婚人数增加；而且由于医疗条件有所改善，社会福利事业有所发展，人民安居乐业，这些优越的条件与多子多福等封建思想残余结成一种奇特的婚配，其产儿便是过高过快的人口自然增长率，政府公布的数字是20‰。马寅初根据自己的调查，预测人口自然增长率已超过这个比例。这过高过快的人口自然增长率必然使国家资金的积累拖上重负，难以较快增长。因为人口增长过快，国民收入中用于维持、改善人民生活的消费资金必然增加，积累资金也就必然相应地减少。马寅初不无痛切地警告大家，如果不及时有效地控制人口，而任其自流，其后果将是非常严重的。它会影响科学技术的发展，阻碍劳动生产率的提高，更会影响工业化（现在已被认为是现代化的重要内容之一了）的进程，而受害最深的还是人类自身生产的主体——人民，它会使生活得不到改善。马寅初大胆地指出，人口若不设法控制，党对人民的恩德将会变成失望与不满。其言可谓尖锐，其情可谓恳切！

鉴于有人将二马（马寅初与马尔萨斯）相提并论，马寅初颇为气愤地辩护道：马尔萨斯的人口论旨在掩盖资产阶级政府的实质，而我的新人口论之提出目的在于提高人民的劳动生产率，从而提高人民的文化、物质生活水平。

然而，不论新人口论的目的多么崇高，也不论其内容多么坚实、科学，更不论持论者多么痛切勇敢，三十年前能够并敢于听取这科学之声的耳朵还太少了。这固然说明创造这种耳朵、听取这种逆耳之言并冷静客观地理解它还需要时间，但这里显然还有更潜在的根源。首先是民主问题。全国解放，建立了人民民主专政的社会主义共和国，应当说民主问题的基本前提是确立了。但离真正建立一种超越资本主义的社会主义民主制度,还有相当的距离。甚至不知不觉中民主还有等同于为民做主这种中国传统的观念。从形式上看,《新人口论》可以作为提案提到全国人大会议上,但在实际上是:你可以提建议,我一旦做了"集中",你就不好再讲了。1957年在最高国务会议上马寅初宣讲了他的人口论,毛泽东没有明确表示赞同或反对,只是说,人口是不是可以搞成有计划的生产,完全可以进行研究和试验。马寅初今天讲得很好,从前他的意见百花齐放没有放出来……今天算是畅所欲言了。① 说"讲得好",可以理解成内容好,我认为好,意味着我同意;也可以理解成你总算讲了,这很好,至于内容如何,我是否同意,那是另一回事。以后证明了是后者。毛泽东在1958年写的《介绍一个合作社》中说:"除了党的领导之外,六亿人口是一个决定的因素。人多议论多,热气高,干劲大。"从字面上理解也不一定是反对计划生育,因为这是对已经存在的人说的,并不涉及未出生的,并不一定意味着为了热气高就得多生孩子。但实际上这成了批判马寅初的最初信号。这种形式上的畅所欲言如果变成这样,那言者的地位就和封建时代的谏臣差不多了:我决定前你可以讲,我决定了,请休多言。可见要防止此类事情再发生,还须认真研究社会主义民主建设问题。

其次是知识分子问题。像马寅初这样的知识分子,受的是西方资产阶级文化的教育,在言论中也称自己是"中产社会的人",且一度向往过建立资产阶级民主共和国。如果按马克思的雇佣劳动观点分析,可以算他是资产阶级知识分子了,对待这样的知识分子,党在新中国成立之前是很注意团结的,尽量求大同存小异,听取他们的不同意见。而一旦已经成为自己队伍中的一员,就要彻底改造他们,使之完全同化过来。这样,便失去了一个敢于提意见的党外朋友。一旦遇到不同

---

① 参见杨建业:《马寅初传》,中国青年出版社,1986年,第165页。

意见，就认为对方还没有改造好，就发动批判和讨伐，而且是按共产党员的标准连根批判。对马寅初的批判就是如此。其实马寅初只是善意地提了一些意见，新中国成立前他的文章大多是给政府提意见，也曾因此受到蒋介石的排挤；而我们的人民政府也没有把这种经常性建议批评真心当作正常的好事。其所以如此并非偶然。在国民党那里有个人崇拜，我们也搞过，根子都是封建的君权思想。这一点我们也许没有料到，当我们用"团结"或者触及灵魂的改造、批判或者逼使他沉默的方法排除掉这些经常提些意见和建议的所谓资产阶级知识分子的时候，我们自己就走到了他们的另一个反面。

　　这个反面即是真理的反面，也就是错误和独断。从马寅初一生的历程来看，他是敢于直面现实、不断求新、不断告别错误、走向真理的。相比之下，20世纪50年代讨伐他的战士们及鼓励他们的决策者倒是缺乏勇气直面逆耳忠言，更没勇气做科学、冷静的反思，直到付出惨重的代价后，饱尝苦果的后继者才幡然醒悟。当我们蓦然回首时，马寅初这位世纪老人已是忍辱负重，肩负着那厚重的科学财富默默地步入了80年代。人们说："为真理而死，壮哉；为真理而生，难矣！"我们看到，在那个独断多于科学冷静的年代，有不少人在自己坚信的真理面前惶惑错愕，进而违背自己的意志，附和那些大而无当甚至荒谬绝顶的愚音，而马寅初却宣布为真理孤军奋战、至死不辞，虽被缴械封营，也不屈从非理性的权威。他没有去附和，去谄媚，而是以坚强的沉默为真理辩护——这时的他，正如康德所说的一样，已没有义务去说出一切真话了，但他却固持着沉默这一武器，这是对真理多么奇特的捍卫！在学术上，在追求与坚持真理的勇气与方式上，这位已逝的前北大校长贡献于人民者可谓宏矣，他所昭示于北大后人者可谓多矣，今天北大人的精英意识当以这些财富为内核，为精髓。

在真理问题上不能让步
——马克思主义史学家翦伯赞教授

张传玺

一、"实业救国"思想的破灭

翦伯赞先生,清光绪二十四年三月二十四日(1898年4月14日)生,湖南省桃源县翦家枫树岗村人,维吾尔族。父亲奎午先生,清末秀才,民国以来,一直以教书为生,1950年去世。母林氏,早逝。伯赞行次居长,另有一弟三妹。

翦伯赞五岁(1903)时入本村私塾启蒙,后转入清真小学,十岁入县立高等小学堂,十二岁转入常德中学预科。民国元年(1912)升入本科。在高小和中学时代,除学习正课外,还读过一些经史旧书,如《诗经》《四书》《纲鉴易知录》《左传》等。由于父亲的督导,读完了《资治通鉴》。中学期间很关心时事,经常翻阅报纸、杂志,产生了较强烈的爱国思想。他对帝国主义列强不断入侵、国家政治黑暗的情势不满;对经济凋敝、饿殍载道、哀鸿遍野的状况很忧虑。同时受

"实业救国"的思潮影响,很想立志学些振兴实业的本领,为拯救灾难深重的中华民族做些贡献。1916年夏,中学毕业,升入武昌商业专门学校,这是他为实现宏图迈出的第一步。在校期间,他努力学习,仍很关心国家民族的命运。1919年"五四"爱国运动波及武汉市,他是运动的积极参加者。可是才过了一个月,他就毕业了。虽学习有成,但却无处用武。这是他第一次逡巡街头,饱尝失业之苦。

1920年春,伯赞在友人的协助下,到长沙湖南甲种商业学校教"商品学"。同年秋,又赖父亲之举荐,回到母校常德中学任英语教员。虽是有了个职业,只能说暂时解决了饭碗问题,由于所用非所学,他当年的宏愿根本谈不到了。他在常德教书四年,省吃俭用,为留学美国而积蓄了一定数量的资金。1924年夏,他毅然远渡重洋,到美国的加利福尼亚大学研究经济。他想只要学好本领,总有一展宏图之日。他在加州大学除读了一些古典派经济学之外,对于其他资本主义文化毫无兴趣,对美国社会中存在的拜金主义与民族偏见,尤其深恶痛绝;而用较多的时间阅读马克思主义著作,读过《反杜林论》《家庭、私有制和国家的起源》等。在读完《共产党宣言》一书后,他在日记中这样写道:"这是黑暗世界中的一个窗户,从这里,我看见了光明,看见了真理,看见了人类的希望。"一年半以后,他回国了。先到了上海,于1926年春到了当时北洋政府的首都北京。他相信在这里,总能找到实现他宏愿的工作和机会。但是,严酷的现实与他所想象的大不相同。当时的政府掌握在北洋军阀手中,军阀和政客们热衷于勾结帝国主义以争权夺利,与他们谈救国救民,如同与虎谋皮。在北京,他寄寓于常桃会馆，再尝失业之苦。

3月18日，古都北京失去了往日的宁静，突然沸腾起来。市民们和青年学生在共产党人李大钊教授的领导下，举行了反对帝国主义侵略的爱国运动，翦伯赞积极参加了示威的行列。请愿群众在执政府门前遭到反动军队的枪杀，死难者四十七人，受伤者一百五十余人，翦伯赞的帽子也被子弹打穿了。血的教训使他进一步看清了帝国主义和封建军阀的狰狞面目。他痛恨帝国主义，痛恨北洋军阀，也最后放弃了憧憬多年的"实业救国"的幻想，决计南下，寻找真理，寻找革命道路。

二、踏上革命的征途

1926年7月，从广州出发的国民革命军攻占长沙。9月，翦伯赞自家乡桃源奔来长沙，经老友董维键博士的安排加入国民党，又由他介绍，得识国民革命军总政治部主任邓演达，并在总政治部工作。董维键是翦伯赞的中学同学，后留学美国获经济学博士，时任南方革命政府的湖南省教育厅厅长兼外交特派员。1927年1月，翦伯赞以总政治部特派员身份北上，策动山西督军阎锡山和绥远都统商震响应北伐。到太原时，已3月下旬，阎锡山态度暧昧。4月12日，蒋介石在上海发动反革命政变后，阎锡山的态度更加右倾，太原局势也紧张起来。翦伯赞即由太原到归绥（今内蒙古呼和浩特），面见商震。商震同情北伐，表示愿意"易帜"。7月15日，汪精卫又在武汉发动反革命政变，蒋、汪合流，国共两党最后决裂。国民党反动派大杀共产党人和革命群众，归绥也紧张起来。这时阎锡山也倒向蒋介石，电令商震逮捕翦伯赞。翦伯赞接受商的劝告，离开归绥，亡命上海。

1928年春，商震任第三集团军前敌总指挥，率部队讨伐驻在北京的奉军头目张作霖。他电邀翦伯赞到他的部队工作。翦伯赞认为商震的政治态度还是比较好的，因之接受邀请，于这年5月到保定，在商部的政治部任委员。6月8日，随军进驻北京。这时，商的政治部已为国民党孙文学会分子所把持，大搞"清党"，疯狂打击迫害进步人士。翦伯赞激于义愤，拒绝"党员登记"，于8月间离开商部。

大革命失败后，以蒋介石为首的国民党反动派的统治已在全国范围建立，白色恐怖笼罩全国。可是国民党内部也矛盾重重，各派系之间斗争激烈。1929年，国民党元老之一覃振先生到北平，策动阎锡山与冯玉祥起兵反蒋。次年8月，国民党内的一些反蒋要员集中北平，举行"中国国民党中央扩大会议"。覃振亦是桃源人，与伯赞的父亲奎午先生是同学。他来北平后，即与伯赞认识，并邀伯赞参加"扩大会议"。这时，蒋介石与阎锡山、冯玉祥之间发生了中原战争，阎、冯失败。蒋介石命张学良进驻北平，"扩大会议"被迫结束。次年5月，反蒋各派又在广州召开"中国国民党中央执监委员非常会议"，继续策划反蒋，伯赞亦因覃振之邀参加了这次会议。会议期间，发生了日本侵占我国东北三省的"九一八"事变。反蒋各派又在"共赴国难""改组政府"的名义下中止"非常会议"，而与蒋介石妥协，并纷纷到南京争夺官职。伯赞这三年的经历使他明白了一个很重要的问题，就是国民党内部反蒋各派中的多数人反蒋，不是为了救国救民，而是为了个人或小集团的私利，是为了争取在蒋记政府中得到一把金交椅。要救国救民，寄希望于国民党内部的派系斗争，是毫无意义的。"非常会议"结束后，覃振先生当了立法院院长。他热情邀请伯赞到南京共事。伯赞诚恳地向他分析了南京政府的状况及蒋介石的阴谋，劝他不要去南京。覃振先生没有采纳这位年轻朋友的建议，到南京上任去了。可是不久，他即被蒋介石贬抑为司法院副院长。伯赞独自回到上海，再度开始他的流浪生活。

1928年秋，伯赞离开商部、寄寓常桃会馆时，认识了两位年轻的同乡学人，一位是北京师范大学中文系教授谭丕模，一位是刚来北平的吕振羽,他们一见如故,情趣相同。于是他们一起学习马克思主义,研究中国乃至世界的历史和社会,从此时开始,他们成为志同道合的战友。当时,是在大革命失败之后,在中国的思想理论领域,发生了一个很大的问题,就是当时中国的社会是什么性质的问题。这个问题关系到确定当时中国还要不要继续革命以及中国革命的性质、路线等重大问题。对这个问题的认识和态度存在极大的分歧。主要分为两大派:一派以托派和一些反动知识分子为代表。他们认为中国的资产阶级民主革命已经成功,中国已是资本主义社会或是亚细亚的生产形态,无须继续革命,只要在国民党反动政府领导下进行所谓"建设"就可以了。另一派以中国共产党及其领导或影响下的革命知识分子为代表。他们认为,大革命失败亦是中国的资产阶级民主革命的失败,当时的中国仍然是半殖民地半封建社会,要继续进行反帝反封建的民主革命。从1930年夏天开始,在中国的思想理论领域,这两种对立的意见展开了关于"中国社会性质和社会历史问题"的论战,简称"中国社会史论战"。伯赞积极参加了这场论战,于这年11月发表《中国农村社会之本质及其历史的发展阶段之划分》一文①,以鲜明的观点和翔实的资料,重点批判了有关中国农村社会是"亚细亚的生产形态"之说。他指出,"中国的农村社会的本质,实在不是一个独特的或是亚细亚的生产方法,而是封建的生产方法","属于半殖民地半封建社会的性质"。这年12月1日至次年2月1日,他又连续发表《前封建时期之中国农村社会》上、中、下三篇②,进一步阐明了他的观点,批判了反动派的错误论调。

1931年"九一八"事变爆发,日本帝国主义疯狂地侵占东北三省,欧洲的德、意法西斯也日益猖獗。翦伯赞在这种形势下,两条战线作

---

① 北平《三民半月刊》第5卷第6期。
② 北平《三民半月刊》第5卷第7、8、11期。

战。他一面继续参加"中国社会史论战",一面撰写文章,宣传抗日救国。1932年,他连续发表《世界资本主义最高发展中日本帝国主义者的暴行》①《走到反帝国主义的最前列》②《东方民族革命运动的过去与现在》《世界的两方面》③等许多篇文章,揭露日本帝国主义侵略中国的罪恶行径,同时亦揭露批判其他帝国主义列强对弱小国家民族的侵略罪行,宣传殖民地、半殖民地民族解放运动。他还和吕振羽同志合著《最近之世界资本主义经济》一书④,于1932年8月出版。此书用丰富的资料系统深刻地分析了第一次世界大战后资本主义各国的经济状况,揭露了帝国主义的侵略本质及日寇侵略中国的罪行,并进而指出资本主义必然灭亡和社会主义必将胜利的历史趋势。

这时,伯赞住在天津意租界,主编《丰台》旬刊。他的每一篇文章和著作都沉重地打击了帝国主义和国民党反动派,这引起了国民党天津市党部和意大利驻天津总领事的仇视。1933年春,他们互相勾结,逮捕了翦伯赞,后又将其驱逐出津。

伯赞再次亡命上海,处境很困难。在一段时间内,他索居于亭子间,埋头研究马克思主义和翻译苏联有关社会主义建设的著作。这年夏天,在上海从事地下工作的共产党干部董维键博士突然来访,建议他设法做好覃振先生的统战工作,并通过覃振救护革命人士。9月,覃振先生因事到上海,便顺道看望伯赞,邀请他到南京居住,并愿为他提供保护。从此时起,伯赞移居南京,仍埋头于著述。次年1月,伯赞所译《苏俄集体农场》一书出版。从5月开始,他陪同覃振以考察司法之名,

---

① 天津《丰台》旬刊第1卷第1期。
② 天津《丰台》旬刊第1卷第2期。原题"踏进反帝国主义的最后阶段",后自改今题。
③ 依次发表于《三民半月刊》第5卷第9、10期,《丰台》旬刊第1卷第2期。
④ 分上、下两册,吕著上册,翦著下册,北平书店出版。

游历了亚、非、欧、美近二十个国家或地区①，12月回国。他后来将这次在海外的一些见闻写成文章发表，其中主要的有《莫索里尼和洛森培的"和平新论"》《上帝之城》《在红卐字旗下》《维也纳——在忧郁中》②等，揭露批判了欧洲意、德法西斯的反动理论及其侵略罪行。

在南京期间，他曾通过覃振营救被国民党反动派逮捕的董维键和李六如同志。1935年冬至次年春，他应谌小岑先生的要求，通过吕振羽同志与共产党取得联系，促成国共为"停止内战、一致抗日"而在南京进行的和平谈判。1937年5月，他由吕振羽介绍参加了中国共产党。从这时起，他在党的直接领导下，为拯救中华民族的危亡而开始了新的革命征程。

三、要翻历史千年案

1937年7月7日，日本帝国主义对我国发动了全面的武装侵略，国民党军队一溃千里，国土大片沦丧。9月，翦伯赞同志奉党之命由南京回到长沙，与吕振羽、谭丕模等发起组织中苏文化协会湖南分会和湖南文化界抗敌后援会，以宣传动员全面抗战，请覃振先生兼任中苏文化协会分会会长，他任常务理事兼机关刊物《中苏》半月刊主编，还兼任后援会常务理事。他们以这两个组织的名义，开办俄语补习学校和政治训练班，举办讲演会，宣传马克思主义，宣传团结进步，宣传动员全面抗战。

1938年8月，翦伯赞同志的名著《历史哲学教程》一书出版。"序

---

① 时覃振任国民政府司法院副院长，所到国家有安南（今越南）、新加坡、锡兰（今斯里兰卡）、埃及、法国、英国、荷兰、比利时、德国（希特勒统治时期）、波兰、捷克、奥地利、意大利（墨索里尼统治时期）、瑞士、美国、日本等。

② 发表于上海《世界文化》第1卷第6、8、10、11、12期。

言"说:"在这样一个伟大的历史变革时代,我们决没有闲情逸致埋头于经院式的历史理论之玩弄;恰恰相反,在我的主观上,这本书,正是为了配合这一伟大斗争的现实行动而写的。在目前,隐藏在民族统一阵线理论与行动阵营中的'悲观主义''失败主义'等等有害的倾向,都有其社会的历史的根源;因而从历史哲学上去批判过去及现在许多历史理论家对中国历史之一贯的错误见解,及其'魔术式'的结论,是我们一个不可逃避的任务。"此书是我国早期的一本比较系统地论述历史唯物主义基本原理的专著,也是一本主张"中国历史翻案"、重新研究中国历史的著作。书中对神学、玄学和实验主义也进行了深入的批判,还对自"中国社会史论战"以来的重要史程理论或观点,进行了简明扼要的评述或概括的总结。在最后,他还对中国现代的社会性质阐明了自己的观点:"中国现阶段的社会,决不是资本主义社会,而是半封建半殖民地的社会。"他说:"正确的认识中国现阶段的社会性,这对于我们现在正在实践中的伟大的民族解放战争,是一个必要的政治任务。"此书出版不久,就被读者抢购一空。次年8月再版不久,国民党政府即将此书列为禁书,不许销售,不许流传。

1938年冬,伯赞同志率中苏文化协会分会西迁沅陵,兼任党的湘西文化委员会委员。在沅陵举办了苏联画片书报展览、苏联讲座,继续出版《中苏》半月刊等。可是,这时的国民党政府加强妥协投降活动,同时对抗日团体和进步人士亦加强迫害。在沅陵的国民党驻军多次派武装人员和便衣特务到文协搜查、捣乱。有一次,驻军司令还传讯翦伯赞同志。这位司令傲慢地说:"翦先生,我知道你很有学问。可是为什么要信仰共产主义呢？从你的年龄来说，即使共产主义能实现，恐怕你也看不到了！"翦伯赞同志笑了笑回答："我信仰共产主义不是为了自己能够看到。即使看不到，我也信仰！"1939年3月，省委指示他离开沅陵，转移到溆浦，在南迁的民国大学教书。12月，蒋介石发动第一次反共高潮，民大的许多进步学生被捕，伯赞同志等地下党员教授都遭到特务的监视。1940年2月13日，他又按照党的指示，离开溆浦抵达重庆。从这时起，直到1946年5月4日离开重庆，他一直在周恩来同志的直接领导下从事文化和理论宣传工作。他曾任中苏文化协会总会理事兼《中苏文化》月刊副主编、国民党军事委员会政治部名誉委员、政治部文化工作委员会专门委员，被冯玉祥将军聘为中国历史教师。陶行知先生聘他为育才学校和社会大学的教授。

重庆是抗日战争的大后方，是国民党统治的心脏。这里集中了许多高等学校和文化学术机构或团体，也集中了大批具有各种思想倾向的教授、学者和文化人，因之在思想、文化领域中斗争很激烈。胡适在政治上属于英美派人物，又是一位文化班头，他的民主个人主义思想严重地影响着学术文化界，尤其是青年学者和大学生。伯赞同志进川不久，就从理论上点名批判了这位洋博士。他在《中国历史科学与实验主义》[①]一文中指出，"实验主义是以极粗浅的形式逻辑为基础的玄学"，是从美国的杜威那里贩卖来的，继之对实验主义的主要观点进行了剖析。他指出，实验主义者左右开弓，以民族虚无主义的态度全盘否定祖国几千年的文化成就，又对"真正在兴起中的社会主义思潮拼命地打击"。文章还对胡适的一些"名言"进行了批判。如所谓历史是"百依百顺的女孩"，是"一点一滴的进步"，"个人吐一口痰在地上，也许可以毁灭一村一族，他起一个念头，也许可以起几十年的血

[①] 重庆《读书月报》第2卷第3期。收入翦伯赞：《中国史论集》第一辑，文风书局，1943年，改题"评实验主义的中国历史观"。

战。他也许'一言可以兴邦,一言可以丧邦'",等等。伯赞同志指出,这"完全是观念论中的主观主义",是"陈旧的进化论"。"极端强调'个人'的作用,而否认'大众'之历史的创造作用"。这是一种"神秘主义"、英雄史观。胡适曾傲慢地说:"从前禅宗和尚曾说:'菩提达摩东来,只要寻一个不受惑的人。'我这里千言万语,也只是要教一个不受人惑的方法。被孔丘、朱熹牵着鼻子走,固然不算高明;被马克思、列宁……牵着鼻子走,也算不得好汉。"伯赞同志针锋相对地指出:"很显然,当胡适说这段话时,他自己已经被杜威牵着鼻子走了。"

1941年1月,国民党制造了骇人听闻的"皖南事变",重庆顿时陷入一片白色恐怖之中。翦伯赞的中苏文化协会总会理事和国民党军事委员会政治部名誉委员等职均被撤销;冯玉祥将军上了峨眉山,讲课也停止了。周恩来同志为了保存干部,让部署在重庆的党员和文化界进步人士,一部分转移到香港或解放区,一部分据守重庆,按照"勤业、勤学、勤交友"的方针,"闭门"读书,提高业务水平,做好统战工作,以为迎接新的战斗做好准备。

翦伯赞仍住巴县歇马场,埋头研究中国古代历史,开始撰写《中国史纲》第一卷(先秦史)。1942年11月17日,翦伯赞在写此书的最后部分时,将此情况函告郭沫若,郭沫若高兴地于19日复信说:"17日信奉到,读后甚感兴奋。您的《中国史纲》将要脱稿,这断然是1942年的一大事件。为兄贺,亦为同人贺。"此第一卷于1943年出版,第二卷(秦汉史)于1946年出版,两书共有七十多万字。在当时,这是中国通史的巨著,也是断代史的巨著。

翦伯赞同志在重庆六年,还发表论文六十余篇,大部分编入《中国史论集》一、二两辑中,主要论文有《略论中国史研究》《评实验主义的中国历史观》《南宋初年黄河南北义军考》《论明代的倭寇与御倭战争》《南明史上的弘光时代》《论南明第二个政府的斗争》《南明史上的永历时代》《桃花扇底看南朝》《我的氏姓,我的故乡》等,不仅都有较高的学术价值，在思想理论斗争和宣传团结抗战方面，也都起了巨大的作用。

伯赞同志还经常在一些学校或文化单位做学术讲演。这些学校和单位有文工会、八路军驻重庆办事处、育才学校和社会大学、曹孟君同志创办的暑期学习班，以及复旦大学、朝阳大学等。1942年2月17日，郭沫若写信给翦伯赞同志，感谢他到文工会在重庆市内的机关做学术讲演。信中说："日前莅城讲学，穷搜博览，析缕规宏，听者无不佩赞，诚为我辈壮气不小也。"同年7月14日，郭再次写信请他到文工会在乡下赖家桥的办公地点做学术讲演。信中说："惠札奉悉，天气实在太热，老兄的讲演改到秋凉，听者的小弟也极端欢迎。不过此间的同志们依然希望您早来，其诚比太阳还要热烈。"①

伯赞同志的论著和学术讲演等都受到革命的、进步的学术界人士和青年学生的欢迎，但却遭到国民党顽固派及落后、反动文人的攻击和辱骂，还有一些特务分子也混在其间，时时干扰、恐吓。可是伯赞同志毫无惧色。他在《中国史纲》第二卷"序"中说："不管时代如何苦难，我总是走自己的路。"

1945年抗日战争胜利后，先到南京，后又转到上海，在周恩来同志的直接领导下从事文化、宣传和统战工作。

7月25日，陶行知先生因脑溢血去世。他留下来的工作，有一部分转由伯赞同志承担。其中之一就是大孚出版公司的工作。大孚原名"大呼"，是郭沫若起的名字，作为三线的出版单位创立于抗战胜利之初的重庆。陶行知任总编辑，沙千里任总经理。到上海后，沙千里另有他任，陶行知又去世，大孚公司有垮台的危险。1946年10月，周恩来同志在上海马斯南路中共代表团办事处约见沈钧儒、华岗、范长江、周宗琼、任宗德和伯赞同志，指示说："陶先生生前的事业，党要

---

① 以上两信见《郭沫若同志给翦伯赞同志的信和诗》（一）、（四）。

支持。大孚的工作仍要继续下去。"他指定翦伯赞继任总编辑，周宗琼继任总经理，周竹安任会计，华岗（党的上海工作委员会书记）任党代表。公司从此在上海展开工作。

1946 年冬，国共两党的和平谈判彻底破裂，周恩来同志率中共代表团返回延安，上海的斗争更加尖锐、艰巨。1947 年 2 月 8 日，上海《文汇报》举办"星期座谈会"，主题为"文化一年的总结"，出席的有邓初民、胡风、潘梓年、郑振铎、洪深、田汉、周建人、翦伯赞、胡绳等。伯赞以"被扼杀被摧残的文化"为题发言，指出在国民党统治区有"买办文化抬头，古典主义复活"的反动倾向。他反对把学者和青年学生关进象牙之塔，他倡言"研究与运动不可偏废"，要把学术研究和当前的民主运动、革命斗争紧密结合起来。他很有信心地说："民主与和平在中国终有一天是要实现的，而且这时代离今已并不十分遥远。"伯赞与张志让、周谷城、李正文、沈体兰等组织并领导了"上海大学教授联谊会"，主编《大学月刊》，还在大夏大学讲授"历史方法论"（历史唯物主义）。5 月间，上海的大学生举行"反饥饿、反内战、反迫害"游行示威，运动迅速扩大到南京、北平、杭州、沈阳、青岛、开封等大中城市。国民党反动派对各地学生运动进行了残酷镇压。伯赞不畏艰险，团结进步的文化界人士，通电全国，发表文章，登台演说，愤怒谴责国民党反动派的法西斯暴行和发动内战的阴谋，热情支持各地蓬勃发展的学生运动。他发表的主要文章有《现阶段的民主运动》《学潮平议》《为学生辩诬》《陈东与靖康元年的大学生的伏阙》《美军滚出中国！》[①]等。

1947 年 10 月 22 日，设在上海的中国民主同盟总部被国民党特务包围，政治形势更加严重。27 日，伯赞同志遵照党的安排，由上海转移到香港，后移居九龙山林道。12 月 5 日，柳亚子先生来访，并赋

---

① 依次见上海《现代新闻》第 1 年第 1 期；《时与文》周刊第 1 卷第 13 期；《人间世》月刊复刊第 1 卷第 4 期；《大学月刊》第 6 卷第 2、5 期；《文汇报》1947 年 9 月 28 日。

《十二月五日访伯赞于九龙,奉赠两律,即次田寿昌〈伯赞五十初度〉韵》二首。其一:"翦生才调太遮奢,问是文家是质家?将种朱虚锄吕草,雄心祖逖耻胡笳。要翻历史千年案,先破农民十面枷。太息揭来孤愤语,风怀无复浪看花。"① 这首诗不仅赞扬了伯赞同志的文才史识,也赞扬了他在学术和革命方面的抱负。伯赞同志在香港,担任达德学院教授,又任香港《文汇报·史地周刊》主编。为了配合全国解放战争形势的发展和需要,先后发表《西晋的宫闱》《孙皓的末日》《评南北朝的幻想》《末代帝王的下场——逃跑、投降、自杀、被俘》② 等文章,纵论古今,指出了人民解放战争必胜、国民党反动派即将覆灭的命运。为配合正面战场,为最后摧毁蒋家王朝的反动统治、解放全中国起了重要的宣传鼓动作用。

1948年11月23日,伯赞同志奉党中央电召,自香港乘轮北上,于次年1月4日抵河北石家庄附近的李家庄。在这里,他受到周恩来和刘少奇等中央领导同志的接见。31日,北平和平解放,伯赞同志于2月1日以文化接管委员会委员的身份随军进城。3月,随中国代表团赴捷京布拉格,参加拥护世界和平大会。回国后,又参加全国人民政治协商会议的筹备工作,并被推选为全国政协筹备委员会委员和第一届全国政协委员,为建立中华人民共和国而紧张工作。

四、为真理而死,虽死犹生

新中国建立以后,翦伯赞同志被任命为中央人民政府政务院文化教育委员会委员和中央民族事务委员会委员。1954年以后,又被选为

---

① 柳亚子:《柳亚子诗词选》,人民文学出版社,1959年。亦见《翦伯赞遗诗》,北京大学出版社,1986年,第75—76页。

② 依次见香港《文汇报》1948年9月10日、9月17日、11月12日。

第一、二、三届全国人民代表大会代表，人大常务委员会民族委员会委员，以及中缅友好协会副会长等。但他主要还是从事文化教育工作。1949年2月，被聘为燕京大学社会系教授。1952年，燕京大学并入北京大学，他又任北大历史系教授兼系主任，后又兼校党委委员、副校长。此外，还兼任中国科学院专门委员、哲学社会科学部学部委员、中央民族历史研究指导委员会副主任委员、《光明日报·史学》副刊及《北京大学学报》（人文科学版）主编。伯赞同志在北大历史系是民主办系。当时的历史系是由北大、清华、燕京、中法四个大学的历史系合并的，由于旧影响的存在及门户之见，学术思想倾向有所不同，矛盾重重，恩怨很多。伯赞同志对各校来的每位同志一视同仁，尊重他们，信任他们，发挥他们的专长。在较短的时间内，北大历史系成为一个人员齐备、彼此团结、教学质量很高、学术空气浓厚的历史学重镇。

解放初的史学界，思想观点很不一致。如对待史料这一问题上，就存在很大分歧。有些人认为，只有马克思主义理论重要，史料并不重要。在这些同志看来，重视史料是资产阶级的研究方法，是"钻故纸堆"。这是一种"左"的思想倾向。伯赞同志反对这种"左"的思想，他很重视史料的收集、整理和运用。他说："应该肯定史料是重要的。研究历史没有史料是不行的。史料是弹药，没有弹药专放空炮是打不中敌人的。"又说："我们和资产阶级的区别，不是谁要史料，谁不要史料，即不是史料占有问题，而是站在什么立场，用什么观点、方法来分析史料的问题。"① 在解放初，他与范文澜同志发起组织编纂《中国近代史资料丛刊》，共有十一个专题，约两千万字。他主编其中的两个专题，即《义和团》和《戊戌变法》②，先后于1951年和1953年出版。他还与中央民族学院、中国科学院民族研究所部分同志合编《历

---

① 翦伯赞：《翦伯赞历史论文选集》，人民出版社，1980年，第88页。
② 均由上海神州国光社出版，各分四册，共约三百余万字。

史各族传记会编》①，主编《秦汉考古资料汇编》②，又为继续撰写《中国史纲》第三卷收集整理资料一百多万字，装订了十一册。还主编《中外历史年表》共一百三十多万字。他还拟在《光明日报·史学》副刊上开一个橱窗（栏目），专登评介史料的文章。这个建议因与形势不合，未获通过。

"左"的思想在当时有很深的社会根源和政治根源。1957年"反右"以后，"左"的思想进一步发展。至1958年"大跃进"时，有人提出"以论带史"的口号。在教学和科研中表现为严重的抽象化、简单化、公式化、绝对化、现代化，极大地影响了人们正确地去学习和运用马克思主义。伯赞同志于1959年3月发表文章，批判这一错误倾向。至7月止，他所发表的主要文章有《关于打破王朝体系问题》《目前历史教学中的几个问题》《谈谈历史研究和历史教学的结合问题》《从北大古典文献专业谈到古籍整理问题》③等。可是，这年秋天，"反对右倾机会主义"的政治运动开始。伯赞同志的文章被视为"右"的产物，已列为待"批"的对象。

1961年，伯赞同志撰写了《对处理若干历史问题的初步意见》一文，在几个月中，由中华书局《古籍整理出版情况简报》（内部刊物）、高教部《文科教材编选工作通讯》（内部刊物）、《人民教育》和《光明

---

① 中华书局出版，两编共三册，收《史记》至《隋书》的有关部分，共约一百二十余万字，于1958年至1959年出版。
② 此书资料已齐备，编辑工作由文物出版社承担，后因"文化大革命"而中止。
③ 均收入《翦伯赞历史论文选集》。

日报》先后发表①，内蒙古自治区党委宣传部翻印，北京市历史学会年会组织了讨论。次年春天，他又先后在苏州、上海、南京、扬州四城市，以"目前史学研究中存在的几个问题""怎样处理历史上的民族关系和阶级关系"为题，做学术报告，并在《江海学刊》《新华日报》《文汇报》上发表②。与此同时，还发表了《文与道》《史与论》等文章③。这些报告和文章都结合史学界的实际，着重阐明历史唯物主义的基本观点和方法，划清一些是非界限。在理论方面，主要讲述了史与论、理论与政策、阶级观点与历史主义、客观规律性与主观能动性等问题。在民族理论方面，主要讲述了民族平等和汉民族在历史上的主导作用、民族同化与民族融合、民族间的战争与和平往来、民族英雄等问题。他尖锐、深刻地批判了那股哗众取宠、蛊惑人心的主观主义、形而上学的极"左"歪风，为在史学领域捍卫马克思主义的纯洁性做出了贡献。1963 年 2 月，他在北大党委扩大会上，以"巩固地确立马列主义、毛泽东思想在教学与科学研究中的指导地位"为题，发表讲演，分析批评了学习马克思主义中存在的各种错误倾向，号召、鼓励北大的师生员工以正确的态度积极认真地学习、运用马克思主义。3 月，他与郭沫若应邀访问广西壮族自治区时，又在桂林师范学院做学术报告，重点讲述了有关"基本理论、基本知识、基本训练"的问题④，亦强调了以正确的态度积极认真地学习马克思主义之必要。

1963 年 6 月，社会上开始"批翦"了。首先发难的是《红旗》杂志的关锋⑤。几个月中，"批翦"形势在形成。但当时史学界的多数人对"批翦"很不理解。有的同志劝告伯赞同志："不要写纠偏文章，'千万

---

① 《文科教材编选工作通讯》第 1 期；《人民教育》1961 年 9 月号；《光明日报》1961 年 12 月 22 日。
② 《江海学刊》1962 年 6 月号；《新华日报》1962 年 5 月 16 日；《文汇报》1962 年 5 月 18 日。
③ 《文与道》发表于《人民日报》1962 年 1 月 21 日。《史与论》，原题"关于史与论的结合问题"，发表于《文汇报》1962 年 1 月 21 日；后改今题，发表于《光明日报》1962 年 2 月 14 日。
④ 参见翦伯赞：《史料与史学》（增订本），北京大学出版社，1985 年，第 1—13 页。
⑤ 关锋、林聿时：《在历史研究中运用阶级观点和历史主义的问题》，《历史研究》1963 年第 6 期。

不要忘记阶级斗争'。"伯赞同志回答说:"我知道逆风而行必有灭顶之灾。但只要是对的,是符合马克思主义的,灭顶我也不怕。"他给朋友写信说:"在真理的问题上不能让步,这是一个马克思主义者应有的态度。"后来,《新建设》杂志的编辑来访。他说:"我总希望史学界能在党的领导下团结起来,在毛泽东思想指导下,写出几部好的中国历史;而不要搞得剑拔弩张,以致不敢写文章。即使有错误,也要采取商量的态度,顶多说'值得商榷',用不着扣帽子。谁能百分之百的正确呢?"

1964年夏,"批翦"逐步升级。内部决定,除《红旗》杂志和《人民日报》外,其他报刊可以点名批判。有人将这一决定告知伯赞同志,他说:"我的态度是'坚持真理,修正错误'。"

1961年春,全国高等学校文科教材编选计划会议推选伯赞同志为历史教材编审组组长,并主编《中国史纲要》。"批翦"升级,已剥夺了他的申辩权,他已年近七十,身体不好,很想利用所剩无多的岁月,抓紧为党为人民的教育事业做些有益的工作,因之深居简出,日夜伏案编书。可是正在此时,批判吴晗同志的文章送到了他的面前,并要他当场表态。文章是姚文元写的,题为"评新编历史剧《海瑞罢官》",

发表在1965年11月10日的上海《文汇报》上。他在来访的《文汇报》记者面前，愤怒地批评姚文元"粗暴""打棍子"，"给吴晗同志扣政治帽子"。他说："吴晗同志是反对蒋介石的，他不会反党反社会主义，他在政治上没有问题。如果这样整吴晗，所有的进步知识分子都会寒心。"接着他还两次亲自主持北京大学历史系全体教师对姚文的讨论，实际是对姚文元的同声声讨。伯赞同志为吴晗仗义执言，也成为他日后遭受打击迫害的罪状。

12月8日，《红旗》杂志发表了戚本禹的《为革命而研究历史》一文，给伯赞同志加上了"反对"马克思主义的罪名，这为在政治上打倒伯赞同志揭开了序幕。"批翦"再次升级。

春节，这是中华民族的传统的盛大节日。被折磨得已疲惫不堪的伯赞同志希望借这个吉日良辰安静几天。可是，"树欲静而风不止"，就在这时，收到《新建设》杂志的"邀请"，座谈"清官"问题。此举，谓之"引蛇出洞"。有人劝告伯赞同志不要上当，当然伯赞同志也明白此举的用意。可是他说："少了我，《鸿门宴》就唱不起来了。"他还是参加了座谈会。当时"清官"在中国的学术界已被打翻在地，结论是"清官比贪官更坏"。可是伯赞同志还是讲了自己的不同看法。《北京日报》于1966年2月22日以"'清官'问题不可轻视"为题，公布了他的发言。3月24日，戚本禹、林杰、阎长贵三人在《红旗》杂志和《人民日报》上同时发表《翦伯赞同志的历史观点应当批判》一文，给伯赞同志扣上了"资产阶级史学的代表人物"的大帽子，还把伯赞同志的《对处理若干历史问题的初步意见》和《目前史学研究中存在的几个问题》两文，诬为"两篇反马克思主义的史学纲领"，欲置伯赞同志于死地。4月23日，《人民日报》发表编辑部所编《翦伯赞同志的反马克思主义历史观点》资料，并加编者按。至此时，伯赞同志被打倒的形势已成定局。

6月1日，"文化大革命"开始。这一天的中央广播电台和《人民日报》都以头条新闻发表了北大造反派头子聂元梓等写的"大字报"。《人民日报》和《光明日报》还以"批翦"为重点，都发表了大块文章。《光明日报》的文章为《翦伯赞是怎样积极卖身投靠蒋家王朝的》。6月3日，《人民日报》社论《夺取资产阶级霸占的史学阵地》，提出打倒"史学界里的'保皇党'"的口号，伯赞同志的命运已是万劫不复了。北大内外的造反派从6月1日起就对伯赞同志进行肉体上的摧残和人格的侮辱。打倒"资产阶级反动学术权威""漏网大右派""反共老手""蒋介石的走卒"等口号震耳欲聋。

  1968年夏，他与夫人戴淑婉同志被赶出家门，迁居街道上的一间小黑屋中，天天遭受一批一批的不懂事的小孩子的骚扰和批斗。10月，毛主席在党的八届扩大的十二中全会上讲到要"解放"伯赞同志。11月间，驻北大工人、解放军宣传队向伯赞同志传达了这个讲话，并把他和夫人安置到校内的燕南园居住。可是，才过了四天，中央专案组派大员对伯赞同志大搞逼供信，主要是逼他"交代"1935年冬至1936年春，国共两党在南京"和平谈判"的问题，目的是要证实刘少奇同志是"内奸"，"勾结国民党CC派特务，阴谋取消苏区，消灭红军"。他们多次逼供，还用"逮捕""下狱"相威胁。伯赞同志坚持原则，实事求是，逼供者一无所得。可是由于他已被折磨得心力交瘁，数日不能进饮食，于这年的12月18日夜，与夫人双双含冤离世，他终年七十岁，夫人六十八岁。

  1976年10月，"四人帮"被揪出。1978年9月1日，北京大学党委根据党中央的指示，为翦伯赞同志的沉冤彻底平反昭雪，恢复了他的名誉。

广阔的文化视野，独创的革新精神
——季羡林教授与东西文化研究

杨 深

近代开始的中西方冲突，归根结底是文化的冲突；中国政治、经济的改革，其核心也在于文化的变革。在历次的异质文化相互激荡中，许多知识分子通过哲学、经济学、政治学、历史学以至自然科学的研究，最终在文化问题的研究中找到自己的落脚点。如果说上述学科还都是文明发展到一定阶段才产生的，那么，一个民族的文化的最初体现，从而也是蕴涵一个民族文化发展趋向的最原始的根基，正在于这个民族的语言。对语言的研究，既可以导向以科学为基础的、以语言间架和结构、语音、语义的发展变迁为内容的抽象语言学，又可以由语言入手发掘使用这种语言的民族文化的发展过程。季羡林先生就是一位由对语言学特别是印度古代语言的研究，进而考察中印两国文化的相互关系，以广阔的文化视野在文化研究与教育革新方面做出了重要贡献的学者。

一、学者、教授、散文家

季羡林先生于 1911 年 8 月 6 日出生在山东清平县（现改为临清市）官庄一个贫苦农民家庭。六岁时前往济南投靠叔父，在那里读完小学、初中和高中。季先生从小学起就对中国文学有浓厚的兴趣。到了中学，博学的王昆玉先生曾经指导他写作文言文，并在国文老师胡也频和董秋芳两位先生的关怀和鼓励下用白话写散文，极得两位老师的赏识和赞扬。同时，他努力学习外文，对外国文学产生了强烈的爱好。在济南高中时，他就翻译发表过屠格涅夫和一些欧美作家的优秀散文和小说。从此，季先生就"同文学结下了不解之缘"。

1930 年高中毕业后，他考入清华大学西洋文学系，主修德国文学、英国文学和法国文学，其中德国文学课连续四年成绩全优。同时，他还选修了许多外系的课，例如，朱光潜先生的"文艺心理学"，陈寅恪先生的"佛经翻译文学"等。在清华读书期间，季先生与几个爱好文学的志趣相投的伙伴，像吴组缃、林庚、李长之等，经常相聚于工字厅大厅、大礼堂或荷花池旁"水木清华"匾下，乘正茂之风华，逞书生之意气，高谈阔论，臧否古今文学人物，议论中外文学名著。茅盾的《子夜》出版时，他们就曾进行过热烈的辩论。当时任燕京大学中国文学系教授的郑振铎先生在清华大学兼课，几个同伴只要有机会，就去旁听他的课，有的还登门拜访，面聆指教。郑先生对这几位有为青年也

是爱护备至，热情鼓励，而且邀请他们做他自己主编的大型文学刊物《文学季刊》的特别撰稿人。在清华园的四年时间里，季先生继续翻译外国文学作品，创作散文和诗歌，抒发自己的真情实感，写人状景，成绩斐然。

1934年清华大学毕业后，他回母校济南高中任国文教员一年。1935年以优异成绩考取清华大学与德国的交换研究生，是年秋赴德，入哥廷根大学深造。季先生很早就想研究梵文、印度古典文学和中印文化关系史，他感到要想把中国思想史、中国文学史搞清楚，不研究印度语言和文化是很难做到的。到了德国以后，他师从著名印度学家瓦尔德施密特（E. Waldschmidt）教授，以罕见的刻苦精神钻研梵文、巴利文和印度古代俗语，特别是所谓的"佛教梵文"，同时还学习俄语、南斯拉夫语和阿拉伯语。经过五六年的艰苦学习与研究，他在印度古代语言和印欧比较语言学方面打下了扎实的基础。1941年，他的论文通过，获哥廷根大学哲学博士学位。此时正值第二次世界大战，腹中饥肠辘辘，头上轰炸机群隆隆，生活条件的艰难与险恶更加重了季先生的乡思，他当时写道："祖国又时来入梦，使我这万里外的游子心情不能平静"；邻人花园里的海棠花"使我想到：我是一个有故乡和祖国的人。……我的祖国正在苦难中，我是多么想看到它呀！"① 战争使他失掉了与家庭的联系，回国更是希望渺茫，他只好留在哥廷根大学做研究工作，跟从著名学者西克（E. Sieg）教授钻研《大疏》《梨俱吠陀》和《十王子传》，并学习古代中亚地区曾经流行过的一种语言——吐火罗语。19世纪末20世纪初，西方的一些所谓"探险队"在我国新疆的库车、焉耆和吐鲁番一带发现了大量的古写本残卷。其中有一类残卷上写的是古代印度的一种婆罗米字母，它所记录的语言当时没有人懂。后来经过许多学者的研究，有些人称它为吐火罗语。西

---

① 季羡林：《季羡林散文集》，北京大学出版社，1986年，第106—107页。

克教授花了几十年的精力读通了这种语言。原来它与印度古代语言关系非常密切,也是印欧语系的一个分支。这对于研究比较语言学、新疆的历史和文化、中印文化交流史,都有极重要的意义。西克教授这位年届八旬的吐火罗语权威治学谨严,在学术上对季先生要求极严,但他同其他的几位德国老师一样没有丝毫的种族偏见,对季先生总是和蔼可亲、循循善诱、谆谆教导,从来没有想保留一手,连想法和资料都对季先生公开,真诚地希望他自己从事的学科能够传入远隔万里的中国,生根发芽开花结果。这给了年轻的季先生极大的安慰和鼓舞,使他有勇气在饥寒交迫、精神极度愁苦中坚持下去,苦读不辍,学而不厌。经过四五年的刻苦钻研,季先生在吐火罗语研究方面同样取得了出色的成就。

第二次世界大战一结束,身在异乡十年之久的季先生克服重重困难,甚至不惜放弃最心爱的却又无法携带的书籍,于1946年夏天辗转回到了上海。从同年秋天起,他任北京大学东语系教授,并曾任北京大学东语系主任和北京大学副校长,北京大学校务委员会副主任、南亚东南亚研究所所长等。除此之外,他曾经在学术界、教育界、文学界和政治界担任多种职务,如:中国科学院哲学社会科学学部历届学部委员(语言学科),中华人民共和国全国政治协商会议第二、三、四届委员会委员,中华人民共和国全国人民代表大会第五届代表,第六届常务委员会委员,国务院学位委员会委员兼语言文学评议组负责人,国务院语言文字工作委员会委员,中国语言学会会长,中国敦煌吐鲁番学会会长,中国外语教学研究会会长,中国民族古文字研究会名誉会长,中国比较文学学会名誉会长,《中国大百科全书》语言卷主编,联邦德国哥廷根大学《新疆吐鲁番出土佛典的梵语词典》编委会顾问和冰岛出版的《吐火罗语及印欧语研究杂志》的编委等。

季先生刚回到祖国的时候,就曾撰文呼吁:"介绍外国学者的研究成绩,当然有极大的价值,而且是刻不容缓的,对这些介绍人我们都应该有很大的尊敬。然而这究竟是跟着别人走。我们不应该自安于追踪别人，我们也要去研究，让外国学者也跟我们走。"[1] 这不仅仅是一种爱国热忱，而且表达出季先生坚定的自信心和一生中执着追求的伟大抱负，即使在"万家墨面没蒿莱"的旧中国和"风雨如磐"的十年浩劫中，他都没有动摇过。正是这种不甘人后的雄心和志在高远的理想使他在广泛的领域中取得了世界第一流的学术成就，成为名闻中外的、精通多种现代与古代语言文字的语言学家、教授、文学翻译家、文化史家、比较文学学者和散文作家。

季羡林先生所以能在广泛的学术领域中取得卓越的成就，为中国和世界的学术、文化事业做出重要的贡献，这是同他严谨的治学精神和勤奋的工作态度分不开的。首先，严格的科学态度是他治学的一个突出特点。他经常谈到治学要注意史德，要讲实话，不要讲连自己都不相信的话。有的人为了证实自己的"学说"，不惜歪曲事实，强词夺理，他认为这是研究工作的大敌。他告诫我们不要老想走捷径，要像蜜蜂那样，不辞辛苦，一点一滴地积累大量资料，真正反映客观规律的立论只能从认真考证得来的正确可靠的资料中抽绎出来，而不要只发空论。他自己每研究一个问题，总是搜集材料不厌其烦，务求其全；分析比较不厌其详，务求其精。写好的文章，他还要放一放，唯恐有什么疏漏之处；大到立论是否站得住脚，小到一条材料是否核实，绝不马虎从事。正因为这样，他的许多论文，尽管过了几十年，至今读来仍然令人信服。其次，他还强调搞学术研究的人知识面要广一些，要多知道些外国的学术发展情况，因此必须能看外文书，这就需要多学习一些外国语；今天，在中国与在其他国家一样，不懂外文就很难进行第一流的科学研究工作，也无法与外国学者进行学术上的交流。最后，勤奋的工作态度是季先生治学最显著的特点。他常说，要珍惜

---

[1] 季羡林：《东方语文学的重要性》，上海《大公报》1946年7月21日。

时间，浪费时间就等于慢性自杀。几十年来，他有一套良好的生活和工作习惯，每天早晨都是四点起床，吃一点烤馒头片，啜几口茶，然后在书房里工作到七点多再去上班。外出开会、访问，在飞机上、火车上他也不停地思索，不停地写。有一次去日本进行了十天访问，回国时他没有带回亲戚托他买的录音机，却带回了访问期间利用空暇写的好几万字的散文手稿。他说不能否认人的天资是有差别的，但是这种差别毕竟很有限，一个人成就的大小主要在于是否努力，努力胜于天才，刻苦超过灵感，这是颠扑不破的真理。如果脑袋里总忘不掉什么八小时工作制，朝三暮四，松松垮垮，那就什么事情也做不成。

正是这种紧张勤奋、锲而不舍的精神使他在从事大量学术工作和翻译工作的同时，还建造了自己的文学天地。五十多年来他写了大量优秀散文，成为独具一格的散文作家。他的大部分作品已编入《季羡林散文集》。季先生一贯认为，文学艺术的精髓在于真实，这一部散文集正是他内心感情生活的真实历程的记录。新中国成立前他的作品隐晦虚缥，低沉暗淡，情绪幽凄；新中国成立后的作品则格调明朗昂扬，充满了乐观精神；而回忆"十年浩劫"的作品中既有沉重和愤懑，但又透露出希望和信念，在《爽朗的笑声》中他写道："我相信，一个在沧海中失掉了笑的人，决不能做任何的事情。我也相信，一个曾经沧海又把笑找回来的人，却能胜任任何的艰巨。一个很多人失掉了笑而只有一小撮能笑的民族，决不能长久立于世界民族之林。只有能笑，会笑，敢笑，重新找回了笑的民族，才能创建宏伟的事业……"不同时代的散文格调的变化反映出作者与人民同爱憎、与民族共命运的思想感情的起伏。季先生的散文既善于抒情，也长于写景。他的抒情散文中既有对旧中国被侮辱与被损害的劳动人民的同情，也有对去世的母亲、朋友的怀念之情；既有留学时对祖国的思念之情，也有对外国人民的友谊之情；情之真挚深沉，感人肺腑。他的写景散文文笔清新优美，风韵千姿百态。他笔下的黄山、富春江、燕园、清华园、小城哥廷根，风光如诗如画。更兼他常常寄情于景、借景抒情，使人读了如临其境，意味隽永。他的《春满燕园》曾编进中学语文教材，《春归燕园》还曾在电台配乐朗诵。总之，季先生的散文创作成绩斐然，他的作品给祖国社会主义文学的百花园里增添了一簇生意盎然的鲜花。

季羡林先生集学者、教授、散文家于一身，为北京大学的后来者立下了将时间和生命发挥到极致的光辉的楷模。

二、对印度语言文化研究的新开拓

首先，作为杰出的语言学家，季先生的贡献主要在三个方面：（一）在印度中世语言（包括阿育王碑铭用语、巴利语、俗语和混合梵语等）形态学方面：他全面系统地总结了小乘佛教说出世部律典《大事》偈颂所用混合梵语中动词的多种形态特征，著成博士论文《〈大事〉偈颂中的动词变位》；他发现和证明印度中世语言中语尾 -am 向 -o 和 -u 的转化是中世印度西北方言（或称犍陀罗语）的特点，著成论文《中世印度语言中词尾 -am 向 -o 和 -u 的转化》；他又发现和证明不定过去时是中世印度东部方言古代半摩揭陀语的语法特点之一，著成论文《使用不定过去时作为确定佛典年代和来源的标准》。以上三篇论文已经辑入他的《印度古代语言论集》。（二）在原始佛教语言方面，他系统地论证了原始佛典的存在，指出原始佛典是使用中世印度东部方言古代半摩揭陀语写成的，原始佛教采取放任的语言政策，分析了佛教混合梵语产生的原因和佛教经典梵语化的过程，佛教混合梵语的特点，以及与语言问题有关联的印度佛教史方面的其他诸问题。这方面的几篇论文已编成《原始佛教的语言问题》一书出版。（三）在吐火罗语的语义学方面，他的早期代表作是《〈福力太子因缘经〉吐火罗语本的诸平行译本》，这篇论文通过《福力太子因缘经》吐火罗语本与内容相平行的其他语言译本之间的比较来诠释吐火罗语的语义，从而在吐火罗语语义研究方面开创了一个成功的方法。1980年以来，他开始译注新疆博物馆所藏吐火罗语剧本《弥勒会见记》写本残卷，并发表了《吐火罗文 A 中的三十二相》《谈新疆博物馆吐火罗文 A〈弥勒会见记剧本〉》等五篇高水平的学术论文，对吐火罗语研究做出了新的更大的贡献。有的学者在给季先生的贺信中说："这篇文章（指《吐火罗文 A 中的三十二相》）发表之后，让有关的外国人知道我国建国以来，不仅在吐火罗文 A 的文书文物中有远远超过以前的大量重要发现，而且我国的专家学者们正在从事外国根本想不到的工作。"季先生的研究成果在国际上也受到了同行的高度重视，过去那种讥讽"吐火罗文发现在中国，而研究在外国"的冷言冷语为之绝迹。总之，季先生对语言学的卓越贡献是举世公认的，正如日本东京大学印度哲学研究室的原实教授于1981年在第五次世界梵文大会上所说，季先生"以中古印欧语形态学方面的伟大成就而闻名于世"[①]。季先生不仅维护了中华民族的尊严，也为北京大学赢得了声誉。

　　季先生曾经学过英、德、法、俄、梵、巴利、吐火罗等多种外国古今语言，并翻译了大量文学作品。他在中学和大学读书期间就翻译过英美的散文和小说，新中国成立后翻译过德国短篇小说、俄文论文、古典梵文、巴利文和英文的文学作品。其中成就最大并为他带来了世界声誉的应首推他翻译出的二百多万字的梵文文学作品。从20世纪50年代起，季先生翻译发表的梵文、巴利文文学作品和有关研究论文主要有：1.迦梨陀娑的最优秀的剧本《沙恭达罗》（人民文学出版社，1956年第1版，附论文《迦梨陀娑和"沙恭达罗"》；人民文学出版社，1980年第2版，附《译本序》）。2.古代印度寓言故事集《五卷书》（人民文学出版社，1959年第1版，附《译本序》；人民文学出

---

① 译自 *Sanskrit Studies Outside India*, Rashtiya Sanskrit Sansthau, Delhi, India, 1981, p.60。

版社，1980年第3次印刷，附《再版后记》）。以上两书都编入了《外国文学名著丛书》。3. 昙丁所著《十王子传》中的《婆罗摩提的故事》（《世界文学》1962年7、8月号，论文《〈十王子传〉浅论》，载于《文学研究集刊》1964年第1期）。4. 迦梨陀娑的另一个著名剧本《优哩婆湿》（人民文学出版社，1962年第1版，附论文《关于〈优哩婆湿〉》）。5.《佛本生故事》选译（《世界文学》1963年5月号，附论文《关于巴利文〈佛本生故事〉》），译自巴利文。6. 古代印度的大史诗《罗摩衍那》，全书共七篇，分八册出版（人民文学出版社，1980—1984年）。另有研究专著《罗摩衍那初探》（外国文学出版社，1979年第1版）。除此之外，季先生还写了一些关于印度文学的论文，并主编一部八十万字的《印度文学史》和《印度文学研究集刊》《国外文学》两份学术刊物。在上述译作中最著名的是《罗摩衍那》，它是一部世界名著，堪与希腊史诗《伊利亚特》《奥德赛》媲美，对印度、南亚、东南亚、中国，甚至欧洲一些国家的文学、舞蹈、绘画、雕刻、戏剧、民间传说等都有极为深远的影响。在我国新疆发现的古和阗文的残卷以及藏文和蒙文中都有《罗摩衍那》的故事，当时在世界上也已有了意大利文、法文、英文、俄文、日文译本，唯独没有汉语译本。这部鸿篇巨制内容丰富，情节复杂，头绪纷繁，人物众多，而且是诗歌体裁，这些都给翻译工作带来了极大困难。然而，在1973年，身处"靠边站"逆境之中的季先生却毅然开始了这部巨著的翻译工作。当时，季先生的工作是到学生宿舍楼看门值班。上班时他不能把原书带到工作室，他就每天把一段抄在小纸条上，在干其他杂务之余进行思考、构思、打腹稿；下班后再赶紧用文字记录下来。粉碎"四人帮"以后，季先生又负担了很多行政工作、社会工作和其他科研工作，翻译不得不与其他工作穿插进行。这样，经过十年坚韧不拔的努力，付出了巨大的心血和劳动，季先生终于把这部长达两万颂、译成汉文近九万行的史诗全部翻译完毕。国内学术界盛赞这是中国翻译史上的一件大事，它填补了我们梵文文学翻译的一项空白，将帮助中国读者更深入地了解印度文化，并将大大地增强中印两国人民的传统友谊。国际梵文学界和文化界人士，如：日本的原实教授、汤山明博士，德国的瓦尔德施密特教授，著名作家韩素音女士，以及美国朋友、意大利朋友、法国朋友，尤其是印度朋友，都对季先生的成就给予了极高的评价和赞扬。

  印度民族是一个伟大的非常有智慧的民族，在古代曾创造出灿烂的文化，但是印度民族性格中却有一个特点：不大重视历史的记述，对时间和空间（地理）这两方面都难免有幻想过多、夸张过甚的倾向，因此马克思曾有"印度没有历史"之叹。研究印度历史的学者都承认，印度历史上疑难问题很多，尤其是印度古代历史几乎都隐没在一团迷雾中，连历史年代都无从确定。季先生对印度历史研究也做出了相当大的贡献。他发表过专著《印度简史》《1857—1859 年印度民族起义》，在《罗摩衍那初探》一书中，他对印度古代史分期、土地所有制、种姓制度等重要问题提出了新的研究成果。他还主持了玄奘的名著《大唐西域记》的集体校注工作，出版了《大唐西域记校注》和《大唐西域记今译》，撰写了长篇序文和许多释文，对前人没有注意到或未能解决的有关印度历史的问题做出了科学的解释。众所周知，《大唐西域记》是唐代有关西域（广义的西域包括印度）的历史地理名著，它记述了我国高僧玄奘赴印度游学所经和得自传闻的一百三十八个以上的国家、城邦和地区。全书共十二卷，由于它保存了 7 世纪中亚、南亚等地区的大量珍贵史料，至今仍是研究这些地区古代史、宗教史和中外关系史的重要文献。《大唐西域记校注》的出版，是近数十年来我国对西域史地研究的一项重要成果，它得到国内外学者的一致赞扬，日本研究《大唐西域记》的专家水谷真成专门写了一篇书评发表在日本《东方》杂志上，虽然在学术上有些不同意见，但仍然给予了很高的评价。

  季先生在印度佛教史研究方面也具有自己的独到之处，他利用自己的专业优势，把对中古印度语言的语法特点的研究同对印度佛教史的研究结合起来,常能发人之所未发。例如,在《论梵本〈妙法莲花经〉》一文中,他通过比较《妙法莲花经》现存梵文本的不同抄本的文法特点,推论出《妙法莲花经》的原来本是用纯粹印度古代东部方言写成的,以后逐渐梵文化并容纳了印度西北部方言的成分。根据这种文字上的演化,进一步推论出《妙法莲花经》最初产生在印度东部古摩揭陀的地方,然后逐渐传布到印度西北部,再由西北部反入中亚,终于传到了中国和日本。季先生研究印度佛教史的论著除了前述的《原始佛教的语言问题》和《校注〈大唐西域记〉前言》之外,还有《原始佛教的历史起源问题》《关于大乘上座部的问题》《季羡林佛教学术论文集》。

三、东方比较文化的倡导人

当前,关于传统文化与现代化的关系是学术界热烈讨论的问题之一,也是我们全民族所面临的重大现实问题之一。季先生在《传统文化与现代化》[①]一文中,从中外文化交流的历史的角度探讨了这一重大理论和实践问题。他把"文化"理解为广义的文化,包括人类创造的物质和精神两个方面的一切优秀的东西。传统文化代表文化的民族性,现代化代表文化的时代性,两者都是客观存在的,相反相成,不可偏废。现代化或时代化的标准是当时世界上文化发展的最高水平,因此任何一个时代和国家的现代化总是同文化交流分不开的。但在吸收外来文化时,必须批判地接受,对于传统文化也要批判地继承,二者都不能原封不动,原封不动就失去了生命活力。在历史上任何时代,任何正常发展的国家都努力去解决传统文化与现代化的矛盾。这一矛盾解决得好,达到暂时的统一,文化和社会生产力就会得到进一步发展;

---

① 《北京大学学报》1987年第5期。

解决得不好，则两败俱伤。只顾前者则流于僵化保守，只顾后者则将成为邯郸学步，旧的忘了，新的不会。中国历史上的汉武帝时代和唐太宗时代，国家繁荣，政治和经济都达到鼎盛，其根本原因之一就是一方面保护与发展了汉民族传统文化，另一方面又大力进行文化交流，吸收外来的物质和精神文化，同时也向外输出我国的先进文化。反之，清朝末年的保守派则一方面对传统文化抱残守缺，另一方面又拒绝学习外国先进文化，不允许时代化，结果当然是被动挨打。从中国历史上可以看出一条规律：凡是国力强盛时，对外文化交流或叫作时代化就进行得频繁而有生气，这反过来又促进了本国社会生产力的发展，使国力更加强盛。凡是国力衰竭时，就闭关自守不敢交流，这反过来更促进了国力的萎缩。就像健康人敢于吃一切有营养的东西，结果变得更健康；而患了胃病或自以为有病的人却这也不敢吃，那也不敢吃，结果无病生病，有病加病，陷入困境，不能自拔。新中国成立初期基本上是健康的，但在"四人帮"肆虐时期则把传统文化和外国好的东西统统打倒，如果"四人帮"不垮台，胃病将变成胃癌，国家前途就岌岌可危了。十一届三中全会以后，我们国家又恢复了健康，我们既提倡保护传统文化并加以批判继承，又提倡对外开放大搞现代化，只有正确处理传统文化与现代化的矛盾，国家才有前途。

　　季羡林先生不仅提倡，而且身体力行，在文化交流和比较文化研究方面都是一马当先，做出了显著成绩。

　　季先生是研究中印文化关系的权威学者，他在这方面的主要成果集中在《中印文化关系史论丛》《中印文化关系史论文集》，以及周一良主编的《中外文化交流史》中的一章"中印智慧的汇流"和其他有关论文里。他在这些论著中，对中印人民友好往来的历史提出了一些新颖而精到的见解。一方面，他论述了印度文化对中国文化各方面的影响。比如：印度佛教"几乎影响了中华文化的各个方面，给它增添了新的活力，促其发展，助其成长"。不研究这种影响就无法写中国哲学史、思想史、文化史，更无法写中国绘画史、语言史、音韵史、建筑史、音乐史、舞蹈史等。① 他在《浮屠与佛》《〈列子〉与佛典》《佛教对于宋代理学影响之一例》等文章中研究了印度佛教入华的过程及其对中国文化的影响。中国文学、语言、声韵学、艺术、医学都从印度文化中吸取了大量营养，如：中国的鬼神志怪书籍、民间故事、传奇小说，以及诗歌与散文结合的"变文"体裁都直接受到印度文化的影响；从云冈石窟中的石刻和敦煌石窟里的壁画上也都可以看出古印度"犍陀罗"艺术的一些影响。另一方面，季先生更着重指出了中国文化对印度文化的影响。在《中国纸和造纸法输入印度的时间和地点问题》《中国蚕丝输入印度问题的初步研究》《〈中印文化关系史论丛〉序》等文章中，他广征博引，通过翔实的考证论证了中国纸、造纸法和蚕丝织品传入印度的时代和途径，填补了这方面研究的空白。季先生高出一般研究者的地方不仅在于对中印文化单向影响方面提出了自己的新见解，而且在于他在文化交流研究中突破性地提出了"文化倒流"的概念，即："一个国家接受了另一个国家某一方面的文化以后，结合自己的情况，加以融会贯通，发扬光大，然后再流回来源的国家去。"② 他在《〈中印文化关系史论文集〉前言》和《交光互影的中外文化交流》两篇文章中谈到，中国古代有甘蔗，也有蔗浆，把蔗浆熬成糖的方法则是在唐太宗时代从印度传入的，中国接过了这熬糖的方法又加以提高，熬成了白糖，又传回到印度去。佛教的发源地是尼泊尔和印度，传入中国后到了唐代已存在了相当长的时间，经过中国的改造与发展，又传回印度。在这些研究的基础上，季先生认为把中印文化交流的历史看成一边倒的单向影响是不符合事实的，他概括中印文化关系史而得出的结论是："长达二三千年的中印友好关系有很多特点，其中最突出

---

① 参见季羡林：《我和佛教研究》，《文史知识》1986年第10期。
② 季羡林：《交光互影的中外文化交流》，《群言》1986年第5期。

的就是互相学习、各有创新、交光互影、相互渗透。……在相互接触和学习中，也必然会既保存发展了自己文化的特点，又吸取学习了对方的文化。"季先生认为研究各国文化交流的历史可以提高我们的爱国主义和国际主义相结合的精神，加强我们对外开放和发展自己民族文化的自觉性，促进各国人民友好的文化往来，保卫世界和平，为将来全人类的世界文化大汇流做出贡献。

季先生在中印文化关系史的研究中实际上已经涉及了中印文学比较的问题。从20世纪40年代开始，他进行了大量有关中印文学比较的具体研究。打倒"四人帮"后，他是较早提出比较文学研究的重要性、呼吁填补这一空白的学者之一，并倡导成立了我国第一个比较文学研究会。他认为人类审美有其共同之处，即所谓"人同此心，心同此理"，但不同的时代和民族又有其独特的口味，比较方法只能用于介乎同与不同之间的相似的对象之上。因此，他一方面倡导翻译介绍外国比较文学的理论和具体研究成果，另一方面也反对欧洲中心论的观点，明确提出中国比较文学研究要有自己的特色。只有把东方文学特别是中国文学真正归入比较文学的研究范围，比较文学才能发展，才能进步，才能有所突破，才能开阔视野。四十年来，季先生论及比较文学的论文有：《一个故事的演变》《木师与画师的故事》《〈儒林外史〉取材的来源》《"猫名"寓言的演变》《〈列子〉与佛典》《柳宗元"黔之驴"取材来源考》《三国两晋南北朝正史里的印度传说》《印度文学在中国》《泰戈尔与中国》《〈西游记〉里面的印度成分》《新疆与比较文学的研究》《〈罗摩衍那〉在中国》《〈比较文学译文集〉序》《我和比较文学》《比较文学随谈》《〈中国比较文学〉发刊词》《〈中国比较文学年鉴〉前言》等，后出版了《比较文学与民间文学》一书。他还主编学术性刊物《中国比较文学》。季先生从事的中印文学比较是严格影响研究。概括说来，他认为印度文学通过口头流传和佛经汉译等途径传入中国，对中国的作家文学和民间文学都产生了深远影响。这种影响可以上溯到远古时代,印度寓言和神话传入中国的痕迹在屈原的著作里就可以找到。三国时代,中印交通道路大开,佛教也早已传入中国,这些有利条件使印度各种类型的故事大量传入中国,"曹冲称象"虽源于《三国志·魏志·邓哀王冲传》,但故事的故乡是印度。六朝时代,印度神话和寓言对中国文学影响更深,范围更广,当时的鬼神志怪书籍中就有不少印度成分,最突出的是阴司地狱和因果报应,连中国的阎王爷也是印度来的"舶来品"。唐代文学中的传奇和韵文与散文间错结合的"变文"体裁也都来自印度的影响。从宋代开始,这种影响趋于深入和细致,元代戏曲和明代小说都直接或间接地渗入了印度成分,著名小说《西游记》里的孙悟空肯定与印度史诗《罗摩衍那》里的神猴哈奴曼有渊源关系。到现代,中国学者、作家对印度文学的翻译和介绍,泰戈尔的访华,都对中国文学发生了影响,20世纪二三十年代流行的那种半含哲理半抒情的小诗,其蓝本就是泰戈尔的《园丁集》《飞鸟集》和《新月集》等。季先生还指出印度故事中国化不外通过两种方式:一是口头流传,一是文字抄袭(参见《印度文学在中国》)。由于季先生是一位造诣很深的语言学家,使他的比较文学研究具有一些突出的特色。在比较研究木师与画师的故事时,他将吐火罗语A中的故事异文与印度的、中国的异文相对照,令人信服地指出韵文与散文交错出现的叙述形式是从印度经中亚民族传入中国的,吐火罗语异文是"从梵文佛经到中国小说间的一个过桥"(《新疆与比较文学的研究》)。他还通过对汉译《本生经》中的机关木人的故事和《列子·汤问》中的相应故事的比较研究,考证出《列子》成书年代、作伪程度和作伪者,使比较文学发挥出特殊的功能(参见《〈列子〉与佛典》)。季先生强调我们研究比较文学的宗旨是通过中外文学或东西文学的比较探讨出规律性的东西,以利于我们借鉴外来优秀文化,更好地继承和发扬我们民族传统中的精华,创造我们社会主义新文艺,同时也有利于加强我国人民同其他国家人民的相互了解与友谊(《〈中国比较文学〉发刊词》)。为了达到这个目的，季先生费尽心力创办了《中国比较文学》杂志、《东方世界》、《国外文学》等刊物，为比较文学在中国的复兴并成为当前的"显学"立下了不朽的功勋。

四、永远前进创新的教育改革者

季先生在北京大学执教四十多年，讲授过古典梵文、佛教混合梵文、巴利文以及中印关系史、印度文学在中国等专业课程和专题课程，培养过梵文和巴利文专业的本科生、印度史专业的硕士研究生和中印文化关系史专业的博士研究生。

对于教育制度，季先生有自己的看法。他认为，目前我们国内的教育普遍采用的是单轨制，即小学→中学→大学，这种教育体制对于培养具有一般性知识、以应国家即时之需的工作人员是有益的，但是，一个民族要想走在世界各国的前列，必须要有深刻的理论思维，而这是只有具有广阔文化视野和深厚造诣的专门学者才可能进行的工作。目前的单轨制教育对于有计划、有选择、有重点地培养专门的学术人才是不够完善的，还需要有一些补充。季羡林先生认为，一般的大学教育，应以广博的知识信息和培养实际工作能力为主，这可以培养出一大批思想活跃、知识丰富、具有实践精神和创新精神的知识分子，满足社会各实际部门的工作需要。但与此同时，还应当建立一些专门的研究机构作为补充，其教育形式应吸取中国传统书院的方法，实行导师制，一个导师带一两个确有较强研究能力并愿以学术研究为终生事业的学生，他们在与导师的共同学习和研究中，可以很好地继承导师的成就，特别是可以挖掘导师头脑中那些曾长期积累酝酿，但尚未形成系统，也可能一闪即逝的重要思想，使这些思想得到继承和发展。这样的共同研究，互相启发，不仅可以一改普遍教育中那种一般化的师生关系，真正实现"教学相长"，而且正是在师生融洽如一家的气氛中，能更快地加深学生的学术造诣，开阔他们的思路，既在年老学者们渐感力不从心之时帮助他们整理了一生的学术成就，又在此过程中培养了年轻学人，使他们得到启发，窥见新思想的端倪。这种书院式的教学方法可以从道德熏陶和学术传授两方面培养高级文化传人，成才率比普遍教育要高得多。季先生举了清华大学"国学研究院"的例子。1925年，在胡适的大力提倡和奔走之下，清华大学增设了一个研究院国学门（通称"国学研究院"），并聘请王国维、梁启超、陈寅恪、赵元任等人为导师。王国维和梁启超都是清末民初具有极高威望的学术大家，而陈、赵二人则是刚刚从国外归来的著名学者，将他们的职称定为"导师"，以示其学术地位高于普通大学的"教授"。这个研究院的目标是培养"以著述为毕生事业"的国学研究人才，学科范围包括中国历史、哲学、文学、语言、文字学以及西方学者研究中国文化之成绩，研究期限一般为一年。学生以自修为主，导师只担任指导。这个"国学研究院"共开办了四年，其间培养了七十四位毕业生，他们大多数在入学前就有良好的基础，经过一两年的专题研究，毕业后大都具有较高的学术水平，其中有些人成为中国史学、语言学方面的权威，如王力、谢国桢、吴其昌、姚名达等。季羡林先生认为，清华大学国学研究院为我们今天发展双轨制教育提供了良好的借鉴。

基于这种中西合璧的教育双轨制的设想，当北京大学哲学系中国哲学史教研室的部分教师筹集资金兴办了"中国文化书院"时，季羡林先生感到这正符合自己的理想，立即对"书院"给予大力支持。他不仅担任了文化书院导师，而且担任了书院学术委员会委员兼图书委员会主席，在梁漱溟先生逝世后，又担任中国文化书院院务委员会主席。

中国文化书院以培养文史哲方面的大学以上的中外学者为己任，目前已有五十余名中外资深教授担任导师，其中一部分是已经退休或即将退休的知名学者。他们积累了大量文史哲方面的丰富知识和学术经验。季羡林先生认为在他们有余暇总结自己学术成就的最后阶段，如果能有一两个得力的助手和学生，将对双方都很有好处。学生受业时间可长可短，最后由导师签署毕业证书。如果文化书院每年能培养五到十名这样学有专长的学者，中国文化特别是其中的某些冷门就可能得以承传。至于那些由中国学者为外国培养出来的"中国通"，其影响就更是不言而喻了。

季先生认为，要进行这样的大学后教育，最重要的是要成立一个中外兼收的文史哲专科图书馆，并特别注意全世界汉学研究及文化研究资料信息的收集。这样才能使学员有广阔的文化视野，可以从各个不同的角度去探讨中国文化问题。他亲自制订规划，召开会议，捐赠图书，为建立人文科学图书馆这一创举奠定了根基。

由于"书院"这种形式灵活机动，较少旧的积习和负累，效率高，干劲大，季先生认为"书院"正可以补一些国家大规模机构的不足，开展一些貌似零星但必不可少的项目。例如口述历史的研究在国外十分盛行，一些英美学者不仅研究他们本国的口述历史，积累了大量资料，而且还来到中国，抢救中国的口述历史资料。季先生认为，目前在我国尚未大规模系统地开始口述历史资料的收集整理之前，必须首先把一些刻不容缓的资料记载下来，否则这些资料就会和一些老人一起永远消逝在黄土之中了。他十分赞赏中国文化书院关于建立"口述历史资料馆"的倡议，并决定从自己做起。开始口述笔录"牛棚"的经验和历史。他认为，既然历史并不是帝王将相的历史，也不只是大事件、大城市的历史，而是人民的历史，那么，个人亲身经历的回

溯就有了十分重要的意义。关于"牛棚"的一切，现在的青年人已经感到难以索解，对于几十年后的"来者"更将成为不可思议的谜，难道我们不应该为他们留下一点什么吗？

季羡林先生毕生为文化交流事业呕心沥血，对于中国文化书院的各项文化交流工作更是全心赞助，不遗余力。例如书院编纂发行的向国外介绍中国思想文化研究现状的《中国学导报》，书院建立的为外国学者提供学术信息和文化咨询的"中国学研究资料咨询中心"，还有书院为驻京外国使节商务人员及其家属举办的"中国文化通俗讲座"等都曾得到先生的大力支持。

先生现在虽已年过八旬，但仍然精进不懈，壮心不已。他在《〈朗润集〉自序》中写道："我虽然已经有了一把子年纪，但在老人中还算是年轻的，我既不伤春，也不悲秋，既无老之可叹，也无贫之可嗟。生当盛世，唯一的希望就是多活许多年，多做许多事情。"

附 录

新旧之间绝不可能调和两存
——陈独秀与中国传统文化

王 洪

历史,犹如一幕流动的话剧,同样的题材,总是被后来的人们,以不同的手法,不断地编排、导演。

鸦片战争的隆隆炮声,震醒了沉睡的国人。伴随坚船利炮而来的欧风美雨,不断冲击着有识之志的心灵:中国传统文化何处去?

带着济世救邦的宏愿,凭着解民倒悬的热诚,康有为、梁启超、严复……一个个挺身而出。然而,严酷的现实,使他们在奋力拼杀一阵后,终于心安理得地缩身于古老传统坚硬的城堡之中。

清帝国的分崩离析,动摇了以君权为中心的一切信仰和价值体系。以儒家思想为中心的传统文化,作为昔日规范人心的"克理斯玛(charisma)权威",在理论上已全然丧失了其作为权威的神圣性。而恪守传统的遗老遗少们,总是不断掀起尊孔读经、宣扬复辟的浪潮,试图重续旧梦,恢复传统的权威。这时,陈独秀出现了。他以非凡的气魄,引西方的进化论、人权说以及民主与科学等理论,对以儒家为中心的传统文化进行全面的反省与清算,成为中国近代史上最激进的反传统主义者。

一、激进的爱国者

陈独秀(1879—1942),字仲甫,又号实庵。安徽省怀宁县(今安徽安庆)人,出身于官僚地主家庭。在他出世几个月后,他父亲便去世了,从六岁到八九岁,都是由其祖父教他读书,读的是《四书》《五经》《左传》等。到了十二三岁时,便由他当秀才的大哥教他读书,读的除了经书外,还有《昭明文选》。那时,他不仅不喜欢八股文章,而且从心底里就看不起八股文。1896年他十七岁时参加院试,考题是从《孟子》中选出的"鱼鳖不可胜食也材木"这样的截搭题,"我对于这样不通的题目,也就用不通的文章来对付,把《文选》上所有鸟兽草木的难字和《康熙字典》上荒谬的古文,不管三七二十一,牛头不对马嘴、上文不接下文的填满了一篇皇皇大文"①。想不到他这篇七拼八凑的文章,居然深得主考官的青睐,把他定为第一名秀才。这件事使他大为惊讶,对科举更加鄙薄。

1897年七月,由于母命难违,陈独秀由大哥陪同,到南京参加乡试。在考场中,有件事给了他很深的印象:"考头场时,看见一位徐州的

---

① 陈独秀:《陈独秀文章选编》(下),生活·读书·新知三联书店,第558页。

大胖子，一条大辫子盘在头顶上，全身一丝不挂，脚踏一双破鞋，手里捧着试卷，在如火的长巷（按指考场中供人往来的通道）中走来走去，走着走着，上下大小脑袋左右摇晃着，拖长着怪声念他那得意的文章，念到最得意处，用力把大腿一拍，竖起大拇指叫道：'好！今科必中！'"①陈独秀从这种官迷心窍的疯态怪状中想到："倘若这班动物似的家伙得了志，不知国家和人民要如何遭殃，国家所谓的科举，所谓的'抡才大典'，简直就是隔几年把这班猴子、狗熊搬出来开一次动物展览会。"于是，他便由"选学妖孽转变到康梁派"，走上了反清的道路。

同年，他到杭州就读新式学校"中西求是书院"，学习"西学""新学"，阅读严复译述的《天演论》和维新派的《时务报》等，开始接受西方思想文化，受到维新变法和爱国思想的熏陶。

1901年，陈独秀因反清被通缉而亡命日本，入东京高等师范学校速成科学习法政，并与张继、冯自由等组织爱国团体"中国青年会"。不久，因参与剪掉辫子事件，被遣送回国。

1904年，陈独秀创办《安徽俗话报》，以教育国民，启迪民智。他在《开办〈安徽俗话报〉的缘故》一文中写道："我开办这报，是有两个主义，索性老老实实的说出来，好叫大家放心。第一是要把各处的事体，说给我们安徽人听听，免得大家躲在鼓里，外边事体一件都不知道。……第二是要把各项浅近的学问，用通行的俗语演出来，好教我们安徽人无钱多读书的，看了这俗话报，也可以长点见识。"②创办《安徽俗话报》应该说是陈独秀提倡新文化、反对旧传统的最初尝试。

在此期间，陈独秀还兼任公学教员和反清革命团体"岳王会"会长。

1906年夏，陈独秀再次赴日，入东京正则英语学校，后转入早稻

---

① 陈独秀：《陈独秀文章选编》（下），第563页。
② 陈独秀：《陈独秀文章选编》（上），第16页。

田大学学习，1907年年底回国。此后两年，他接续在东北、上海和安庆等地从事著述和反清活动。1909年，在杭州陆军小学当教员。

辛亥革命爆发后第二年，陈独秀被安徽都督柏文蔚任为都督府秘书长和高等学堂教务主任。1913年，因参加反袁斗争被捕，出狱后在上海著书。1914年，第三次到日本，协助章士钊办《甲寅》杂志，并参加黄兴发起的"欧事研究会"。

1915年，袁世凯接受日本提出的灭亡中国的"二十一条"，为实行帝制做准备，结果，"民主共和"不仅无其实，而且连这块虚饰的门面也将抛弃。官吏的腐败，军阀的横暴，比清政府时代有过之而无不及，人民生活没有丝毫改善，什么"民主"、什么"自由"，完全谈不上。严峻的现实，使得大多热血之士消沉了。为了挽救祖国的前途和民族的命运，1915年夏，陈独秀毅然从日本回国，在上海创办《青年杂志》（1916年9月改名《新青年》），反对复辟帝制和尊孔逆流，宣传西方文化，揭开了"五四"新文化运动的序幕，并成为这一运动的领袖人物，《新青年》杂志也成为新文化运动的激进分子与旧的封建文化进行斗争的阵地。这个杂志上发表的一系列文章，在其思想性和战斗性上都深刻地影响了一代人。

1917年，蔡元培先生出长北大，决心把纪律松弛、学风腐败、因循守旧的北大，改造成为"研究学术"的新型大学。他采取"兼容并包""学术自由"的方针，广延积学与热心的教员，前往北大任教和管理校务。由于陈独秀锐意革新的气魄以及主办《新青年》的社会名声，经北大文科教授沈尹默和北京医专校长汤尔和的推荐，蔡元培决定聘请陈独秀为北大

文科学长，负责文科的整顿与改革。1917年1月13日，陈独秀走马上任，《新青年》编辑部也从上海搬到了北京。此后，李大钊、鲁迅、钱玄同、刘半农、胡适等人都相继参加编辑《新青年》的工作，使之成为新文化运动的一面旗帜。在中国新文学运动中具有开创性影响的文章，如陈独秀的《文学革命论》以及鲁迅的第一篇白话小说《狂人日记》等重要文章，都是由《新青年》首次发表的。

"五四"运动以后，陈独秀接受了马克思主义，在共产国际的帮助下，组织了中国共产党，成为中共的第一任总书记。但在国民革命后期，由于对形势的错误估计，革命失败后他成为取消主义者，1929年被开除党籍。1932年11月，被国民党逮捕，抗战爆发后，陈独秀作为政治犯被释放出狱。1942年5月，他病故于四川江津（今属重庆），享年六十三岁。

二、反传统的急先锋

"五四"运动以其彻底的、全面的反传统为核心思想。这种对中国几千年传统文化的全面反动，并不能简单地视为社会政治的、经济的现象。从根本上说，它是一种历史现象，是自明朝末年以来中国历史发展的必然产物。

我们分析"五四"运动以反传统为其代表思想，可以看到这种思想的产生至少有以下几个原因：

第一，普遍王权的崩溃。在中国社会政治制度中，君王是整个社会的政治中心，而中国的文化发展又始终与政治相联系，因而"王"同时也是文化与道德的中心。这种文化状况持续了几千年，但至明末清初却开始显现出衰落的端倪。西方传教士的涌入带来了西方文化，使中国知识分子一向视他邦为蛮夷、视华夏为天下中心的信念发生了动摇。而这种心态到鸦片战争以后更变得脆弱和不堪一击了。鸦片战争使大清帝国开始了全面的崩溃，同时也象征着中国历来的普遍王权的全面崩溃。由这种崩溃带来的是中国文化的解体，在极度失望与悲哀中，中国知识分子对传统文化中的一切都不再抱有什么幻想了。他们只知传统文化的一切都随着王权的集政治、文化于一身的中心地位的毁灭而被腐蚀和瓦解了。

第二，"五四"时期的中国知识分子，是把传统看作一个整体来认识的。他们并不是将传统文化中的社会规范和政治制度与这个文化中的符号、价值做一区分，而是将它们合为一体。在他们看来，随着中国政治上的失败，这种文化也彻底失败了，这个文化的各个部分都被腐蚀了。所以反传统并不能只限于某种文化现象，而根本的是要反对这整个的文化。当时甚至有人提出要取消汉字。

第三，全面反传统的思想，实际上是导源于中国最传统的"心之功能学"提出的。从孟子良知良能说至宋明理学对"心"的功能的分析，都是以"心的理知与道德功能"为基本设定。因而从传统中国的思想模式看来，社会政治与个人道德问题最根本的在于对这些问题的基本概念的了解，因此"正心诚意"在"修身"与"治国平天下"中占有优先的地位。正是由这种文化的普遍基调出发，"五四"新文化运动的倡导者们，坚信社会、政治、经济的变迁，首先需要的是思想与文化的变迁，也就是要"借思想、文化以解决问题"。

本来，社会的变迁完全可以不需要对上一个阶段历史做彻底否定便可实现，然而在中国近代社会中，政治、经济、文化等诸多方面的极其复杂的矛盾和事件，导致了中国知识分子认为不全面否定传统文化就不能推进社会的进步。这是一个有趣的历史现象，我们把陈独秀放在这个历史时期内，将他作为这个时代的产儿，对其思想便不难理解，对其勇气就不可不佩服了。

陈独秀是新文化运动中第一个提出要全面否定传统文化的人。

1915年，他开始以《新青年》为阵地，与《东方杂志》相对垒，拉开了"五四"时期东方文化论战之幕。在《新青年》的创刊号上，他便明确提出中国须"改弦更张"，力主学习西方。他认为，中国要成为一个真正的民主共和国，就必须宣传民主主义的新思想、新道德、新文化，以彻底反对封建主义的旧思想、旧道德、旧文化。而所谓新者就是外来之西洋文化，所谓旧者就是中国固有之文化。陈独秀在《法兰西人与近世文明》一文中，认为近世文明之特征有三方面："一曰人权说，一曰生物进化论，一曰社会主义。"①而这三者的实际，就是"自由、平等、博爱"。

社会达尔文主义，是"五四"时期全面反传统思想的重要理论根据。自严复翻译《天演论》以后，进化论在中国得到最广泛的传播，就像鲁迅说的，"进化之语，几成常言"。"优胜劣败""适者生存"的思想，成为中国知识分子说明中国传统文化须被彻底淘汰而后建立一种"适合"于现代社会的新文化的主要论据。本来，社会达尔文主义本身，是美国社会满足于自己已取得的社会成果的体现，其基本的倾向是保守的、安于现状的。然而中国知识分子基于对近代以来日益加重的民族危机的忧虑，把民族主义的情绪与社会达尔文主义结合起来，一厢情愿地从中导出了"变"的结论。这样的理论基础就使得反传统理论本身隐含着矛盾：一方面感到将被淘汰的厄运而要奋起加速旧的东西的灭亡以建立全新的东西，然而一种文化本身可能存在几千年，就在于它有自身的合理性和价值，全面摧毁一种文化是不可能的；同时这些要摧毁某种民族文化的人自己就是这个文化的产物，他们的思想模式始终无法脱离这种文化。因而全面否定传统文化的口号本身就是不现实的，这种状况便最终导致了中国知识分子的那种"知其不可为而为之"的悲剧意识。另一方面，既然是自然选择、适者生存，那么

---

① 陈独秀：《陈独秀文章选编》（上），第79页。

反正已是行将被淘汰的文化，对其的批判改造就无任何意义了，这最终导向文化虚无主义的悲观结论。

在陈独秀的思想中，尽管一种中国文化经彻底改造可以走向昌盛的信念占主导地位，然而，在他的《爱国心与自觉心》等文中，我们也可以明显地感受到一种悲观的情绪，这与他以达尔文主义为其反传统的理论基础不无关系，也使他成为悲剧式的英雄。他深切地感到，欧洲之所以能够日进不已，最重要的贡献是达尔文的进化学说。"自英之达尔文，持生物进化之说，谓人类非由神造，其后递相推演，生存竞争优胜劣败之格言，昭垂于人类，人类争吁智灵，以人胜天，以学理构成原则，自造其祸福，自导其知行，神圣不易之宗风，任命听天之惰性，吐弃无遗，而欧罗巴之物力人功，于焉大进。"① 他根据生存竞争的法则，认为"万物之生存进化与否，悉以抵抗力之有无强弱为标准"②。抵抗力之强弱与万物之吐故纳新、新陈代谢的能力息息相通。抵抗力愈强，说明其新陈代谢能力愈强，反之亦然。可是，冷眼看去，中国国民的抵抗力之弱，着实让人触目惊心。愚昧无知之徒，不必说了，就是那些贤人君子，硕德名流，"其始也未尝无推倒一时之概，澄清天下之心，然一遇艰难，辄自沮丧；上者愤世自杀；次者厌世逃禅；又其次者，嫉俗隐遁；又其次者，酒博自沉"③。国家的栋梁之材，尚且如此消极、脆弱、退葸、颓唐，那么，亡国灭种就只是个时间问题了。

基于对中国多舛之命运的深切悲哀，陈独秀对东西方民族做了一番比较，他认为，东方民族的特点是：第一，"以安息为本位"，"恶斗死，宁忍辱"，"爱和平"，所以成为"雍容文雅之劣等"。第二，"以家族为本位"，个人无权利、无独立、无自由，唯家长之命是从，遵循的是宗法社会的封建道德。第三，"以感情为本位"，"以虚文为本位"。

---

① 陈独秀：《陈独秀文章选编》（上），第 80 页。
② 同上书，第 91 页。
③ 同上书，第 92—93 页。

而西洋民族的特点是：第一，"以战争为本位"，"恶侮辱，宁斗死"，"以鲜血取得世界之霸权"。第二，"以个人为本位"，为彻底的个人主义民族。第三，"以法治为本位，以实利为本位"。① 通过这种粗略的比较，陈独秀认为，中国传统文化与自由、平等、博爱的现代精神是完全不相融的，这种文化造就的只是一些安于现状、唯唯诺诺、依赖他人的"小人"。因而对这种文化，除彻底批判外，绝无调和之可能。他针对当时有人把"儒术"当作中国不可动摇的"国基"，把"君道臣节、名教纲常"当作固有之文明而不可变的言论，指出"若是决计革新，一切都应该采用西洋的新法子，不必拿什么国粹，什么国情的鬼话来捣乱"。② 他第一次树起了"德""赛"二先生的大旗，以民主和科学为精神支柱与封建文化相抗衡。他认为正是科学与人权说，使欧洲得以大踏步前进，中国要想摆脱蒙昧，必须"以科学与人权并重"。

陈独秀所言之科学，最主要的是进化论。他深深希望从对传统的全面否定中，从对科学与民主的宣传中，鼓动起中国人为民族自强而奋斗的精神。他认为，世界一战场，人生一恶斗。每一个有血性的中国人，只要一息尚存，绝无逃遁苟安之余地。陈独秀在激励大众自决自强的同时，指出中国人在困难当头时之所以软弱而缺乏抵抗力，原因有三点：

> 一曰学说之为害也。老尚雌退，儒崇礼让，佛说空无。义侠伟人，称以大盗；贞直之士，谓为粗横。充塞吾民精神界者，无一强梁敢进之思。惟抵抗之力，从根断矣。
>
> 一曰专制君主之流毒也。全国人民，以君主之爱憎为善恶，以君主之教训为良知。生死予夺，惟一人之意是从，人

---

① 陈崧编：《五四前后东西文化问题论战文选》，中国社会科学出版社，1985年，第12页。
② 陈独秀：《今日中国之政治问题》，《新青年》第5卷第1号，1918年7月。

格丧亡,异议杜绝……

一曰统一之为害也。……政权统一,则天下同风,民贼独夫,益无忌惮;庸懦无论矣,即所谓智勇豪强,非自毁人格,低首下心,甘受笞挞,奉令惟谨,别无生路……①

陈独秀将中国人抵抗力不强归咎为传统文化的毒害、封建君主的专制,以及大一统的社会秩序。实际上,这三点原因只是说明了一个问题:中国人没有独立人格。

中国人没有独立自主的人格,不思进取,这种国民性的形成,君主专制当然要负主要责任,但陈旧的传统文化——儒、道、释,也罪不容赦。陈独秀指出:"儒者三纲之说,为一切道德政治之大原。君为臣纲,则民于君为附属品,而无独立自主之人格矣;父为子纲,则子于父为附属品,而无独立自主之人格矣;夫为妻纲,则妻于夫为附属品,而无独立自主之人格矣。率天下之男女,为臣、为子、为妻,而不见有一独立自主之人者,三纲之说为之也。"②三纲之说,彻底抹杀了人的独立自主性,由此而立的道德,当然只能是"奴隶道德"。另外,儒学还"崇封建之礼教,尚谦让"③。而这些都不利于独立自主人格的培养。

老庄之学,崇尚自然,以无为为本,以雌退柔弱守静处下为教,不敢为天下先,因此,在陈独秀看来,老庄之学也不利于独立自主、强梁进取之人格的培养。

佛教自东汉传入中土后,"生事日毁,民性益偷"。由厌世而灰心而消极而堕落腐败,在佛教看来,一切向上有为,都是妄想。而佛教所弘扬的出世、涅槃,又是那样遥遥无期。陈独秀反诘道:"佛徒取世界有为法一切否认之,其何以率民成教?"这是佛教的弊病之一。佛教

---

① 陈独秀:《陈独秀文章选编》(上),第93页。
② 同上书,第103页。
③ 同上书,第95页。

的另一弊病就是，在中国佛教史上，"好言护法，不惜献媚贵人，以宏教大业，求诸天下万恶之魁，如尊武则天为菩萨化身之类，古今不乏其人"。在陈独秀眼里，佛教徒大多是些倒行逆施以取富贵的寡廉鲜耻之徒。因此，佛教也妨碍着独立自主人格的形成。

陈独秀在剖析中国传统文化危害性的同时，大力宣传西方的自由、平等、独立思想。他认为，西方各民族，都极重视个人主义，重视个人独立自主之人格。一切伦理、道德、政治、法律，以及国家、社会所祈求的，都是个人的自由、平等、独立与幸福。法律面前，人人平等。个人的自由权利，载诸宪章，神圣不可侵犯。这种个人主义精神，与中国以三纲为基础的宗法制度，判若霄壤。西方的伦理、道德、政治、法律，保障了个性的自由发展；而中国重阶级、别贵贱的宗法制度，非但不能使个人得到发展，反而处处钳制束缚着个人，这种钳制束缚表现在以下四个方面："一曰损坏个人独立自尊之人格；一曰窒碍个人意思之自由；一曰剥夺个人法律平等之权利（如尊长卑幼、同罪异罚之类）；一曰养成依赖性，戕贼个人之生产力。"① 要想使国内那种衰败颓唐、积弱不振的局面有所改观，就必须以"个人本位主义"替代注重三纲的"家族本位主义"。

实际上，随着清王朝的瓦解，重阶级、别贵贱之三纲学说，完全失去了存在的依据。"人类文明之进化，新陈代谢，如水之逝，如矢之行，时时相续，时时变易。"② 新建立的共和立宪制，以独立、平等、自由为原则，与三纲学说，方枘圆凿，扞格不入，因而建立于三纲学说基础上的一切政治、伦理、道德，皆已成为明日黄花。在《敬告青年》一文中，陈独秀以充满激情的笔调，呼吁青年遵循进化之道，与旧传统、旧文化勇敢诀别，脱胎换骨，成为新鲜活泼的、自觉奋斗的青年。

---

① 陈独秀：《陈独秀文章选编》（上），第 98 页。

② 同上书，第 101 页。

为此,他提出了以下六点希望:第一,自主的而非奴隶的;第二,进步的而非保守的;第三,进取的而非退隐的;第四,世界的而非锁国的;第五,实利的而非虚文的;第六,科学的而非想象的。

陈独秀对于传统文化,是将其视为一整体加以反对的。他很敏锐地看到了那种维护封建文化的保守主义与复辟帝制、反对共和的政治活动存在着的内在联系。然而传统文化中腐朽的政治制度和社会规范,与文化的符号、价值并非一体,实际上,陈独秀所始终反对的,不过是传统文化中那些没落的政治制度和道德规范,他却将这一切都归之于整个文化去批判。当然,一个文化的核心价值在于其道德规范,但道德伦理却并不是文化的全部。正是陈独秀的全面的反传统,开了全盘西化的先河,这种思想也与陈独秀从根本上将思想之变化看作一切变革之首要相关联,这又最终导致了他所宣称的最后觉悟之觉悟在于伦理之觉悟这个最传统的论断。

三、对儒学的全面批判

儒家学说是中国两千多年来的正统学说,也是传统文化的集中体现,所以,从1916年11月起,陈独秀发表了一系列文章,把斗争矛头直指孔门儒学,充分表现了他那彻底的不妥协的反传统精神。他抱定孔子之道不适合现代政治这一信念,从不同的层面展开论证。

第一,学说兴废的原因。学说教义的兴废,原因固然很多,但主要一条,就是看它是否适于当时社会的需要。今天是民主共和的时代,就应提倡与之相应的学说,凡是与之相悖的学说教义,都应废弃。孔子生长于封建时代,他所提倡的道德,是封建时代的道德;所垂示的礼教,是封建时代的礼教;所主张的政治,是封建时代的政治。而这些封建时代的道德、礼教、政治,"所心营目注,其范围不越少数君主贵族之权利与名誉，于多数国民之幸福无与焉"①。这与民主共和的根本精神是背道而驰的。因此，对于孔门儒学，我们只能采取批评分析的态度："吾人生于20世纪之世界，取20世纪之学说思想文化，对于数千年前之孔教，施以比较的批评，以求真理之发见，学术之扩张，不可谓非今世当务之急。"②

第二，孔教与帝制。孔门儒学的根本思想是"三纲五常"，伦理政治都是其枝叶。孔教与帝制有不可离散的因缘，与民主共和制水火不容，在民主共和时代就应该坚决反孔。如果"主张尊孔，势必立君；主张立君，势必复辟"③。立君、复辟是尊孔的实质。陈独秀认为，照孔子的伦理学说、政治学说，都非立君不可；所以袁世凯要做皇帝之前，便提倡尊孔。康有为主张"以孔子为大教，编入宪法"④，目的也是为复辟帝制准备舆论。

第三，孔教与现代伦理。陈独秀认为，现代经济生活影响现代伦理道德，现代社会经济上的个人财产独立影响道德伦理上的个人人格独立。"故现代伦理学上之个人人格独立，与经济学上之个人财产独立，互相证明……西洋个人独立主义，乃兼伦理、经济二者而言，尤以经济上个人独立主义为之根本也。"⑤而儒家三纲、礼教，与现代社会生活根本不能相容。如三纲之说，"既失个人独立之人格，复无个人独立之财产"。礼教更是束缚人的枷锁。

在陈独秀看来，任何社会都难免堕落腐败现象，但"若以孔子教义挽救世风浇漓，振作社会道德，未免南辕北辙也"⑥。陈独秀指出，当今社会中一些不道德现象的出现，大多与孔子重阶级、别贵贱之三纲

---

① 陈独秀：《陈独秀文章选编》（上），第155页。
② 同上书，第180页。
③ 同上书，第232页。
④ 康有为：《康有为政论集》，中华书局，1981年，第957页。
⑤ 陈独秀：《陈独秀文章选编》（上），第153页。
⑥ 同上书，第188页。

学说有关,因此,现代伦理的形成与巩固,很大程度上取决于人们对孔子学说的背叛。倘若真以孔子之道来改良社会,不但是南辕北辙,而且是"扬汤止沸",火上浇油。

第四,孔门儒学的民本思想与现代的民主主义。有人主张,孔门儒学不可废,因为它所主张的民视民听、民贵君轻,都是以民主主义为基础的,与现代的国体、政体并不矛盾。陈独秀则认为,现代西方的民主主义与中国的民贵君轻思想根本不是一回事。

> 夫西洋之民主主义(democracy)乃以人民为主体,林肯所谓"由民(by people)而非为民(for people)"者,是也。所谓民视民听,民贵君轻,所谓民为邦本,皆以君主之社稷——即君主祖遗之家产——为本位。此等仁民、爱民、为民之民本主义,皆自根本上取消国民之人格,而与以人民为主体、由民主主义之民主政治,绝非一物。……以古时之民本主义为现代之民主主义,是所谓蒙马以虎皮耳。[①]

民本主义与民主主义,两者相差何止千里。新旧的对立是那样明显,哪里有半点调和的余地。

第五,原始孔门儒学与后世儒学。面对陈独秀凌厉的攻势,孔门卫道士实在是别无良策,只好以守为攻。他们说,原始孔门儒学本来是很好的,只为后世李斯、刘歆、韩愈以及宋代诸儒所坏。陈独秀对此加以反驳。他说,孔子的儒和孔子以后的儒,都是以孔子为中心的,孔教的根本教义——三纲五常,孔教的精华——礼,在原始孔教里就有,绝非后儒们向壁虚造,由无之有。因此,不能说孔教原来是好的,只是为两汉以后的儒家所败坏。他反问孔学卫道士:"汉唐以来诸儒,

---

① 陈独秀:《陈独秀文章选编》(上),第353页。

何以不依傍道、法、杨、墨，人亦不以道、法、杨、墨称之？何以独与孔子为缘而复败坏之也？"① 原始孔门儒学与后世儒学一脉相承，为尊孔而褒前贬后，只能是枉费心机。

第六，孔门儒学与民主、科学。现代生活的两大支柱是民主与科学。孔学卫道士给《新青年》加上的一切罪案，都是因为它鼓吹了民主与科学。他说："追本溯源，本志同人本来无罪，只因为拥护那德谟克拉西（democracy）和赛因斯（science）两位先生，才犯了这几条滔天的大罪。"② 他认为，要实行民主共和，就应大力宣传民主与科学。要宣传民主与科学，就不得不反对孔教与一切守旧的传统。他坚信，只有民主与科学"可以救治中国政治上、道德上、学术上、思想上一切的黑暗"，因此，为了拥护民主与科学，"一切政府的压迫、社会的攻击笑骂，就是断头流血，都不推辞"。正是这种为真理而献身的大无畏精神，使得他在与守旧势力的斗争中，愈战愈勇，所向披靡。

概而言之，陈独秀认为旧有之孔教，与欧化之现代生活很难并行不悖。"吾人倘以新输入之欧化为是，则不得不以旧有之孔教为非。倘以旧有之孔教为是，则不得不以新输入之欧化为非。新旧之间，绝无调和两存之余地。"③

为了不让尊孔守旧者抓住半点把柄，陈独秀宣称："本志诋孔，以为宗法社会之道德，不适于现代生活，未尝过此以立论也。"现在彻底否定孔子，并不是说孔子没有历史价值。"使其于当时社会无价值，当然不能发生且流传至于今日。"至于它在历史上的价值是什么，他则没有进行深入的探究。激荡不已的现实生活，使他不能静下心来，清醒、理智、全面地考察孔子的价值。1937年，经历几年铁窗生涯的陈独秀，发表了《孔子与中国》一文。他认为，历史上，孔子的价值有

---

① 陈独秀：《陈独秀文章选编》（上），第163页。
② 同上书，第217页。
③ 同上书，第186页。

两个：第一是非宗教迷信的态度："自上古以至东周，先民宗教神话之传说，见之战国诸子及纬书者，多至不可殚述，孔子一概摈弃之，其设教惟德行、言语、政事、文学四科。又'子以四教：文、行、忠、信'。"① 对天道鬼神，孔子持一种超然的态度。第二是建立君、父、夫三权一体的礼教。"这一价值，在二千年后的今天固然一文不值，并且在历史上造过无穷的罪恶，然而在孔子立教的当时，也有它相当的价值。"② 民主与科学，是人类社会进步的两大主要动力，"孔子不言神怪，是近于科学的，孔子的礼教，是反民主的"，人们倘若定要尊孔，就应分开精华与糟粕，"在孔子不言神怪的方面加以发挥，不可再提倡阻害人权民主运动、助长官僚气焰的礼教了"！陈独秀此时对孔子的态度，看不出与二十年前有什么本质区别，孔门儒学中的三纲五常和礼教，仍然是他深恶痛绝、全力抨击的对象。

文学是表达思想的工具，为了更有效地批判以孔门儒学为代表的传统思想与伦理道德，陈独秀认为还必须开展一场文学革命。他继胡适提出文学需要改良之后，"冒全国学究之敌"，倡导文学革命，主张推倒雕琢的阿谀的贵族文学，建立平易的抒情的国民文学；推倒陈腐的铺张的古典文学，建设新鲜的立诚的写实文学；推倒迂晦的艰涩的山林文学，建设明了的通俗的社会文学。陈独秀明确宣称，贵族文学、古典文学、山林文学"与吾陈谀、夸张、虚伪、迂阔之国民性，互为因果。今欲革新政治，势不得不革新盘踞于运用此政治者精神界之文学"③。

陈独秀站在西方文化的立场，对以儒学为代表的中国传统文化所做的一系列反省和批评，其广度和深度是前所未有的。

如康有为，虽然看到了儒家传统的封闭性、守旧性，写出了《新

---

① 陈独秀：《陈独秀文章选编》（下），第524页。
② 同上书，第526页。
③ 陈独秀：《陈独秀文章选编》（上），第174页。

学伪经考》,否定了儒家经典的神圣性,但是,他的《孔子改制考》则表明,他根本没有闯出儒家传统的圈子。正如马克思所说:"他们战战兢兢地请出亡灵来为他们效劳,借用它们的名字、战斗口号和衣服,以便穿着这种久受崇敬的服装,用这种借来的语言,演出世界历史的新的一幕。"[1]然而,康有为请出的"亡灵",并没有给他真正的帮助,百日维新没能成功,他自己最后也成了儒学传统的殉葬品。

严复虽然早年介绍"西学",比较过"中学"与"西学"之异。例如他在《论世变之亟》中指出:"中国最重三纲,而西人首明平等;中国亲亲,而西人尚贤;中国以孝治天下,而西人以公治天下;中国尊主,而西人隆民","其于为学也,中国夸多识,而西人尊亲知",等等。这种中西比较的方式尽管显得不成体系,零散不堪,然而严复对中西学差异处的准确把握,则令人耳目一新。在严复看来,"西学"无疑高于"中学"。但由于对西方文化的复杂性认识不清,晚年,他终于重新回到了儒学的怀抱:"觉彼族(按指西方)三百年之进化,只做到利己杀人寡廉鲜耻八个字,回观孔孟之道,真量同天地,泽被寰区。"[2]

对以儒学为代表的传统文化的批判,陈独秀之所以比康、严等人更加激进、更加彻底,除了一些现实因素,如帝制推翻、君权崩溃、人民觉悟提高、儒学本身的瓦解等外,还有其理论上的原因。

陈独秀认为,人类文化是"整个的,只有时间上进化迟速,没有空间上地域异同。……东方现有的农业的文化,家庭手工业的文化,宗法封建的文化,拜物教、多神教的文化,以及这些文化所产生的一切思想、道德、教育、礼俗、文字不解放的文化,西方以前也曾经历过"[3]。虽然他并不认为现代欧洲文化尽善尽美,但是他认为,欧洲文化高于中国文化,是中国现阶段所追求的目标。全盘放弃传统文化,吸

---

[1] 《马克思恩格斯选集》第1卷,人民出版社,1995年,第585页。
[2] 严复:《与熊绳如书札》,《书衡》第13期。
[3] 陈独秀:《陈独秀文章选编》(中),第403页。

收西方文化，既符合进化论原则，也是理所当然的，因此，在他那里，所谓传统文化的创造性转换问题是不存在的。即使传统文化中有一些精华，也是世界文明所共有。"若夫温、良、恭、俭、让、信、义、廉、耻诸德，乃为世界实践道德家所同遵，未可自矜特异，独标一宗者也。"① 这样，他在输入西方文化、批判传统文化的过程中，就能潇洒自如，阔步前行。

四、外在的实用与内在的圆满

然而，陈独秀毕竟不能超越传统，他在对传统采取全面否定之前，已经被"抛入"传统。幼年时代所受传统文化的熏陶，不会轻易淡化净尽。中国传统文化特有的价值取向——偏重学术的实用性，早已悄悄地熔铸在他的心理—文化结构的深层。为猎取功名而参加的院试、乡试，自然是这种学术实用性的表现，而为救亡图存，吸收西学，批判传统，也是这种学术实用性的反光，尽管动机有贵贱高下之别。中国传统文化素来强调知行合一。陈独秀强调学术实用性的精神，几乎渗透在每篇文章中。

陈独秀批判传统文化所臻及的深度和广度，确实让人佩服。但是，指导他（或者说所有知识分子）行为的传统价值取向，却不能不令人深思。

学术，只要它称得上是学术，就必须有其外在的实用性和内在的圆满性。学术的功用（即外在的实用性），只有通过学术内部不断的自我调节、自我完善，方能最有效地表现出来。换言之，为了维持人类的生存、社会的进步，学术的发展必须摆脱狭隘的实用藩篱，在追求

---

① 陈独秀：《陈独秀文章选编》（上），第148页。

自身的合理性和圆满性中得以实现。

亚里士多德在论述希腊哲学的起源时曾这样说："他们探索哲理只是为想脱出愚蠢。显然，他们为求知而从事学术，并无任何实用目的。"[①]然而，他们（包括亚里士多德这样的大哲）没能料到，为了摆脱愚蠢而建立的自然科学体系，却引发了划时代的工业革命，使得整个欧洲从此焕然一新。

如果说希腊哲学肇始于好奇冷静地观察自然、思考自然的自由思维活动之中，没有任何实用目的，那么，先秦学术则是发端于利害攸关的大变动时代，带有为现实政治服务的浓厚的实用气息。这一点影响了两千年的整个中国学术史。"修齐治平"，"内圣外王"，"为生民立命，为往圣继绝学，为万世开太平"，诸如此类，史不绝书；并且，这种实用心态渗透在每代知识分子的血液、骨髓之中，他们不自觉地将经世致用作为自己学术研究的出发点和最终鹄的，并在自己的学术生涯中，不断地加以体认。

近代，在西方文化暴风骤雨般的冲击下，中国面临着亡国灭种的危害。在注重学术实用性这种传统价值取向的支配下，近代知识分子不约而同地走上了这样的道路：为救国或是引进西方的各种理论，或是竭尽全力弘扬本国传统。于是，无论是西方的理论，还是本国的传统，他们都缺乏一种深沉的、冷静的、理智的索隐求赜。由此就出现了这样的情况：同一种理论既可以为现实的存在作辩护，又可以用来否定现实的存在。如同样是孔教，守旧人士认为，它是中国现代生活不可或缺的；而陈独秀则认为，它与现代生活，犹如冰炭水火，绝不相容。同样是达尔文的进化论，陈独秀可以用来鼓舞国人斗志，又可以用来宣泄自己悲观绝望的情感。这种矛盾现象的出现，只能归咎于中国传统文化中那种急功近利、轻浮肤浅的实用观念。这种肤浅的实

---

① 亚里士多德：《形而上学》，吴寿彭译，商务印书馆，1959年，第5页。

用观念,一方面阻碍了学术的自由独立发展,另一方面也影响了学术所固有的社会功能的正常发挥。

近半个世纪,我们很少出现纯粹思想型的人物,知识分子所表现的从事运动的热情,远胜过理性的思辨。学术的独立性,为短暂、近视的实用性所替代。英国大哲罗素指出:"在时空上保持着某种程度的独立,是产生伟大作品不可或缺的要素。闭目静思片刻,我们当不难发现,世界上有某些东西其重要性远超过群众的短暂垂青。事实上,我们所受的痛苦,不在于神学信仰的贬值,而在于孤寂气质的消失。"[1]这种孤寂气质,也就是学者对学术的执着追求,不为他物所动的热诚和韧性。

这里并不是要泯灭学者的社会正义感。对社会现实的热切关注和积极参与,与对学术的执着探求并不相悖。我们所反对的是那种片面强调学术的实用性、忽视学术自身的圆满性的传统价值取向。用现代通行的话说,就是反对那种片面注重学术的应用研究(即外在的实用性),忽视学术的基础理论研究(即内在的圆满性)的倾向。

---

[1] 罗素:《罗素杂文集》,蔡仲章译,台北幼狮文化事业公司,1970年,第62页。

一代儒学宗师
——梁漱溟在北大

王宗煜

梁漱溟——这位中国 20 世纪的大儒——在销声匿迹了三十年后又渐渐为中国青年一代所熟悉了。遗憾的是，虽然他近年来一直在参与学术界和文化界的各种活动，他的旧著新作也屡屡印行，但是学术界至今还没有对他的思想做出比以往更深刻的反省研讨。梁漱溟的"历史身份"基本上还是"'五四'新文化运动的反对派"。并且尤为奇怪的是，在如何评价梁漱溟这个问题上，倒是许多锐意求新的青年人跳不出以往的藩篱。我认为，梁漱溟对西方文化的态度及其思想转变非常典型地反映了 20 世纪以来中国知识界和思想界的发展历史；而他对中国文化的反思、对中国传统文化及社会改造的设想，对于我们今天的学术研究和社会实践都有着极大的借鉴意义。梁漱溟当年走过的道路和提出的设想值得我们新一代青年去进一步研究和解答，以往对他的思想做出的一些评价也有待商榷。

一、由佛入儒

梁漱溟之声闻天下,始于他《东西文化及其哲学》一书的发表。此书独标新议,卓然成一家之言,在当时是第一部较系统地讨论中国、印度、西方三种文化体系的专著,并在当时的思想界引起了广泛的反响。其时,梁漱溟正在北大任教。这部书既是"五四"新文化运动的产物,也是作为中国思想文化中心的北京大学向中国历史新纪元的一份献礼。梁漱溟在北大的七年中为"五四"前后的文化论战做出了重要贡献,使中国的知识界开始对中国自身传统文化进行新的反省和改造。北大七年的学园生活也使梁漱溟置身于中国新思潮的漩涡中,使他个人的思想信仰和人生态度发生了根本的转变,为他此后一生的思想体系的形成奠定了基础。

到北大任教以前的梁漱溟,年方二十四岁,但在思想上已经过了两个阶段。中学时代的梁漱溟,受乃父梁济的影响,崇尚西学,主张中国必采纳西方立宪制度方能致于富强。他积极参与了辛亥之际的革命活动,是同盟会京津支部的成员。辛亥之后,梁漱溟在个人信仰上陷入精神危机,一心遁世求佛,过着闭门谢世的居士生活。但在社会政治观点上,他仍持以前的主张。他以后回忆这段经历时曾写道:"溟自元年以来,谬慕释氏。语及人生大道,必归宗天竺;策数世间治理,则矜尚远西。于祖国风教大原,先民德礼之化,顾不知留意。"①

---

① 梁漱溟:《漱溟卅后文录》,上海书店出版社,1989年,第99页。

1916年袁世凯取消帝制后，成立了南北统一内阁。梁漱溟出来担任司法部秘书，但他仍然保持着佛教的信仰。他这一时期的思想集中反映在《究元决疑论》一文中。这篇文章于1916年6月、7月、8月在《东方杂志》上连续刊载。因久慕蔡元培的哲学，故经范源廉介绍持此文请教于蔡先生。见面之后，蔡先生就提出邀请梁漱溟到北大讲授印度哲学。梁漱溟因当时在政府的工作离不开，所以转推许丹先生到北大暂任此课。一年以后，梁漱溟正式到北大任讲师，接替许丹为哲学门三年级本科生讲授印度哲学概论。以后，他陆续在哲学门本科和研究所开设了佛教哲学、唯识学等课程，编写了《印度哲学概论》和《唯识述义》两部讲义。当时的北大学生中多有与梁漱溟年齿相若者，如日后成为哲学大家的冯友兰。有些学生则是梁漱溟中学时代的同学，如张申府、雷国能。

当时的北大聚集着一大批学界巨子和蜚声国内的思想家，如陈独秀、李大钊、胡适、陶孟和、钱玄同、黄侃、刘师培、马叙伦。他们在思想倾向上分为新旧两派。梁漱溟的学术地位远不能和他们相比，也自认为不属于任何一派。正如他后来谈到的："这时，我个人固然同在蔡先生的聚拢包容之中，然论这运会却数不到我。……我只是在当时北京大学内得到培养的一个人，而不是在当时的北大得到发抒的一个人。"[①] 在这种学术和思想的环境中，梁漱溟在心理上感到了极大的压力。他后来几次谈到他当时的心境："当时的新思潮是既倡导西欧近代思潮（赛因斯与德谟克拉西），又同时引入各种社会主义学说的。我自己虽然对新思潮莫逆于心，而环境气氛却对我这讲东方古哲之学的，无形中有很大压力。就是在这压力之下产生出来我的《东西文化及其哲学》一书。"[②] "对新思潮莫逆于心"这话并非虚妄。在辛亥以前就崇

---

① 梁漱溟：《忆往谈旧录》，中国文史出版社，1987年，第90页。

② 同上书，第27页。

尚西学并且自幼就受到西化教育的梁漱溟，在此时的确并未改变他的社会政治观，人们也许感到奇怪：既如此，何以梁漱溟心理上有如此的压力？我们姑且可以释之以对问题的执着认真。梁漱溟于1917年12月5日开始在北大授课。他正式到北大的第一天，就问蔡元培对释迦牟尼和孔子的态度如何。蔡元培说：我们也不反对孔子。梁漱溟则侃然答道："我不仅是不反对而已，我此来除去替释迦孔子去发挥外更不作旁的事！"这句话后来成为人们批判梁漱溟保守主义思想时使用的"铁证"。其实，这真真冤枉了梁先生。因为，此时的梁漱溟只是把佛教作为他个人的生活态度，而对儒家学说刚刚开始感兴趣，并未以之作为自己的生活态度，也并未以之取代西学作为救国之本。他在《自述》这篇讲演中谈到自己当时的心理压力时也说过："我对于儒家思想之了解系先前之事，而思想转变由佛家而儒家则在此时之后。"在《东西文化及其哲学》一书中，他说："我的意思，不到大学则已，如果要到大学作学术方面的事情，就不能随便作个教员便了，一定要对于释迦孔子两家的学术至少负一个讲明的责任。所以我第一日到大学，就问蔡先生他们对于孔子持什么态度。"①

一年后，梁漱溟在1918年10月4日的《北京大学日刊》上刊出启事，征求研究东方学的同志。启事中说（原文无标点）：

> 此所谓东方学特指佛陀与孔子之学由其发源地名之东方之学不止此然自余诸家之思致亦西方所恒有独是二者不见萌

---

① 梁漱溟：《东西文化及其哲学》，商务印书馆，1926年，第15页。

于彼土其一二毗近佛陀者原受之于此孔子则殆无其类且至今皆为西方人所未能领略又东方文化之铸成要不外是故不妨径以东方学为名也是二者孔子出于中国佛虽出印度然其学亦在中国而吾校则此仅有之国立大学世之求东方学不出于中国而谁求不于吾校而谁求是吾校对于世界思想界之要求负有供给东方学之责任愿吾校自蔡先生并主讲诸先生皆深味乎欧化而无味于东方之化由是倡为东方学者尚未有闻漱溟切志出世不欲为学问之研究今愿留一二年为研究东方学者发其端凡校内外好学君子有同心者极愿领教……

10月21日，哲学门研究所刊出启事，称梁漱溟将在该所开设"孔子哲学"的研究项目，征集研究员（即研究生）报名选课。

这时的梁漱溟并未停止对西学的研究。当其持佛教人生观时，张申府以其思想颇与叔本华学说相近，故介绍叔本华的著作给他看。他此后也开始大量阅读了介绍西方新思潮的学术著作，对西方近代文化有了一个理性的认识。这种理性认识相对于他以前那种崇尚西学的政治热情诚然是一个飞跃。他自己也说："我民国七年（1918年）夏间在北京大学提倡研究东方化，就先存了西方化的观察而后才发的。"[①] 他这时受到当时西化讨论的影响，也开始从研究东西方政治经济的区别深入到研究它们在文化上的差异，并开始思考中国、印度、西方三支文化系统在人类文化史上的地位。他于当年10月31日在《北京大学日刊》上的启事中说（原文无标点）：

又有误以溟为反对欧化者欧化实世界化东方所不能外然东方亦有其足为世界化而欧土将弗能外者

---

① 梁漱溟：《东西文化及其哲学》，第20页。

梁漱溟在1921年出版的《东西文化及其哲学》一书中，对中国、印度、西方三个文化系统在人类历史上的位置排了一个顺序。这个顺序是他此后评价东西文化、解决中国文化危机所依据的基本逻辑。从上面引的这段话看，这种见解大约萌芽于此时。于这段引文中也可看出梁漱溟并非如世人所说的是一个反西化派。他当时曾和张申府讨论东西文化问题。他说："我观察西方化有两样特长，所有西方化的特长都尽于此。我对这两样东西完全承许，所以我的提倡东方化与旧头脑的拒绝西方化不同。所谓两样东西是什么呢？一个便是科学的方法，一个便是人的个性申展，社会性的发达。"

1918年11月第一个星期二（11月5日）起，北京大学哲学门研究所的孔子哲学课正式开课。它主要以研讨的形式进行。第一次会议上，梁漱溟发表了一番谈话，述说宗旨。《北京大学日刊》于11月9日、11日两期连载了这篇谈话。在这次开场白中，梁漱溟为学生提出了六个问题以供研究。这六个问题是：

1. 在伦理学原理上，孔子作如何主张。
2. 孔子的形而上学。
3. 政府及社会将如何实施其教化，孔子对这个问题的主张如何。
4. 孔化与欧化如何冲突。
5. 孔化与本土别家之异点如何。
6. 人生问题。此问题特欲问孔子不主出世思想，而彼住世思想究为如何之住世思想，对此世间将如何住之。

梁漱溟要求学生在研究时要从历史材料出发，并提出自己的见解。他认为，经过这样的研究，"数千年之孔子将为吾辈一把揪出"。

梁漱溟自称他对这六个问题已有了成熟的见解，并改变了以往对儒家的看法。他说:"漱溟初入于出世思想,盖甚薄视孔子,及后乃从此证出孔化之至足贵。住世思想之最圆满者无逾于孔子。其圆满抑至于不能有加。溟告白中所谓西土思想无有类者即是此物。所谓欧土将弗能外之东方化者亦是此物。六个问题溟既有答案,其答案罔非此物。而后始一变从前态度,叹服之无穷。"

虽然梁漱溟此时对孔子学说如此倾慕,或者的确如他日后所说的"不知手之舞之,足之蹈之",但若据此认为梁漱溟从此即在思想及人生态度上发生了根本转变,则为时尚早。我认为,梁漱溟向本土文化的复归分为两个阶段。第一阶段即在北京大学期间,第二阶段则始于《中国民族自救运动之最后觉悟》到《乡村建设理论》发表的那一段时间。至于他本人生活态度由佛家转为儒家则是1921年下半年的事。当1918年他研究孔子学说时,仍未做出决定要出佛入儒。在这次孔子哲学课的讲演中他也谈到这个问题。他说:"至于余之个人则切志出世,未能领孔子之化。好揽世间之务,抛出世修养。年来生活,既甚不合世间生活正轨,又甚不合出世生活正轨,精神憔悴,自己不觉苦,而实难久支。一年后非专走一条路不可也。"

大约和梁漱溟这次讲演同时,他的父亲梁济在北京积水潭投湖自尽。梁济在辛亥革命后即放弃了以前崇尚西学、力主宪政的态度,立志为危机中的中国文化殉身。以前,世人多以为梁漱溟的放弃西学和他父亲的自杀有直接的关系。我自己以前也持这种看法。现在看来,这种说法是不准确的。梁漱溟是在文化比较研究中得出世界未来是中国文化之复兴的结论的。如果说梁漱溟在人格气质以及潜意识层上的独特性使他易受中国儒家的影响,那是可以的。梁漱溟于20世纪20年代以后对西学在中国传播的批评以及对中国传统文化的颂扬中也有感情成分,但从全局上看,他的思想主要还是建立在理智思考的基础上,不能看作一种出于本能的保守主义。

二、"五四"前后

"五四"事件爆发时,梁漱溟正在北大,并且对此事件发表了自己的意见。这就是他发表在《国民公报》上的《论学生事件》一文。文中的主张和言论也曾被作为梁漱溟反对"五四"学生运动的罪证。但世间大约绝少有人见过此文。现将全文抄录于此:

我算是北京大学的一个人,这次被捕学生中间,也有我的熟友。在他们未被释放的时候,我听到许多人运动保释,而当局拿出"此风万不可长"的臭话,一定不允,我也同大家一样的气恼。但我今天拿出我与大家不同的意见来投稿在大家认为学生派的报纸上贡献于我同人。

我的意思很平常。我愿意学生事件付法庭办理,愿意检厅去提起公诉,审厅去审理判罪,学生去遵判服罪。检厅如果因人多检查的不清楚,不好办理,我们尽可一一自首,就是情愿牺牲,因为如不如此,我们所失的更大。在道理上讲,打伤人是现行犯,是无可讳的。纵然曹章罪大恶极,在罪名未成立时,他仍有他的自由。我们纵然是爱国急公的行为,也不能侵犯他,加暴行于他。纵然是国民公众的举动,也不能横行,不管不顾。绝不能说我们所作的都对,就犯法也可以使得,我们民众的举动,就犯法也可以使得。在事实上讲,试问这几年来那一件不是借着国民的意思四个大字不受法律的制裁才闹到了今天这个地步?我们既然恨司法官厅不去检举筹安会,我们就应当恭领官厅对我们的犯罪的检举审判。

但我如说这话,大家一定谓不然的很多,我以为这实在是极大的毛病。什么毛病？就是专顾自己不管别人，这是几千年的专制（处处都是专制，不但政治一事）养成的。除了仰脸的横行，与低头的顺受横行，再不会事事持自己的意思，而又顾及别人的意思。试请大家举目四观，国人中除了仰脸的就是低头的，除了低头的就是仰脸的。再看一个人，除了仰脸的时候就是低头的时候，除了低头的时候就是仰脸时候的。寻一个事事晓得不肯横行，与不受横行，实在不容易得。我以为大家不愿受检察厅检举的意思，自以所行无有不合意思，这是一个毛病。这个毛病不去掉，绝不能运用现在的政治制度，更不会运用未来社会改革后的制度。质而言之，就是不会作现在同以后的人类的生活。不会作这种生活，不待什么强邻的侵略，我们自己就不能在现在世界上未来世界上存在。

我们经过审判之后，可以由司法总长呈总统特赦。一方顾全了法律，一方免几个青年受委曲。记得那年日本国日俄和约事，人民怨外交失败，东京大起暴动，暴动的主犯河野广中就是特赦的。然我又想终不如服罪的好。现在中国无所不用其特赦，我们实在羞与为伍，何必受他这特赦。最好我们到检厅自首，判什么罪情愿领受，那真是无上荣誉。这好榜样，可以永远纪念的。①

从文中也可以看出，梁漱溟还是同情学生的。世人对梁漱溟文中的言论尽可以批评指摘，毋庸避讳。但我认为，更重要的是应从此文对梁漱溟当时的思想做一分析，评价他对"五四"事件本身的立场倒是次要的了。从文中可以看出，梁漱溟向往着建立一种法制的社会制度。

---

① 此处所录系《每周评论》1919 年 5 月 18 日的转载，文中标点经过引者重新整理。

这种制度是西式的,是和中国传统的专制制度相对立的。他认为这种西式制度是世界的潮流,中国的社会制度应该顺应这个世界潮流,中国人也应该顺应世界的潮流去生活。否则,中国就不能自立于世界上。从这一点出发,即便可以说梁漱溟的意见不利于学生,但起码不能说他的立场是封建的反动的、和"五四"新思潮相对立的。

三、探讨世界格局中的中国文化

经过一年多的研究,梁漱溟已有成竹在胸,于1920年秋天在印度哲学课上开始讲东西文化问题。《北京大学日刊》自10月7日至12月13日分十五次连载了讲演的部分内容。转年暑假,梁漱溟应山东省教育厅的邀请去济南做了四十天的讲演,其间虽大雨兼旬未尝中断。两次讲演的内容后来于1921年10月出版为《东西文化及其哲学》一书(大字本)。1922年1月,上海商务印书馆出版了该书的小字本,此后又连续出了七版。这部著作是在对中西印度三方文化的比较分析的基础上写成的。书中尤其对西方近代的科学和民主以及近代以来直至20世纪初的哲学史和思想史做了系统的研究和分析。同时该书也对"五四"前后中国一些著名思想家的观点做了分析和批评。这部书的确可以称得上是当时关于文化研究的一部重要著作。著名学者陈序经虽然不同意梁先生的观点,但他也承认该书在当时学术界的重要地位。他在1931年曾说:"梁先生的书出版到今,已有了十余年,这么长的时期内,竟没有人去写第二本,中国智识界的饥荒,一至于此!"①

在这部书的开始,梁漱溟谈了他对当时文化讨论的一般看法。

首先,他谈到了文化讨论对于解决中国社会问题的紧迫性。梁漱

---

① 陈序经:《中国文化的出路·代序》,上海书店出版社,1991年。

溟的这些见解是受到了当时陈独秀、李大钊一班人的影响。梁漱溟在1917年开始研究东西文化问题时尚出于一种"压力","很苦于没有人将东西文化并提着说";此时,他已从中国近几十年西学传入的历史总结中认识文化研究的重要性。在他看来,最初的中国人试图"师夷之长技",却没留意到它们的概源,即西方的根本文化。声光化电一类只是西方文化的结果,"以为将此种结果调换改动,中国就可以富强,而不知道全不成功"! 继而又试图引入西洋的政治制度,但移植来的西洋制度仍不能在中国实现。于是中国人意识到了以往注意的只是些细枝末节,要求西方人的根本。这个根本就是"整个的西方文化"。梁漱溟此时也认识到:"中国人民在此种西方政治制度之下,仍旧保持在东方化的政治制度底下所抱的态度。东方化的态度,根本上与西方化刺谬;此种态度不改,西方化的政治制度绝不会安设上去!"而此刻,这个根本的文化问题已迫在眉睫了!①

认识到了文化问题就是一切问题的根本,随之而来的问题就是,既然西方文化在世界范围内取得了巨大的胜利,那么,要学习西方,就要对东方文化是否还有存在下去的根据作一回答。梁漱溟指出:"此问题直截了当的,就是东方化可否翻身为一种世界文化?如果不能成为世界文化则根据不能存在;若仍可以存在,当然不能仅只使用于中国而须成为世界文化。"② 由此可见,梁漱溟是从世界范围和人类历史发展的角度上考察中国文化的危机和它的前途的。

梁漱溟在书中对中国、西方、印度三方文化产生的历史渊源、它们各自的哲学根据以及它们在人类历史上的地位做出了全面的分析。他说,文化就是"生活的样法",生活是"事的相续"。事的相续是"意欲"活动造成的后果,意欲的活动成了人的生活。意欲的属性是奋斗

---

① 以上参见梁漱溟:《东西文化及其哲学》,第3—9页。
② 同上书,第9页。

欲求，在奋斗中它要遇到三种障碍：物质世界、他心、宇宙间的因果法则。这三种障碍使意欲的活动有三种不同的方向。中国、西方、印度三方文化就代表了意欲的三种方向：西方文化是以意欲向前为根本精神的；中国文化主张意欲自为调和持中；印度文化则主张意欲反身向后。三种障碍是人生的三种问题。这三种问题后来被梁漱溟表述为：人对物的问题，人对人的问题，人对自身生命的问题。三方文化则是在解决这三种问题时分别表现出的文化精神，每一种文化都有其历史必然性。梁漱溟反对笼统地评价某种文化的优劣，而主张从人类不同时代所对待的问题出发去评价文化。他认为，人类对这三种问题的解决是次第进行的，这也就决定了中西印三方文化在人类历史上的时代地位，从而形成了人类文化的三期发展。从这种文化观出发，梁漱溟认为，现在人类正处在由第一期文化向第二期文化转折的时期。对此时的人类来说，必须抛弃西方人"理智"的生活方法，代之以中国人融和的、直觉的生活方法。梁漱溟反对文化调和论，认为未来文化"只可斩截的改换"，而所改换的又"确为独属于中国一派"。但在中国本土，由于以前第一条路没有走到底，第一种问题尚未得到妥善解决，因此还有采纳西方文化的必要。所以，梁漱溟提出了此时中国人应持的态度：

第一，要排斥印度的态度，丝毫不能容留。

第二，对西方文化要全盘承受，而根本改过，就是对其态度要改一改。

第三，批评地把中国原来的态度重新拿出来。

梁漱溟对世界文化三期发展的假说是建立在他当时的佛教世界观基础上的。这种佛教世界观是他一生思想的根本，直到他晚年出版的《人心与人生》一书中，我们仍可以看到他的这种世界观。但是梁漱溟对世界文化在最近的未来将转向中国文化这一结论从根本上说还是来自他对西方文化最近的情况所做的考察。也就是说，梁漱溟对儒家学说的提倡不是来自他对西方文化的下意识的抵制，及对本土文化的偏爱，而是产生于对西方文化的幻想的破灭。这种幻灭感在当时许多先进的知识分子那里都存在着。梁启超的《欧游心影录》就是一个很好的例证。对于西方文化的弊病所带来的恶劣后果，梁漱溟固然不如梁启超感受得那样深切，但从《东西文化及其哲学》一书第五章中，我们可以看到梁漱溟对西方社会经济领域和思想领域中的新变化给予了极大的关注。在他看来，西方社会出现的弊病并非说明西方文化的失败，而是预示着人类将由物质不满足的时代进入精神不安宁的时代；而西方社会经济生活中出现的社会主义等倾向和思想领域中出现的生命主义等思潮恰恰与中国文化精神不期而同。由此，他才断言人类文化将由西方文化代表的时代进入中国文化代表的时代，也由此才断言人类最近的未来将是中国文化的复兴。

西方资本主义后期出现的种种弊端一直是中国人在接受西方文化过程中感到棘手的问题。中国人在这方面怀有的戒备之心一直是中国文化保守主义的重要思想基础。但是，梁漱溟一方面反对那种认为"西方物质文明强盛，中国精神文明优越"的见解，另一方面也反对综合中西文化之长的调和主义主张。他认为，当时的西方文化的确比中国文化优越，并且文化只能就其所处历史阶段、所相对的人类问题而言才有优劣之说，文化精神只能"全整改换"，不能参半融合（虽然他在结论中提出的态度也不免于一种"调和论"，并且与其全书的基本逻辑相矛盾；虽然他在20世纪20年代末期以后终于也开始主张一种文化融合论）。但值得注意的是，虽然他看到了西方文化的种种弊病，但他在这时主张输入西学的态度是坚决的。并且，梁漱溟也没有发出梁启超那样的呐喊，呼吁中国人去拯救西方人于精神危机的深渊。他认为西方人自己完全可以由第一条路自然地转入第二条路，以后再由第二条路转入第三条路，"既无中国文明或印度文明的输入，他自己也能开辟他们出来"①。梁漱溟的这种态度和勇气实在是今天的中国人应该学习的。

对西方文化的批评和对未来世界文化的前途的预测都没有妨碍梁漱溟得出对西方文化要"全盘承受"的结论。西方文化在历史上的出现和发展是正常的，符合历史发展规律的。而中国和印度的文化由于过早地进入第二、第三期，致使他们各自的文化有着许多缺欠。就中国文化来说，这种缺欠的集中表现就是不能解决人类最起码的生存条件，不能战胜自然而深受其害；不能发展出发达的科学；只讲屈己让人而个性不得伸展。因此，在中国最需要的既非印度人的态度，亦非中国历史上的那种传统态度。"今日之所患，不是争权夺利，而是大家太不争取夺利；只有大多数国民群起而与少数人相争，而后可奠定这种政治制度……"②中国文化在东西文化中的惨败就在于中国人没有取得第一期文化所应取得的成就，并没有把第一条路走到底。但是对于中国来说，"他再不能回头补走第一路，也不能往下走第二路；假使没有外力进门，环境不变，他会要长此终古"③！梁漱溟认为，中国人此时需要的正是科学和民主精神，靠着它才能使中国富强起来。"这两种精神完全是对的；只能为无批评无条件的承认；即我所谓对西方文化要'全盘承受'。怎样引进这两种精神实在是当今所急的；否则，我们将永此不配谈人格，我们将永此不配谈学术。"④在对西方科学和民主的态度上，梁漱溟和新青年派的进步思想家基本上是一致的。但梁漱溟也批评了陈独秀等人的缺点在于没有对西方文化进行批评修正。

---

① 梁漱溟：《东西文化及其哲学》，第 203 页。
② 同上书，第 208 页。
③ 同上书，第 203 页。
④ 同上书，第 206 页。

四、在《新潮》与《国故》之间

当然,梁漱溟的文化观和新青年派还是有区别的。这就是他提出了中国文化存在和复兴的可能性。但是,他这种文化观和当时的守旧派有着本质的区别,从而使他的文化观在当时的思想界独树一帜。梁漱溟激烈地批评了旧派对西方文化的态度,也批评了他们顽固守旧的立场。他认为:"旧派只是新派的一种反动;并没有倡导旧化。……他们只是心理有一种反感而不服,并没有很高兴去倡导旧化的积极冲动。尤其是他们自己的思想异常空乏,并不曾认识了旧化的根本精神所在。"① 当时北大的《新潮》和《国故》两种杂志是新旧两派的代表。虽然据《北京大学日刊》记载,梁漱溟也是《国故》杂志的编辑之一(见1919年1月28日《北京大学日刊》),但他却批评了国故派的保守倾向。他认为《国故》只是在搞一些"陈旧的古董","那些死板板的烂货也配和人家对垒吗"。从梁漱溟对旧派的批评中,我们可以看到他对文化的讨论表现出一种理智的批评精神。他反对那种出于民族感情、民族偏见的保守主义。他认为,中国传统文化要经过一番批评才能振兴,而以国故派为代表的保守派缺乏的正是这种批评精神。梁漱溟在文化讨论中表现出的批评精神是他区别于当时新旧两派的基本特征。而这种批评精神正是此后半个世纪的中国知识界在文化讨论中缺乏的,所以不免有许多偏颇。

梁漱溟是在中国最早提出中国文化经过批评改造还能继续存在和复兴的知识分子。他说:"若真有中国的文艺复兴,应当是中国自己人生态度的复兴,那只有如我现在所说可以当得起。"② 梁漱溟这种独具慧眼的见识固然为当时消极的保守派所不及,也是新青年派所缺乏的,

---

① 梁漱溟:《东西文化及其哲学》,第205页。

② 同上。

就连国外著名的汉学家列文森（Joseph Levenson）在三十年后出版的《儒教中国及其现代命运》（Confucian China and It's Modern Fate）一书也缺乏这种见解。然而遗憾的是，梁漱溟这一文化理论上的结论是从哲学的探讨中得出的。梁漱溟关于人类文化进化的三段论式不足以证明中国文化的继续存在，也不足以解决中西文化冲突中存在的问题。西学东渐虽然给中国的学术界提供了认识和解决文化冲突及融合问题的机会，但中国学术界当时的状况还不具备解决这一问题的主观条件，这是时代使然。梁漱溟的《东西文化及其哲学》一书也接触到了这些问题，如，他看到了人类历史上三种文化系统的差异，看到了不同民族文化心理上的根本差异在文化接触中的表现。他在评论"五四"新文化运动时还说："现在只有踏实的奠定一种人生，才可以真正吸收融取了科学和德谟克拉西两精神下的种种学术思潮而有个结果；否则，我敢说新文化是没有结果的。"①他对西方文化提出的"全盘承受而根本改过"的态度实际也接触到了文化融合的问题。但从全书看，梁漱溟当时主要还是从"通古今之辨"的角度去评价三方文化的地位和意义的。梁漱溟后期吸收了西方文化人类学的一些学说，在《中国文化要义》中倡导一种"流派观"，批评所谓"阶梯观"；而他早年的《东西文化及其哲学》恰恰落归于一种"阶梯观"。梁漱溟在20世纪20年代后期才开始提出文化融合问题，并在《乡村建设理论》一书中提出了"中西具体事实之沟通调和"这样一个设想。他那时才省悟到自己在《东西文化及其哲学》一书中所未解决的问题：

> 我在民国十年讲演《东西文化及其哲学》时，即尚不曾发现今日的问题。那时模糊肯定中国民族尽有他的前途，在政治和社会的改造上，物质的增进上，大致要如西洋近代或

---

① 梁漱溟：《东西文化及其哲学》，第213页。

其未来模样；便是原书"对西洋文化全盘承受"的一句话了。于如何能走上西洋近代政治制度的路并未之深思；产业如何发达，分配问题如何解决，总觉此诚费研究，而政治果有路走，这些总不会没有办法。"假以时日"自然都有解决的一天。由今思之，这不是做梦发呆么？①

在《东西文化及其哲学》一书中，梁漱溟排除了在现时历史条件下倡导佛家生活的必要性。他认为人类文化还没有发展到那一步。在现在的条件下倡导佛化，必然"把佛教弄到鄙劣糊涂为止"。正是这种理智的认识使梁漱溟暂时放弃了佛家生活，倡导儒家的生活。佛教的人生观一直是梁漱溟一生的生活态度，但此时他决然舍弃这种生活态度了。他说："西洋人从来生活的猥琐狭劣，东方人的荒谬糊涂，都一言以蔽之，可以说他们都未尝过人生的真味，我不应把我看到的孔子人生贡献给他们吗！……孔子之真若非我出头倡导，可有那个出头？这是迫得我自己来做孔家生活的缘故。"② 1921年底，梁漱溟和黄女士成婚。从此，梁漱溟就以一个儒者的身份出现在中国的思想界和社会生活中。

《东西文化及其哲学》发表后，梁漱溟继续对儒家文化进行批评和反省。1923年秋，梁漱溟开设了"孔家哲学史"（又称"孔家思想史"）。他本想据此写成《孔学绎旨》一书，后因去山东办学一直搁置下来，终未能问世。我曾问他为什么最终未能写成此书，他说有了《中国文化要义》，此书就不必写了。《北京大学日刊》于1923年9月12日刊登了"孔家哲学史"的提纲。从这个提纲看，它的内容和《中国文化要义》是不一样的。"孔家哲学史"详细地叙述和分析了孔子学说产

---

① 梁漱溟：《中国民族自救运动之最后觉悟》，村治月刊社，1932年，第6页。
② 梁漱溟：《东西文化及其哲学》自序。

生的文化渊源，它在历史上的发展演变。在结论中，梁漱溟讲了"孔家真正精神，在历史上始终未尝实现或普及于社会"的原因以及"今后之孔学如何"。这个课讲了一年。同时，胡适也在哲学系讲授中国哲学史。从讲课提纲看，两人的角度和方法各不相同。虽然这两门课程内容有许多相重复的地方，但他们各自都有很多听众。听梁漱溟的课的人多在二百人左右，而其中正式注册的学生只有九十多人，余下的则是校内外的其他听众，以至开课仅一个月就不得不改换到第二院大讲堂上课。梁漱溟的著作和讲课受到了思想界的广泛注意。1923年12月北大纪念校庆时，有人搞了一次民意测验，梁漱溟在"国内大人物"这一试题下和冯玉祥并列第十名（第二名陈独秀、第三名蔡元培、第四名胡适、第八名李大钊、第九名章太炎）。

这时，梁漱溟开始注意中国的教育问题。他注意到西学的传入对中国教育和知识界的影响。1924年春，梁漱溟开始酝酿去山东办教育，试图开办"重华书院"和"曲阜大学"。他幻想着恢复中国传统的教育，这也是他通过批评复兴中国文化的一部分工作。他在《办学意见述略》一文中说："办曲阜大学的旨趣是想取东方的……尤其是中国的学术暨文化之各方面作一番研讨昭宣的工夫，使他与现代的学术思想能接头……我们一则没有宗教臭味，二则也不是存古学堂……想最先成立生物学系和数理学系，为是要对于现代学术作彻底研究，再及其他。"①

1924年夏天，梁漱溟辞职去山东办学，从此告别了北京大学。

---

① 《漱溟卅后文录》，第72页。

历史研究在于求真求用
——郑天挺教授与北大

常建华

郑天挺（1899—1981）是我国老一辈著名教育家和历史学家。他的前半生在北京大学学习与任职达32年，并担任北大历史系主任、秘书长及西南联大总务长等行政领导工作达18年，为北大贡献良多，后半生则献给了南开大学。在长达60年的执教生涯中，郑先生在史学上继承清代乾嘉朴学的优良传统，又经历了近代科学实证史学的传入和马克思主义史学确立的历史时期。郑先生的治学反映了从清末到20世纪80年代中国学术思想的嬗变。这里特从史学思想的角度，对郑先生的治史特点和成就试作论述，通过对郑先生博大精深的学问重新体会，以纪念这位德高望重的一代学术名家。

一、生平与教育

郑天挺,原名庆甡,字毅生,原籍福建长乐(今属福建福州),清光绪二十五年(1899)生于北京的一个书香门第。父亲郑叔忱是光绪十五年进士,多年任职翰林院,历官奉天府丞兼学政、京师大学堂教务提调。母亲陆嘉坤通经史,曾为天津北洋高等女子学堂总教习。

郑天挺先生六岁丧父,七岁丧母,从小寄养姨母家,表兄张耀曾修程朱理学,律己责人甚严,教郑先生读书,影响了他的思想。从八岁到十七岁,郑先生先后就学于北京闽学堂、顺天高师、北京高师。

1917年,郑先生考入北京大学本科国文门。大学期间,埋头读书。时值"五四"运动爆发,郑先生走出书斋,参加旅京福建学生联合会工作,任主任干事,还参与反对日本帝国主义的活动,以"攫日"为笔名写文章宣传抗日。参加过福建在京学生组织的"社会改革学会"。上述活动表现出青年时代郑先生的爱国热忱、关心集体和一定的组织活动能力。

1920年,郑先生于北大毕业,接受筹建中的厦门大学聘约,前往参加建校工作。于次年春在厦大师范科教国文,兼任图书部主任。同年暑期北上,考入刚刚成立的北大研究所国学门研究生,研究题目是中国文字音义起源考,由钱玄同先生指导。因养家需要,1922年担任法权讨论会秘书,为该会撰写《列国在华领事裁判权志要》一书,于次年正式出版,这是郑先生第一部学术著作。1924年至1927年,郑先生在北京大学预科任讲师,教授国文。1927年夏天至1930年冬季,先后在浙

江民政厅、广东建设委员会任秘书,浙江大学文理学院任讲师及校长秘书、教育部秘书。1930年冬,回北京大学任校长秘书及预科讲师。1933年任中文系副教授,开设古地理学、校勘学等课程,兼任学校秘书长。当时《国立北京大学组织大纲》规定,秘书长"商承校长处理全校事务上行政事宜并监督所辖各机关",可见该职十分重要。1935年"一二·九"运动中,北京大学一些主张抗日爱国的学生被捕,郑先生以北大负责人的身份赴警察局交涉,要求无条件释放学生,并把他们接出监狱。1930年,郑先生兼在北大历史系任教,讲授魏晋南北朝史。同时受范文澜等人之约,在北平文理学院讲授中国近三百年史,郑先生侧重于清史研究,实奠基于此时期。

1937年夏,郑天挺先生任北大中文系教授,时值"七七事变",北平沦陷。郑先生负责北大南下事宜,自己离开五个幼儿,只身南下。先在北大、清华、南开三校合建的长沙临时大学,除担任行政工作外,改任历史社会系教授,讲授隋唐五代史。不久学校再度南迁,在昆明成立西南联合大学,郑先生赴云南蒙自筹建联大分校,负责北大办事处,后转到昆明。1939年,北大恢复文科研究所,郑先生任副所长,负责日常事务,时所长傅斯年主要精力在重庆的中央研究院历史语言研究所,北大文科研究所的实际负责人是郑先生。研究所设在昆明北郊宝台山,研究生亲切地把郑先生比喻为古代书院的山长,恰如其分。同学们的一副对联编得好:"郑所长是副所长,傅所长是正所长,郑、傅所长掌研所;甄宝玉是假宝玉,贾宝玉是真宝玉,甄、贾宝玉共红楼。"虽是笑话,也反映了当时的实情。在抗战的艰苦岁月里,北大文科研究所培养出几批学生,后来不少人成为学术名家,为中国历史学教育和研究做出了成就,这与郑先生在研究所的工作是分不开的。郑先生在蒙自时,注意研究西南边疆史地和西藏问题。在昆明,为联大讲授明清史、清史研究、中国目录学史等课程,而研究则集中于清史,"其研思有间恒在警报迭作晨昏野立之顷"。1942—1943年连续发表了一系列论文。并于 1946 年出版了论文集《清史探微》。在昆明,郑先生于 1940 年还担任了西南联大的总务长。

抗战胜利后,郑先生受北大派遣,北上筹备复员。复校后郑先生仍兼学校秘书长,并代理史学系主任。当时北大实行秘书长、教务长、训导长三长制,不设副校长,秘书长对外代表学校,事务繁多,尤其重要。而史学系只有一名助教协助工作。尽管行政事务冗繁,郑先生仍坚持授

课。1948 年年底,国民党政权摇摇欲坠,学生运动不断,在当局镇压面前,郑先生代表学校不交出一个学生,并用一切手段阻止军警入校,为声援学生,还召集全体教授开会,宣布罢课几天,以示抗议。同年年底,人民解放军包围平津,校长胡适离开北平,由汤用彤、周炳琳、郑先生维持北大校务。12 月 17 日北大五十周年校庆,不久,学生自治会以全体名义送给郑先生一面锦旗,上书"北大舵手"四个字,郑先生很受鼓舞。

1949 年 2 月北平解放后,郑先生任北大校务委员会委员,史学系教授、主任,兼校秘书长。1950 年 5 月,郑先生辞去秘书长工作,当时常委会曾表彰郑先生 18 年行政工作的成绩。

1952 年,全国高校进行院系调整,郑先生奉调南开大学,任历史系教授、中国史教研室主任、历史系主任。时值教学改革高潮,郑先生全力投入。1955 年,郑先生受教育部委托,与武汉大学唐长孺一起,主持编写了全国高等院校《中国古代史教学大纲》,受到教育界和历史学家的普遍好评。1963 年,被任命为南开大学副校长。1961 年夏到 1966 年 6 月,郑先生参加教育部文科教材的编选工作,任历史组副

组长，和翦伯赞共同主编《中国通史参考资料》，主编《史学名著选读》。郑先生在南开，还筹建了明清史研究室。

"文革"期间，郑先生被停止了工作。1979年又被重新任命为南开大学副校长。该年郑先生接受教育部委托，在南开主持明清史进修班，主编《明清史资料》。1979年起郑先生受中国社会科学院邀请，出任《中国历史大辞典》总编。1980年3月中国史学会恢复活动，郑先生以最多票数当选常务理事，并于次年为首任主席团执行主席。1980年夏，郑先生发起并主持了在天津召开的明清史国际学术讨论会，会议非常成功，影响甚大。同年郑先生出版了文集《探微集》和专著《清史简述》，筹办《南开史学》学术刊物。1980年郑先生加入中国共产党。1981年，郑先生参加了国务院学位委员会会议，为历史组主持人，评出全国第一批博士生导师。这年下半年郑先生异常繁忙，不断出席各种全国性会议，终因积劳成疾，病逝于12月20日，享年八十二岁。

郑先生一生未脱离教学、研究，也未脱离教育行政工作，各方面严格自己，道德文章堪称师表。和郑先生相处数十年的人称颂他是旧社会的君子、新中国的模范。

二、"求真"和"求用"结合的史学目的论

历史学有何价值，亦即为什么研究历史，这是自古以来史学面临的问题，时常困扰着当今学者。一方面，史学作为对以往历史的研究，要求客观地再现逝去的世界，它要求史学的真实性。另一方面，史学

家总是要关心不同时期人们面临的时代中心问题,并试图以历史性的认识为人们提供借鉴,政治也时常要求史学为自己服务,史学家甚至成为一定政治或社会集团的工具,体现出史学致用的性质。

郑天挺教授一贯主张治史要将"求真"和"求用"相结合。至迟在20世纪40年代后期,郑先生明确提出这一思想。当时郑先生在北大开设"历史研究法"的课程。据听课者回忆,郑先生认为,史学目的有二:一个是"求真",一个是"求用";并列举考证为"求真"的工作,至于求用,是指为达到某一种政治目的而作的文章,即有所为而为的著作。[①] 1949年以后,郑先生接受了马克思主义史学观,但他仍然坚持原有的史学价值观点。1962年他指导研究生论文选题时指出:作文章,要把学习中发现的问题加以解决。当然要讲求致用,但一定要把"求真"与"求用"结合起来。他说倘若不讲求应用,即便把握了历史真相,往往脱离实际,没有用;反之,离开历史真相,往往事与愿违,用不上,并且导致失真,所以求真与求用一定要紧密结合。[②] 我们知道经过"反右"之后的20世纪60年代初正是史学日益变为政治附庸的时期,郑先生在致用史学正盛之时,告诫学生致用不能脱离"求真",是非常及时的。"文革"期间,中国历史学完全沦为政治的婢女,粉碎"四人帮"后,中国历史学出现了转机,学者也重新反思史学的价值,郑先生在多种场合下阐发他的主张。1979年9月12日郑先生说:"今天所要求的真,是对历史事件完整的真实的记录,求真是补正过去记载的遗漏,考订其阙疑。"应达到四个方面的要求:第一,历史事实应该是真实的;第二,环境应该是真实的;第三,因果先后应该是真实的;第四,与其他事实没有抵触。求用是把获得的这种认识用到现实

---

① 参见张守常:《论历史学的"求真"与"求用"——敬献给正在学习的老师们》,《历史教学》1952年第6期。
② 参见冯尔康:《从学琐记》,收入冯尔康、郑克晟编:《郑天挺学记》,生活·读书·新知三联书店,1991年,第301—302页。

社会当中去,作为人类社会前进的一种借鉴和斗争武器,对现实有用,对解释历史发展有用。① 后来郑先生又著文简明扼要地阐发了他的主张:"学习历史的目的在于:一求真,二求用,三真用结合。求真就要详细占有材料,研究事件是怎样发生的,经过及结果如何……一点一点地核实了,把事实真相反映出来。求用,是指研究历史要有用……要研究历史事件对社会发展、生产发展的影响和作用,从历史事件的教训中吸取经验。求真和求用两者是统一的。要求事件经过真实,时间、地点、环境真实,因果先后真实。在方法上则要求多看、多想、多联系、多比较,找出规律,以便实用。"② 将这两次不同时间的主张结合起来看,所谓求真,从目的来说是追求历史的真实性;从方法上讲,则主要是进行考证工作。求用是将由求真获得的知识用于现实,尽管要求研究历史要有用,这种用是基于对历史研究之后的规律性认识,非政治工具或附庸。

研究历史是"求真"还是"求用",这是近代以来中国史学界一直争论的问题,郑天挺教授将二者结合起来,辩证处理了求真和致用的对立统一关系,反映出对史学价值认识的成熟。但是由于历史学这一人文学科的特殊性,学者们是难以统一看法的。即使是郑先生的学生,也有不同的评价。早在1948年,北大历史系学生张守常听完郑天挺教授"求真"与"求用"的主张后,就持不同看法,他认为郑先生的观点是"把这二者孤立开来,以至于对立起来"。张守常回忆说:"我那时虽然自己作着一些无关时政的'求真'的文章,但毕竟经受着当时轰轰烈烈的历次学生运动的洗礼,以及解放战争胜利发展的影响,而在情绪上并不能同意这种单纯'求真'的超政治的看法;所以,在那年我们这一班毕业时,我借着代表我班同学向本系老师和同学们告别的

---

① 参见陈生玺:《"仰之弥高钻之弥坚"》,收入冯尔康、郑克晟编:《郑天挺学记》,第203页。
② 郑天挺:《漫谈治史》,《文史知识》1981年第3期。

机会,说出了我不同意把'求真'与'求用'孤立开来、对立起来的看法。我的大意是:要为'求用'而'求真',能真而后才有用。"①张守常的主张旨在把"求用"作为目的,"求真"作为手段。接着中华人民共和国成立,马克思主义史学成为正统史学,张先生运用阶级分析的方法,1952年3月著文重提史学价值问题,他首先对三百年来学术思想界关于"求真""求用"问题的演变和实质提出看法。他指出乾嘉主张的"求真"客观上有服务于当时反动统治的妙"用"。梁启超在学术上以教授终老,否定自己在戊戌时代的"求用"主张,回到"乾嘉学派"的"求真"主义,是提倡不问政治的书呆子主义,是开倒车。胡适承继了乾嘉以来一直为封建统治阶级服务的不问政治、只谈考证的"求真"主义。从乾嘉学者到胡适,其所以标榜"求真",就正是为了引导人们勿问政治,从思想上麻痹人们脱离革命斗争,事实上也正是一种"求用",求达到维持其反动统治之"用"。张守常认为未能把马克思主义的科学应用到学术工作中来的旧学术界,"标榜'求真'未必'真',揭橥'致用'亦未必有'用'。他主张'求真'须服务于'求用'"。接着,他又提出了当前如何"求用"的问题,认为"要从当前中国人民的革命利益出发,来考虑其是否有用和是否急用。领导我们的中国共产党以中国最大多数人民的最大利益为党的利益,我们学术界也应把这奉为研究工作的最高道德标准。就是说,要根据最大多数人民的最大利益来决定我们的研究工作。我们应该是站稳人民立场并为人民服务的人民的'求用'主义者。"②张守常也提醒人们注意,不能只顾"求用"而违反了历史的真实。我们今天看来,张先生的阶级分析方法是偏激的,不过从他"求用"理论的形成来看,这是他真诚的学术主张,是一种时代的反映。客观地说,他对三百年来"求真""求用"问题的定位,从

---

① 张守常:《论历史学的"求真"与"求用"——敬献给正在学习的老师们》,《历史教学》1952年第6期。

② 同上。

学术作为一种社会意识形态必定会反映时代面临的问题来看，抓住了史学和政治的关系，有可取之处，他所主张新中国成立后史学求用的标准从与旧史学比较而言，也有合理之处。然而，他对三百年来"求真""求用"主张的定性和新中国成立后史学应从属于"革命利益"的"道德标准"有些极端化，其为求用而求真、求真服务于求用的主张是片面的，这已为新中国成立以来史学研究的发展史所证明，也证明郑先生的主张更为科学。正如郑先生的学生冯尔康所体会的那样，郑先生的观点是以求真为前提，以致用为归宿。如果割裂求真与求用，就会发生影射史学，或脱离实际的考据学，或其他错误。[①] 近代以来，史学目的论常常表现为"求真"和"求用"的分离，胡适实验主义史学影响下的史料学派讲"求真"，1949年以后的史学讲"致用"，各有是处，又均易致偏颇。讲"求真"与"求用"结合，只有成熟的史学大师才能提出，郑先生数十年来坚持科学的史学目的论，弥足珍贵。

郑天挺教授"求真"和"求用"结合的思想主要来源于对中国传统优秀史学思想的继承和总结。首先，它源于郑先生对中国古代传记文的研究，1942年他在《中国的传记文》[②]中指出，中国撰著史传的"这一班历史家或者说传记作者，他们写起传记异常审慎，异常小心，他们尽量征求异说，尽量采撷史料，但是他们绝不马虎，绝不苟且，对一切一切的事件都要辨别他的真伪，都要追寻他的真实性。因为这样才能成'一家之言'，这样才能'取信一时，擅名千载'，这是他们最高的理想，也是他们自负的责任。所以他们写传记的时候，第一个条件是求真"。具体来说，"他们对史料的来源要追求，对传说的真伪要辨正，对事实的先后要注意。一本书靠不住他们绝不引；一件事有可疑他们绝不引；一种传说有矛盾他们绝不引；一种传闻出之于敌国远

[①] 参见冯尔康：《从学琐记》，收入冯尔康、郑克晟编：《郑天挺学记》，第301—393页。
[②] 收入郑天挺：《探微集》，中华书局，1980年。按：以下凡引该集论文篇名者，不赘注出处。

道他们绝不引；一种奇说为事理所必无他们绝不引；他们绝不使'异辞疑事，远诬千载'"。史传是中国传统史学最基本的部分，郑先生推崇祖国传统史学中追求历史真实的思想。其次，来源于郑先生对清代朴学优良传统的认识。他说清初的顾炎武治学非常注意探源究委、考证精详，同时他又特别强调经世致用，既要求真，又要致用。乾嘉时期人们只注意求真，关起门来钻书本，钻牛角尖，不大讲致用了，因为清王朝实行文化专制政策，搞文字狱，禁锢人们的思想，知识分子只好专门做学问，不敢涉及现实，只求真而不管用，成为汉学。嘉道以后，风气改变，钱大昕等人又提倡致用，注意研究西北地理等一些实际问题，对于求真又放松了一些。钱大昕还是强调求真和求用结合。我们主张求真求用是历史研究工作的基本要求，二者不可偏废。①再次，来源于他对古代史笔的考察。1981年2月郑先生为南开大学历史系78级讲授"史学研究"一课，这是他一生最后一次上讲台，笔者幸逢此课。郑先生讲到中国古代所谓"良史""直笔"不一定真实。他列举晋灵公被赵穿所杀，晋史家董狐记载为"赵盾弑其君"，孔子认为董狐是直笔，原因是董狐从政治责任感出发，用他的立场来说明问题。孔子还说，如赵盾出了国就不是"弑"。郑先生说这都是不对的，会引起史实混乱。明光宗朱常洛吃红丸而死，有人追究政治责任，认为是首辅大学士"弑"光宗；这就是所谓春秋大义，即用孔子的语录作为信条。以上做法实际上是"过左"的思想。他又批评了历史上另一种倾向，害怕暴露事实真相，对尊者、贵者不利，于是就"讳"，例如《三国志·魏志·三少帝纪》中高贵乡公曹髦的问题。司马氏立三个小皇帝又废除或杀掉，曹髦不满意，想除掉他，于是利用卫队打司马昭，交战中曹髦被杀。陈寿的记载是（甘露）"五月己丑高贵乡公

---

① 参见陈生玺：《"仰之弥高钻之弥坚"》，收入冯尔康、郑克晟编：《郑天挺学记》；郑天挺：《漫谈治史》，《文史知识》1981年第3期。

卒，年二十"，完全没有经过。紧接着又以"皇太后令曰"讲曹髦如何不好，非常含混，这是"右"的思想，保守，不暴露皇帝的事情。裴注不满于此，收集资料，引习凿齿的记载。事实是，曹髦打司马氏军队，对方不敢抵抗，司马氏丈人贾充让卫兵杀曹髦，于是"刃出于背"。又说清人写《明史》亦如此，崇祯上吊死于景山，《明史》载"帝崩于万岁山"，完全仿照高贵乡公之死的记载。（以上为课堂笔记）我想郑先生所举传统史学的史笔事例，意在告诉我们，这些史学家为政治服务的结果使史实失真，有害于史学，也就是说明史学求真的重要性。以上是郑先生"求真"和"求用"结合思想的传统史学来源。另外想指出的是，郑先生是近代以来史学发展的见证人，不同流派的观点和争论对他不会没有影响，或许有助于形成和坚定郑先生从传统史学总结出的宝贵观点。

郑先生还将他"求真"与"求用"结合的史学思想运用于自己的史学研究之中。关于"求用"方面，郑先生针对日本帝国主义侵占东三省而制造的"满洲独立论"等谬说，20世纪40年代在西南联大时，先后写出《清代皇室之氏族与血系》《满洲入关前后几种礼俗之变迁》等论文，证明清代皇室包含了满、蒙、汉之族的血统，早在入关前就和关内人民在政治、经济、文化等方面有着密不可分的关系，是中华民族大家庭的一员。至于入关后满汉两族的文化互相调融，相互影响，更使两族人民的关系日益密切，这绝非政令强制所能造成的。上述两篇论文，篇幅长，涉及多方面的内容，史观则导入民族文化调融的观念，虽也运用了纯熟的考证方法，但已非就事论事、单纯考证，而是综合考察各项制度和习俗，旨在从满汉民族关系证明满族是中华民族大家庭中的一员，是郑先生在新中国成立前清史研究的代表作，很好地体现了"求真"与"求用"的结合。70年代初，中苏边界冲突加剧，郑先生对明代奴儿干都司的史地进行了研究，证明黑龙江流域自古以来是中国的领土。郑先生对边疆史地的研究体现出他对祖国和民族利益的关心。此外，50年代他写了《关于我国古代的石油记载》一文，作为论点的第一句话就是："我们今天的科学研究工作应该以解决国家建设上的重要问题为主。"随后揭示出古籍中有关石油的记载，指出"说中国没有石油是无根据的"。这种研究显然对国家和社会有直接用处，这类资料用于历史教学"在爱国主义教育上都是极有意义的"。

至于"求真"方面，主要体现在郑先生对史学考证和史料研究方面，我们将在以下部分论述。

三、"探微"的考据学成就

郑天挺先生曾说，"求真"的重要工作是"考订其阙疑"。1945年郑先生曾将有关清史的论文辑为一集，原想把论文集定名为"清史然疑""清史稽疑""清史证疑"，后来觉得还是"清史探微"响亮，故名。1980年郑先生出版论文集，仍名为"探微集"。"探微"除了表明郑先生的谦虚外，也表达了他以实证释疑求真的学术追求，这是郑先生治史的重要特点。他一生主张研究选题从大处着眼、小处着手，正是探微求真的反映。

郑先生探微、考证的治学特点，同他的师承有一定关系。郑先生在北大读本科时，受国学根底深厚的老师黄侃、刘师培影响较大。刘、黄二人均是著名学者，刘是"国粹派"，精通经学；黄继承清代乾嘉考据学的传统，治学主要在声韵、文字、训诂方面，是清末大儒章太炎最赏识的学生。黄侃、刘师培作为清代朴学的继承者，运用的史学方法是罗列证据、进行比较，学风朴实。郑先生在研究生阶段研究古文字，探讨的问题属于"小学"，仍未脱乾嘉学派的传统。时著名学者陈垣亦为国学门导师之一，其治学对郑先生应有影响。可以说，郑先生求学时期继承了乾嘉学派以来的考据学传统，经过自身的学术实践，能够娴熟地运用多种考据方法研究历史。这在郑先生于20世纪三四十年代的学术研究上表现得尤为充分。

校勘法是郑先生最早使用的考据方法。20世纪30年代郑先生在北大中文系任教，讲授校勘学，为了配合校勘学的课程实习，郑先生白天忙于行政事务，只能利用晚上的零碎时间，每天校勘《世说新语》数页。郑先生的校勘课及实习校勘几个版本的《世说新语》是卓有成效的，"他所用的真地是'乾嘉诸老'用过的笨功夫"，学生"的确从他那边不无所得"。著名学者柳存仁受郑先生功课的启示，用于小说史考证，曾就《水浒传》的简本繁本相比较，"亦可稍窥见《水浒传》之演变情形"①。郑先生用校勘方法做出了考证成绩，1935年发表的《杭世骏〈三国志补注〉与赵一清〈三国志注补〉》这篇有影响的论文，解决了清代遗留下来的一个疑案。清代学者赵一清所作《三国志注补》与其友人、著名学者杭世骏的《三国志补注》有雷同之处，因此被后人疑为抄袭。郑先生通过对杭、赵有关《三国志》两书进行系统的校勘比证，证明赵书所征引文献，多于杭书七八倍，而雷同者则少，从而证明赵一清是中叶的学者，而非文抄公。继而经过周密的文献调查，排出杭、赵二人学术活动年表，搞清了赵、杭二书的关系。结论是："杭、赵两书，盖由世骏创为义例，发起端绪，一清踵而广之；故体裁相同，证据相近。"为赵洗雪冤枉，有助于对《三国志》的研究。此文在当时重要刊物《国学季刊》第五卷四期以首篇刊载，引人注目，郑先生时年三十七岁，显示出卓越的考证才华。1936年发表的《张穆〈㐆斋集〉稿本》，则利用稿本中的三类文字，加以校勘比较，证明稿本中有何秋涛、何绍基二人的批注，后之刻本与此稿本多有不同，有依"二何"之意见改正者，亦有付刻时未能尽从者。以上二文反映出郑先生精通校勘学。

---

① 柳存仁：《上郑先生的校勘课》，收入冯尔康、郑克晟编：《郑天挺学记》。

运用音韵学知识，采取对音方法研究古地理，也反映出郑先生的考证成就。1938年写作的《发羌之地望与对音》一文，用唐代史籍，以地理证《新唐书·吐蕃传》中的"发羌"地望，以古音证发字与西藏土名Bod可相对，从而得出发羌即Bod对音的结论。他又用这种方法写作了《〈隋书·西域传〉附国之地望与对音》《〈隋书·西域传〉薄缘夷之地望与对音》二文，证明"附"字是"发"字的转音，"亦即西藏人自称Bod之对音"，而将"薄缘"考订为西藏南邻山国不丹。这些考证说明了发羌是藏族的祖先，以及藏族同隋唐王朝的关系、中国与不丹两国的关系，深化了西南边疆史地的研究。当时的学术权威傅斯年评价说："郑副所长不为文则已，为文则为他人所不及。"①

郑先生的考证成就还体现在用释词的方法研究历史。史籍中常有一些特殊的名称，反映着特定的历史内容，弄清楚这些词汇的含义和来龙去脉，有助于认识当时的历史。特别是在少数民族建立的朝代，史籍有很多少数民族语的词汇，为治史者必须首先攻克的难点，否则历史研究难以进行，而当时清史在古代史中属于新学科，释词证史尤为迫切。多尔衮是清兵入关前后的关键人物，又涉及"太后下嫁"疑案，有人即以顺治帝称多尔衮"皇父"作为下嫁根据之一。多尔衮生平称号最多，欲研究多尔衮，首先需要解读此人的称号。郑先生最早的清史研究是从多尔衮开始的，1936年发表的《多尔衮称皇父之由来》一文，从"叔父"入手，证明"清初之'叔王'，盖为'亲王'以上之爵秩。凡亲王建大勋者始封之，不以齿、不以尊，亦不以亲，尤非家人之通称"。"皇父摄政王"为当时之最高爵秩，"多尔衮之称'皇父摄政王'复由于左右之希旨阿谀，且其称源于满洲旧俗，故决无其他不可告人之隐晦原因在"。此外，《墨勒根王考》证实"墨勒根王"汉语为"聪明王"，为汉文"睿亲王"封号所从出，即摄政王多尔衮，并指

---

① 阎文儒：《怀念毅生师》，收入冯尔康、郑克晟编：《郑天挺学记》。

出:"墨尔根王之号,疑为入关前世俗通称,其后官书之称'睿王',即其用例,故不称'睿亲王'。满语名称能久传于后,应亦以当时习用之故。"《释"阿玛王"》一文指出,清初耶稣会士之书牍及著作中时见阿玛王之名,实即多尔衮。《多尔衮与九王爷》指出九王爷为多尔衮之号,并引发出对清初封王制度的考证,推导出"清初俗有十贝勒之称,亦曰王,起自天命季年"。郑先生说:"读史之难,难于熟知史乘用语之当时涵义,其杂有异文殊俗者为尤甚。"于是取清史习见满语加以诠释,成《清史语解》释词18条,其中不乏排比众史料、结合满语知识的细密考证之作,如土黑勒威勒、扎尔固齐、巴牙喇、巴图鲁、巴克什等条即是。这些名词是清代制度的称谓,借此可了解清初政治、军事等多方面问题。

遇到某些问题用一法考证甚难,需要综合证实。1939年郑先生看到四川乐山《重修凌云寺记》拓本,该碑列衔第一名"□王驾前"四字,认为王字上画微低,疑当为主字,而□字应系"国"字,即"国主驾前"。从而证明孙可望不仅自号为"国主",所部亦以国主称之,所谓国主驾前即可望麾下。又结合其他碑记以及史料,以正反两方面证明国主与"驾前"二字之专属可望由来已久,可知孙可望早就专横跋扈。诚如郑先生所言:"此碑虽微,顾有可补史籍之阙者。"该文根据残缺的碑记列衔文字的形体判定原字,又从碑记中提示的孙可望部将名,结合相关史籍,从一名称考出人物及相关制度和历史,可见郑先生敏锐的考证眼力。孟森先生曾就《张文襄书翰墨宝》中的"燕斋"之名,询问为张之洞编过遗集的张府幕友许同莘,许推测大约为广东盐运使瑞璋。郑先生1940年所写的《〈张文襄书翰墨宝〉跋》一文,解决了这个人名问题。他将该书所收六十通书札的接收者按名排列,然后针对诸札无年月可考的情况,根据书札所记事情,判断出是张之洞督粤时所作。再比较《张文襄奏稿》中的记事,断定"册中诸札盖作于光绪十一、十二年"。又根据这个时间内瑞璋已离任,"十一年年终以后诸事非所及知",结合致燕斋札中纪事,进一步判断出燕斋非瑞璋之字。鉴于"册内诸札致燕斋者独多,余亦与之有关,疑皆出自一家,所谓蒋大人,即燕斋之姓"。随后通过五条证据说明假设之成立。信中称燕斋本职是道员,"考其时广东以候补道理盐运使,而蒋姓者,惟蒋泽春一人"。还进一步探讨许同莘致误之因在于"瑞璋与蒋泽春同时同官,职务先后接替,偶尔颠倒耳"。此篇为二千字精粹之作,是在没有任何线索的情况下找出线索,内证、外证结合考据成功的,其考证功力令人叹服。在资本主义萌芽问题讨论中,《织工对》是一篇重要史料,但它叙述的情况是元末还是明初,是丝织业还是棉织业,并未形成一致看法。郑先生作于1957年的《关于徐一夔〈织工对〉》一文,先从《始丰稿》按年分组编排的体例,判断收在第一卷的《织工对》应为元末之作。又从《织工对》所用词句"日佣为钱二百缗"的"缗"字系元末一千钱的习惯用语,不同于明初称一千钱为一贯,以及从元明钞值的比较各方面看,论定《织工对》是徐一夔在元末所写。并以织工数目比例论定作品所述为丝织业状况。此文是考订史籍之作,运用了多方面的考证方法,显示了郑先生炉火纯青的考证技艺。该文推动了资本主义萌芽问题的研究,可谓"求真"与"求用"结合的范例。

以上校勘法、对音法、释词法、综合法的事例,使我们领略了郑先生考据学的成就,他不愧是考证大师。郑先生的工作继承了乾嘉朴学实事求是的求真精神和优秀史学方法,视野更为开阔,考证方法因被考对象而异,熟练地运用各种历史辅助学科知识和方法,考证造诣极高。

四、史料整理与史料学研究

　　20世纪初，清内阁大库档案被发现，它同殷墟甲骨、敦煌卷子、汉晋简牍一样，是学术史上的大事，有力推动了明清史的研究。1922年7月，当时的政府将部分档案拨归北京大学，随即由北大研究所国学门、史学系、中国文学系的教职员、研究生等组织成清代内阁大库档案整理会，进行档案整理。正在国学门读研究生的郑先生是首批参加的整理者。他在当年7月26日的日记中写道："民国成立，前清内阁档案移至教育部历史档案馆，近复移至（北京）大学整理。大学因设专员司之，余与其列。今日余整理者为雍正题本……"[①] 抗战胜利后，郑先生任北大文科研究所明清史料整理室主任，负责整理档案。北京解放后，他和罗常培等人感到，北大所藏已整理过的宝贵档案必须赶快公开，没有整理出来的档案必须尽快整理，以供大家利用。于是加紧工作，主编出版了《明末农民起义史料》，公布了一百零三篇明末兵部的题行稿。郑先生在该书序中，对清代内阁大库档案的来源、发现及周转、整理的论述，对于认识和利用档案很有帮助，非亲身经历其事的专家不能道。郑先生还主编了《宋景诗起义史料》，于1954年出版。1966年郑先生应邀在中央档案馆明清档案部做《清史研究和档案》的报告，讲解了清代的历史档案及新中国成立前的整理状况，强调"离开历史档案无法研究历史"，"历史档案是原始资料的原始资料，应该占最高地位"，并号召"以整理历史档案带动清史研究"，还谈了历史档案资料的特点和利用档案需注意的问题。[②] 该文对利用档案研究清史做了很好的说明。

[①] 傅同钦、郑克晟：《忆郑老对博物馆事业及档案工作的重视》，收入冯尔康、郑克晟编：《郑天挺学记》，第318页。

[②] 《历史档案》1981年第1期。

郑先生整理古籍的工作最主要集中于明清时期古籍。从 20 世纪 50 年代起，主持标点《明史》，大约历时十年而成。他根据《明史》的具体情况，指出重点是本校，纪与传校，传与传校，纪与志校。同时也使用他校法，强调"参校书籍不要求多，而要求一本书校到底"。"切忌有几条参校很多书，而重要的反漏了。从来'博'与'渊'是连着的，抽几条不是关键问题，繁琐征引以炫博，在明眼人看来正是陋，而且是不负责。"①郑先生在校勘古籍方面主张少而全的负责精神，反对"博"而漏的做法。1958 年南开大学历史系辑录《清实录》史料，郑先生进行了具体指导，成《清实录经济资料辑要》一书。《明史》《清实录》均是大书，这些古籍的整理为明清史研究提供了便利。此外，郑先生还主持明清历史教学方面的史料整理工作。他主编的《中国通史参考资料》的清代分册，全面介绍了清代统一、民族、政治、经济、起义、外交、文化的基本史料，对大学生学习清史很有帮助。该书由中华书局于 1966 年出版。郑先生主编的《明清史资料》，是高校教师进修的教材，该书分二十多个专题探讨明清时期的重大事件、人物和制度，每个专题下提供原始资料、近人论述、论文索引和年表等内容，对掌握明清重大历史问题很有效，由天津人民出版社于 1980 年出版。该书还受到海外学者的好评，如韩国于 1983 年在汉城成立明清史研讨会，每两周一次，主要读史料，1984 年到 1987 年即读了《明清史资料》。

近代以来强调科学实证史学的历史学家，十分重视史料，往往被视之为史料学派，倡导风气的如胡适、傅斯年，以研究体现史料建设的则有陈寅恪、陈垣等，郑天挺先生的治史特色亦当属于此派中人。郑先生在新中国成立前开过"清史史料""历史研究法"等课，探讨过断代的史料学和史料学相关问题。20 世纪 50 年代，大学历史系学习

---

① 林树惠：《郑老是怎样指导我们标校〈明史〉的》，收入冯尔康、郑克晟编：《郑天挺学记》。

苏联课程体系，开设专门化的"史料学"，郑先生首先在国内进行实践，他在探讨课程建设，特别是如何与中国史料相结合的问题上，做出了可贵的贡献。

1954年，郑先生在南开大学开设了"史料学"一课，这是一个研究和利用史料的方法课，当时除了配合明清史学习，专门介绍《明史》《清史稿》外，主要讲授史料的分类和辨别，文字史料的可靠性、来源、阶级性及其用途，史料的批判和应用，史料的搜集和整理等。课中郑先生归纳出史料学的原则并结合具体史料例证说明，相当成功。如他讲"当时人的记载的史料有以下四目：（一）当事人的当时记载；（二）当事人的事后追记；（三）当时人对第三者的记载：甲、记载人的立场，乙、记载的来源，丙、记载人的出身，丁、记载人的能力；（四）当时人记载史料的选用"。郑先生说，当事人的当时记载价值最高，像公文（包括布告、宣传品等）、石刻（如泰山刻石）、书牍、笔记、日记等。但要注意，像日记，中国过去有一种风气，有些人的日记是写给别人看的，像李慈铭的《越缦堂日记》，还有曾国藩的《求阙斋日记》，是经过他儿子剪裁的，他们认为不能公开的事情根本就没有。郑先生着重围绕戊戌政变详细比较当时人记载的《戊戌政变记》《德宗遗事》《戊戌八月十四日记》《清廷戊戌朝变记》《清宫秘史》《感敬山房杂记》六种书，分析这些史料的价值。[①] 由于郑先生对戊戌政变有研究，掌握史料丰富，分析具体史实细密，对认识"当时人的记载"是很有效的。这反映出郑先生对史料的精深研究。

1957年，郑先生对"史料学"一课做内容调整，强调理论性，课程内容共分六章：（一）史料学的概念与任务，（二）历史辅助学科，（三）历史资料的来源，（四）史料的搜集，（五）史料的批判，（六）史料的利用，已形成了他的史料学体系。该课的概况，郑先生

[①] 陈生玺：《"仰之弥高钻之弥坚"》，收入冯尔康、郑克晟编：《郑天挺学记》，第194—196页。

已在《史料学教学内容的初步体会》中做了介绍。徐苹芳《记郑毅生先生论史料学》一文整理了当时的课堂笔记，对史料的来源、史料的搜集、史料的鉴别有很好的介绍，其中郑先生对语言学史料的论述很精彩，不妨引录如下：语言学的史料指来自语言的资料，包括语言、词汇和文法等方面，词汇方面的史料较多，如成语、方言、同行语、译语等，都能反映当时社会的实况。例如"莫我敢侮"是先秦时代的文法，即"莫敢侮我"的意思，秦以后则很少用这种语法了。如《晋书·王衍传》记山涛见王衍后说："何物老妪，生宁馨儿？""宁馨"是当时的习惯语，没有什么特殊的意义，即"这样的"意思。又如《世说新语·规箴》记王夷甫自命清高，口未尝言"钱"字，而称"钱"为"阿堵物"，"阿堵"就是"这个"的意思。后人沿用此典，把钱称为"阿堵物"。第一人称自称为"我"是很早的事，《资治通鉴》卷六十五记张飞自称我为"身"，胡三省注曰："自此（按：建安十三年）迄于梁、陈，士大夫率自谓曰身。"但当时仍有自称为"我"的，如《三国志·吴志·鲁肃传》记鲁肃见到诸葛亮时说："我，子瑜友也！"这些语言学上的史料是有很明显的时代特色的。① 正因为郑先生重视语言学的史料价值，才能够从"缗"和"贯"为不同时代的词汇入手考证《织工对》的写作时代。

郑先生试图通过史料学课程教给同学们整理史料的方法。归结起来是"全面占有史料与史料批判"，史料批判就是批判地研究史料，分析史料的阶级性，推求史料的最初思想意图。郑先生重视充分占有史料，认为这是研究的基本要求。20世纪50年代他曾对青年人说，积累资料没有两万张卡片不要写文章，要求青年人坐下来读书，在充分掌握资料后再写作，也就是说这样才算得上是研究。全面占有史料，不是漫无边际、随心所欲地读书，而要讲求方法。郑先生提出初学者

---

① 陈生玺：《"仰之弥高钻之弥坚"》，收入冯尔康、郑克晟编：《郑天挺学记》，第174—175页。

要精读一部书，以几部基本书作辅助，旁及他书，反复钻研，做到专精和博览相结合。有了扎实的基础后才能广泛联系，发现问题，进行研究。郑先生的史料学有理论体系，有丰富的例证，已成著作雏形。遗憾的是他的资料卡片在"文革"中被一扫而光，否则如成书是很有价值的著作。

我们知道，中国近代史学是在西学思潮激荡下逐渐形成的，被誉为"科学的历史之父"的德国史学家兰克可以说是近代史学的开创者。兰克所倡导的史料批判学，以及从最原始档案中研究历史的大方向，至今无法转移。"五四"之后，清华与北大所标榜的"科学的历史"即来自兰克。郑先生的主张与兰克倡导的近代科学的历史是一致的。中国现代史上大力主张兰克史学的是留学德国的傅斯年。他提出"近代历史学只是史料学"，可以说开了中国历史研究的一代风气，但他的口号有些说过了头。台湾学者汪荣祖认为，兰克的著作本身已展示出，他不仅要重建正确的史实，还要呈现史实背后的正确意义，然而把兰克的史学视为史料学，显然是十分错误的。① 郑先生的史料学，上承乾嘉朴学，也多少受到近代史学观念的影响，理论体系主要来源于苏联的马克思主义史料学，而史例和经验则是自己的文史研究实践。在史料学的系统论述上更科学、完善，他说："我们根据史料研究历史，但史料不就是历史。史料能够给我们提供研究个别具体历史问题所需要的材料，使我们可以根据它再现或恢复这个历史事件的特征，但不是将史料堆积起来，就能完成这个任务，多数史料不经过深刻、仔细和全面地分析研究，并与其他史料联系比证，是不能满足这个要求的。"②郑先生所说是比较科学的。

---

① 参见汪荣祖：《兰克与中国近代史学》，台湾《历史月刊》1997年8月号。
② 郑天挺：《探微集》，第280页。

五、接受马克思主义史学

新中国成立后,郑先生接受并学习了马克思主义,还运用辩证唯物主义和历史唯物主义从事历史研究。他主编反映农民起义的史料,用阶级分析、社会存在决定社会意识等观点强调史料批判,尝试建立系统的史料学,而考证工作也从属于马克思主义史学中的大问题。《关于徐一夔的〈织工对〉》为解决资本主义萌芽的问题而作,即是明显例证。

郑先生运用马克思主义研究历史,突出表现在对满族入关前社会性质的探讨。他分别于1962年、1979年发表了《清入关前满族的社会性质》及《续探》两篇论文,依据马克思主义社会发展形态理论,提出1616年努尔哈赤建立政权时已进入封建社会。郑先生认为这一问题关系到满族历史的发展、多民族统一国家内不同民族融合的经过和对清的历史的解释。郑先生的这两篇论文形成一家之说,收入《探微集》时,列入最前面,可见郑先生的重视。

马克思主义史学理论为郑先生提供了新的认识工具。依据新理论,郑先生首次建构了清史的整体框架,这集中反映在1962年写成、1980年中华书局出版的《清史简述》一书。郑先生在书中提出了对清朝所处时代的看法,认为清史有六个特点:

第一,该阶段是中国封建社会的晚期,而不是末期。他说:"'末期'是指旧的生产关系完全崩溃瓦解,并向新的制度过渡的阶段;'晚期'是指这个制度已经开始走向崩溃,但是还没有完全崩溃,在个别方面还有发展的余地。"

第二,清代是孕育着资本主义萌芽的封建经济继续发展的时期。

第三,清代是满族封建社会的上升时期,并给中国封建社会带来了新的活力。

第四，清代是多民族统一国家的巩固和发展时期。这表现在三个方面，即中国固有疆域的奠定、各民族经济文化联系的加强、中央与地方关系的密切和巩固。

第五，清代是抗拒殖民主义侵略进行斗争的时期。

第六，清朝是中国历史上最大一次农民战争以后的一个朝代。

郑先生的总结虽然也吸收了同行的一些意见，但更主要的是自己对清史深入研究，并把清史放在整个中国封建社会史中全面考察后得出的。对于清代这一完整看法，是郑先生创造性的研究成果，把握了时代特点，对于初学清史的人，对于清史研究的开展具有较大意义。郑先生的观点逐渐被同行所接受，已经对清史的研究起了推动作用。①《清史简述》被认为是新中国成立以来第一本用马克思主义理论指导概述清一代历史的专著。

郑先生还主张用马克思主义改写传统历史。如1959年所写的《关于曹操》一文指出："今天重新评定历史人物，必须根据辩证唯物主义和历史唯物主义的原理进行研究，立场、观点、方法都和过去的历史家完全不同了，因此结论的本质自然也变了。……只要用马克思列宁主义的立场、观点、方法作出来的结论，就可以说是翻案，而不必管结论。"再如1966年发表的《关于清官》一文，运用阶级分析的方法探讨了清官的本质、来源、作用、评价。

郑先生运用马克思主义理论研究历史，重在理论方法和资料分析的结合，反对脱离具体研究的生搬硬套"贴标签"做法，反对极端化。1961年他在《历史科学是从争鸣发展起来的》一文中指出："在理论方面，应该从具体材料引出结论，观点和材料统一，而不是以理论代替历史，或者先找好理论然后套上史料。""要根据详细材料引出理论性的结论，就要求一定的理论修养和材料积累，最低限度不能忽

---

① 冯尔康：《郑天挺》，收入陈清泉等编：《中国史学家评传》（下），中州古籍出版社，1985年。

视理论的完整性和材料的完整性。"在历史资料方面，必须大量地和全面地收集资料，加以具体分析，特别是和主张相反的资料，更不容忽视，必须找出不同的原因，加以解释。郑先生是这样说的，也是这样做的。他对曹操的评价，既看到曹操符合时代进程的一面，也看到其违背人民愿望的一面，探讨了传统时代歪曲曹操的正统观念和历史上对曹操的不同评价，强调用新的分析方法评价曹操。他对清官的分析首先指出清官也是官，属于封建地主阶级，清官的出现和宣扬是阶级斗争尖锐化的反映，封建时代贪污的普遍存在是它的根源；统治者宣扬清官是为了实际需要，但皇帝也有对其不信任的一面，清官与贪官有斗争，清官与清官之间也有矛盾。因此关于清官的历史作用必须具体分析。20世纪60年代郑先生曾发表《农民起义和秘密宗教的关系》一文，他不同意把秘密宗教的教义说成能够培养革命意识、鼓舞农民革命的热情、加强广大农民革命的信心和勇气，认为这样未免做了过高的估价。秘密宗教、清官、曹操等问题是60年代的"热点"，郑先生参加这些问题的讨论是以科学的实证研究同马克思主义理论相结合，其优良的学风对讨论中出现的"左"倾和"以论带史"无疑会起到矫正的作用。

郑先生晚年仍强调坚持马克思主义史学理论和方法，同时他提出"求新"的主张，认为社会在发展，现代科学一日千里，一切知识都在更新，学习历史科学也是这样，要跟上时代，要用最新的科学方法、最新发现的材料与研究成果，并提出历史科学也应该现代化。

悲剧意识与庄玄精神
——朱光潜教授对中国现代美学的贡献

祝东力

美学作为一种学科化的研究产生于18世纪中叶的德国，随着西学东渐的潮流，在近现代渐为中国学者所知，并形成现代中国美学。虽然王国维、蔡元培等对现代美学均有重大贡献，但就大体而言，王国维只是将美学作为西方各类学说、思想和观念的一种而接受其影响；蔡元培著名的"以美育代宗教说"仍然着眼于人格教育和文化建设；与朱光潜同时的宗白华从文化哲学出发的美学思考为现代美学所长期忽略乃至遗忘，影响甚微。而朱光潜则以其迥异于前代人的系统而细致的研究和论述，成为现代中国美学实际上的开创者：他的早期代表作《文艺心理学》所集中讨论的美感、美、自然美、刚性美、柔性美、悲剧、喜剧影响后代学者，成为现代中国美学的经典范畴和论题；没有他对从柏拉图到克罗齐的西方美学经典的翻译介绍，现代中国美学便几乎不可能；他引起了20世纪五六十年代的美学大讨论并成为其核心人物，而这场讨论及其在"文革"后的复兴和发展，在哲学—人文科学领域内，对各专业、方向的青年学人的冲击、感染和训练几乎超过任何其他学科，因而对哲学—人文科学发挥着深入而广泛的影响。

对朱光潜美学的研究日渐增多，以至有专著问世，但从中西文化角度论究的似尚未见，下文将在此方面做一尝试。

一、生平与学术

朱光潜，笔名孟实，1897年9月生于安徽桐城双井村（今属安徽枞阳）。父亲是私塾教师，有较深古典文学修养。朱光潜从六岁到十四岁，在父亲督导下接受古典文化教育，读过并大半背诵过《四书》《五经》《古文观止》和《唐诗三百首》，看过《史记》和《通鉴辑览》，以及《西厢记》《水浒》一类作品，学写过科举时代的策论时文。十五岁入高小，半年后升入桐城中学。桐城中学特重桐城派古文，朱光潜"从此就放弃时文，转而摸索古文"①，并对旧诗发生浓厚兴趣。这些早年的文学兴趣和素养成为他日后选择美学的契机之一。

---

① 朱光潜：《朱光潜美学文集》第一卷，上海文艺出版社，1982年，第5页。

1916年中学毕业后，朱光潜曾十分向往北京大学，但因家境贫寒不能担负路费和学费，便只好就近考入免费的武昌高等师范学校中文系。武昌高师的学术水平尚不如桐城中学，"除了圈点一部段玉裁的《说文解字注》，略窥中国文字学门径之外，一无所获"①。这些早年的文字学知识在朱光潜似印象颇深，直到晚年他仍以汉字象形、形声、指事、会意的形象思维性质，来论证意大利维柯和克罗齐认为语言文字本身即艺术产品因而美学与语言学不可分的观点，并据段注《说文》探讨"美"的原意。在武昌高师一年后，他经考试被派往香港大学文学院深造，学习英国语言、文学，以及生物学、心理学和教育学。这便奠定了其一生教育和学术活动的方向。英国语言文学的学习为日后广博的西方文化素养和多种西文的掌握奠定了基础，在此接触到的心理学则成为以后进入美学的又一契机，值得注意的是，心理学最终成为朱光潜美学研究的方法（尤其是前期）。香港时期，正值"五四"运动高潮。早在私塾朱光潜便酷爱梁启超，热望认识新鲜事物，在香港又接触到《新青年》。他对胡适提倡白话文的文章，始则反对，继而赞同，毅然放弃文言学写白话，并以白话撰写了美学方面的处女作《无言之美》。

香港大学毕业后，经高觉敷、夏丏尊介绍，他先后任教于吴淞中国公学、浙江上虞春晖中学，并与夏丏尊、丰子恺、叶圣陶、胡愈之、刘大白、夏衍等筹办立达学园和开明书店。其间，朱光潜与各派人士均有往来。但他在各派斗争中保持超然态度，以"不问政治"自许。长期以来，对他影响最深的"不外《庄子》《陶渊明诗集》和《世说新语》这三部分"②，使他逐渐形成一种"超然物表"、"恬淡自守"、"清虚无为"、独享静观和玄想乐趣的"魏晋人"的人格理想。这些成为他日后选择美学的深刻心理基础。

---

① 朱光潜：《朱光潜美学文集》第一卷，第5页。
② 朱光潜：《朱光潜美学文集》第三卷，上海文艺出版社，1983年，第4页。

1925年，朱光潜考取安徽官费留英，入爱丁堡大学选修英国文学、哲学、心理学、欧洲古代史和艺术史。在心理学研究班上宣读过一篇名为"悲剧的喜感"的论文，颇受心理学导师竺来佛博士的嘉许，遂起念撰写《悲剧心理学》。初到英国，他便为开明书店的刊物写稿，后辑成《给青年的十二封信》出版，成为当时最畅销的书。爱丁堡毕业后，他转入伦敦大学，并过海到巴黎大学听课。朱光潜对巴黎大学文学院院长德拉库瓦讲授的"艺术心理学"甚感兴趣，于是萌生撰写《文艺心理学》的念头。离开英国后，他转入莱茵河畔的斯特拉斯堡大学，在心理学教授夏尔·布朗达尔的指导下完成博士论文《悲剧心理学》，并由该校出版。该书用英文写成，在国外曾发生影响。如英国 D. D. 拉斐尔（D. D. Raphael）教授 1960 年出版的《悲剧悖论》（*The Paradox of Tragedy*）曾将《悲剧心理学》作为一部重要著作进行讨论。在留学期间，他还撰写了《文艺心理学》初稿及其缩写本《谈美》《诗论》初稿，以及《变态心理学》等。朱光潜的前期美学思想于此已基本形成。

朱光潜 1933 年归国，由北京大学文学院院长胡适聘为西语系教授，讲授西方名著选读和文学批评史。他与"京派"文人胡适、杨振声、沈从文、周作人、俞平伯、朱自清、林徽因等交往，被推为京派刊物《文学杂志》主编。从此，除抗战期间滞留四川大学、武汉大学外，朱光潜一直执教于北大西语系，成为北大学术的中坚力量。1949 年冬，他拒乘飞往台湾的专机，自留大陆，开始了其美学发展的后期阶段。

新中国成立后，他"心悦诚服地认识到社会主义是中国所能走的唯一道路"，开始认真钻研马列思想，力图放弃和批判前期思想。学术界对他的批判以及他的《我的文艺思想的反动性》一文引发了全国性的美学讨论，他成为众矢之的。朱光潜积极参加辩论，撰写大量文章，不回避自己的前期思想，也不轻易接受对他的极左批判和教条理论。当时，论辩各方多套用马列哲学的存在／思维关系模式，将美的存在的主客观性问题作为核心，并形成各派理论。其中，可以说蔡仪将美归结为自然，李泽厚将美归结为社会，而朱光潜则将美归结为艺术。由于深受近代西方心理学、哲学思想的有益影响，作为贯穿其前后期的红线，他始终坚持"美是客观与主观的统一"，强调"物的形象"与"物"本身之间的区分，主张美感对美的构成作用，从而与某些现代西方美学（如现象学美学）乃至一般哲学（无论欧陆还是英美）之间存在着相通之处。新中国成立后，朱光潜的美学工作可分为大致平行、相互联系的两个方面：参加美学讨论阐明自己的观点，以及系统译介西方美学。在讨论中，他深感国内学术水平的落后，立志多做一些翻译介绍工作。他原已译过克罗齐的《美学原理》，并且出版了《克罗齐哲学述评》，新中国成立后又撰写两卷本《西方美学史》，并陆续

译出柏拉图的《文艺对话集》、莱辛的《拉奥孔》、《歌德谈话录》以及黑格尔的三卷本《美学》。20世纪60年代初，朱光潜曾从西语系借调到哲学系，讲授"西方美学史"，并负责培养青年教师，做了许多具体细致的工作。

在最后几年中，朱光潜参加了关于形象思维问题的辩论，应约写出了《谈美书简》。他也继续探索马克思经典著作，重译

了《费尔巴哈论纲》和《1844年经济学－哲学手稿》的一些关键章节，并作了注释和评价，以澄清异化、实践观点，人性和人道主义、美与美感、唯心与唯物的关系等问题。这些工作仍是美学讨论的某种继续。他于1980年开始翻译维柯的巨著《新科学》，这是他这一时期最重要的工作。1986年3月，朱光潜病逝于北京，两个月后《新科学》中译本问世。

二、悲剧与文化

"五四"以后的一代学者不同于前一代（如陈独秀、胡适、李大钊等）的宏观、抽象和浮泛，他们多留学欧美，学贯中西，更为细致、具体和深入。在文化问题上亦如此。在他们那里，不再是文化抉择时的价值判断和文化论战中的滔滔辩论，而是客观化的学术研究，虽然同时也失去了新文化建设的强烈意向与号召力。这些特征较典型地体现在朱光潜身上。

艺术与文化之间的联系是一目了然的：一个民族的文化精神在艺术中获得了也许是最敏感而深刻的表现，同时，离开了其文化背景，对艺术的探究也难以深入和全面，何况美学本身也是一种文化现象呢？朱光潜从悲剧问题入手集中讨论了各种文化。他首先指出了下述事实：

> 悲剧这种戏剧形式和这个术语，都起源于希腊。这种文学体裁几乎世界其他各大民族都没有，无论中国人、印度人，或者希伯来人，都没有产生过一部严格意义的悲剧，罗马人也没有。①

---

① 朱光潜：《悲剧心理学》，张隆溪译，人民文学出版社，1983年，第210页。

他认为命运观念或宿命论对悲剧的产生至关重要。宿命论迷信超人力量，认为后者预定了人的遭遇，人不能理解和控制它，这是原始人对恶的根源的最初解释。他论辩说，虽然宿命论是原始时代的共同信仰，但由于各方面的差异，"有些民族对命运力量比别的民族感受更深，考虑得也更多，还有些民族又觉得命运问题太玄妙，离现世生活太遥远，因而不去多加理会"①。他认为，悲剧与宗教和哲学一样，试图解决善与恶的根本问题，但其精神与宗教和哲学却格格不入。哲学试图把令人困惑的一切都解释清楚，而悲剧则深感宇宙间有些东西尤其是恶的东西既不能用理智去说明，也不能在道德上得到合理的证明。正是这些东西使悲剧诗人感到敬畏和惊奇，这便是"命运感"。悲剧在人面前展示那些痛苦的形象和恶的形象，它不急于做理智的说明或道德的判断，而是"沉醉于审美观照之中"②。悲剧感可以产生宗教，可一旦在宗教里求得平静和满足，悲剧感便会减弱以至消失；因为从宗教的立场看，短暂的现世的苦难和邪恶与来世幸福相比微不足道。

朱光潜认为，中国人，在一定程度上还有罗马人，满足于一种实际的伦理哲学；希伯来人和印度人则走了宗教的路。他说：

> 像罗马人一样，中国人也是一个最讲实际、最从世俗考虑问题的民族。他们不大进行抽象的思辨，也不想去费力解决那些和现实生活好像没有什么明显的直接关系的终极问题。对他们来说，哲学就是伦理学，也仅仅是伦理学。③

他举引了《论语》中的孔子名言，如"子不语：怪、力、乱、神"，"务民之义，敬鬼神而远之，可谓知矣"，"未知生，焉知死"等，指出由

---

① 朱光潜：《悲剧心理学》，第 211 页。

② 同上书，第 212 页。

③ 同上书，第 215 页。

于孔子注重世俗的思想影响，中国人一直讲究实际。这使得他们以日常的伦理情感代替了敬畏和惊奇的命运感。中国的剧作家总是喜欢善得善报、恶得恶报的大团圆结局。即使悲剧也常常写成喜剧，不管主人公处于怎样悲惨的境地，结尾一定是皆大欢喜，有趣的只是他们如何转危为安。

善者遭难在道德家眼里看来是违背正义公理，在宗教家眼里看来则是亵渎神圣。印度的婆罗门教要人相信天意，而不是命运。人死后，按照他们在世时的善行或恶行，灵魂将受到奖惩。佛教则不承认神的存在，更否认命运对人的支配。人生的悲惨方面只是使佛教徒明白尘世幸福的虚幻，唤起他们的慈悲情怀并使他们想到灵魂的得救。朱光潜指出，印度婆罗多的《舞论》对印度戏剧的发展，甚至比亚里士多德在欧洲的影响还大，但它所提到的几种戏剧形式中恰恰没有悲剧。这部经典明确规定戏剧不能写成不幸的结局，每个剧本的情节都要经过五个阶段，而最后阶段总是幸运的成功。

对人生的悲剧性方面，希伯来民族比其他民族感受更深，但他们不仅没有产生悲剧，而且根本没有创造出任何戏剧。朱光潜认为，深刻而强烈的宗教感情使他们不会把灾难和痛苦视为悲剧，信仰使他们脱离那种可以叫作"悲剧情绪"的精神状态。在他们看来，恶是原罪的结果，奸险邪恶会在末日审判时受到惩罚，而善人遭受灾难痛苦只是对其信仰的考验。整个世界秩序井然，完全服从正义的原则。上帝是全知全能的，不可能冤枉好人，一切都是由天意预先安排好的，而不是由命运所支配。他写道：

> 在希伯来文学中，悲剧总是被崇高所淹没，怜悯也总是消失在对神的正义的坚定信仰中……①

---

① 朱光潜：《悲剧心理学》，第226页。

朱光潜从文化精神的角度探讨了悲剧的产生和衰落。悲剧是希腊民族的必然产物,是希腊人异教精神的表现。他们一方面渴求人的自由和神的正义,另一方面又看见人的苦难、命运的盲目、神的专横和残忍,于是感到困惑不解。朱光潜认为,希腊人——

> 既有一套不太明确的理论,又有深刻的怀疑态度,既对超自然力怀着迷信的畏惧,又对人的价值有坚强的意识,既有一点诡辩学者的天性,又有诗人的气质——这种种矛盾就构成希腊悲剧的本质。①

他认为,较弱的心灵更容易逃避到宗教信仰或哲学教条中去,而悲剧走的是最费力的路,因此是一个民族生命力旺盛的标志。"一个民族必须深刻,才能认识人生悲剧性的一面,又必须坚强,才能忍受。"②

近代欧洲文明是希腊异教精神与希伯来宗教虔诚的奇特混合。主要产生于后者的基督教是近代欧洲文明的主要成分之一,它强调世界的道德秩序、原罪和末日审判、人对神的服从和人在神面前的卑微渺小,它与悲剧精神是完全敌对的。而在寥若晨星的近代悲剧大师(如莎士比亚)那里,恰恰表现了异教精神对基督教的战胜。但基督教的衰落并未导致悲剧的复兴。命运和天意都退缩了,而科学则代之而起,占据了统治地位。对神秘命运的敬畏和惊异在科学的光天化日之下已难以存身。悲剧衰落了,代之而起的是长篇小说和电影。

除了悲剧问题,朱光潜也常从中西文化角度论述审美现象。如认为西方文艺和西方宗教一样,想于现世之外求解救,要造另一世界来代表现世,所以特重想象虚构。中国文艺和中国伦理思想一样,要在

---

① 朱光潜:《悲剧心理学》,第233页。
② 同上书,第231页。

现世以内得解救，要把现世化成理想世界，所以特重情感真挚，实事求是。① 又如认为中国人对待自然是用乐天知足的态度，把自己放在自然里面，感到彼此默契相安；而对于西方人来说，人与自然仿佛是对立的，自然带着一种神秘性横在人的面前②，等等。

朱光潜对艺术和审美的文化比较基本上限于前期。新中国成立后，他以全副精力投入美学内部问题的论辩和西方美学的译介；同时，理论界清一色的阶级分析使得文化分析荡然无存，以致在人们看来，这种方法本身便是取消阶级立场的资产阶级意识形态。甚至在朱光潜的《基督教与西方文化》一文中，阶级分析方法也占着明显的统治地位。理论界的这种状况直到20世纪80年代中期才发生了根本转变。

三、朱光潜：一种文化选择

近人钱穆在论述学术时曾指出："……西方学者是生活和他的学问有分别的，而中国学者则学问与生活合成一体。"③ 朱光潜给人的印象是一个严谨的西方式的现代学者。然而，稍加分析便可看出，其学术工作的动机和前提却是非学术的：这便是他早年超然物表、玄想静观的"魏晋人"的人格理想，即一种近似审美的人生态度。这种态度使得他的美学研究与其说是一种专业选择，毋宁说是一种文化选择，因为美学实质上不过是这审美的人生态度的某种理论表述。因而他的生活与学术、情趣与理智仍保持着深刻的联系。朱光潜曾说自己"是从心理学走向美学的"，其实这不过是表面的学术历程。

美学研究是一种文化选择，这暗示着美学本身的文化性质。要理

---

① 参见朱光潜：《文艺心理学》第七章，台北金枫出版公司，1987年。
② 参见同上书第九章。
③ 钱穆：《从中国历史来看中国民族性及中国文化》，香港中文大学出版社，1982年，第66页。

解这一点，必须追溯美学的起源。

在 18 世纪上半叶的德国思想界，莱布尼茨和沃尔夫的唯理论哲学占据统治地位。这种唯理论哲学把人的认识能力分为高级（理性）的和低级（感性）的，逻辑学只研究"高级认识能力"，而在其体系中，逻辑又等同于哲学。这正如马尔库塞所说："在唯理论的统治下，感性的认识功能总是遭到极度的轻视。"① 在这种背景下，沃尔夫的门徒亚力山大·鲍姆加登创立了美学。与作为理性认识科学的逻辑学相对，"美学……是感性认识的科学"②。

但是，由于鲍姆加登美学与逻辑学的相反相成性质，因此，它早在亚里士多德那里便已被蕴含了。"亚里士多德深入到了现实宇宙的整个范围和各个方面，并把它们的森罗万象隶属于概念之下；大部分哲学科学的划分和产生，都应当归功于他。"③ "他是被人称为逻辑学之父的；从亚里士多德以来，逻辑学未曾有过任何进展。"④ 因此可以说，一旦创立了研究理性认识（思维）的逻辑学，美学的产生便已是虚席以待了。在亚里士多德所设定的概念框架中，美学是不可避免的。

在柏拉图、亚里士多德时代，希腊人的思想模式经历了深刻的转变。海德格尔著名的"存在的遗忘"正是指这种转变，即将不可定义的存在归约为可以概念规范的在者。美国文化哲学研究者 D. P. 维琳（D. P. Verene）指出："柏拉图在哲学与诗之间的争论是一个时代的主要思想方式与其替代者之间的冲突。诗人曾经是为大多数人所采取的思想方式的代表者。"⑤ "柏拉图对这一问题的论述导致了下述思想，即哲学可以成为人的诸种活动的总解释人。亚里士多德区分包括诗在内的

---

① 马尔库塞:《爱欲与文明》，黄勇、薛民译，上海译文出版社，1987 年，第 132 页。
② 鲍姆加登:《美学》，转引自《缪灵珠美学译文集》第二卷，缪灵珠译，章安祺编订，中国人民大学出版社，1987 年。
③ 黑格尔:《哲学史讲演录》第二卷，贺麟、王太庆译，商务印书馆，1960 年，第 269 页。
④ 同上书，第 366 页。
⑤ Donald Phillip Verene: *Man and Culture*, Dell Pub. Co., 1970, p.10.

所有知识，从而满足了这一要求。"① 显然，这种从诗到哲学的思想模式的转变只是文化发展的诸种可能性之一，希腊人也可能保持原有的思想模式，或像希伯来人那样选择宗教。如果没有这种思想模式的转变，就不会产生学科化的认识态度，就不会在逻辑学的对面为美学空出席位。因此，美学的产生并非必然，在归根结底的意义上，它源于希腊人的文化转向。

众所周知，美学在康德手中获得了新的含义，成为在理论上调和认识与伦理、自然与自由之间矛盾的中介，成为康德哲学体系得以完成的一个环节。康德说：

> 在自然的感性领域与自由的超性领域之间，一个不可逾越的鸿沟固定下来了。……前一世界对后一世界绝不能施加影响，但后者却应该对前者有影响。自由概念应把它的律令所赋予的目的实现于感性世界，从而，自然必须能这样地被思考：它的形式的合规律性，至少对于那些按照自由律令在自然中实现目的的可能性来说，是协调一致的。②

这样，如同审美判断力构成彼此离异的认识与伦理、知性与理性、自然与自由之间过渡的桥梁，美学成为认识论与伦理学的中间环节，它成为康德解决其哲学内在问题乃至人的内在问题的一种方法。因为否则的话，在康德看来，认识与伦理……之间便会毫无希望地彼此分裂。

美学是解决人的问题的一种方法，这一点到了尼采已至为显豁。叔本华已认为，主体在审美对象中忘却自己，主客合而为一，从而暂时消除了带来人生痛苦的生存意志。尼采则一反传统关于希腊艺术繁荣的看

---

① Donald Phillip Verene: *Man and Culture*, Dell Pub. Co., 1970, p.12.
② 康德：《判断力批判》上卷导论，宗白华译，商务印书馆，1964年。

法，认为希腊艺术的繁荣不是缘于希腊人内心的和谐，而是缘于其内心的痛苦和冲突，他们由于清醒地意识到人生的悲剧性质，因而产生日神和酒神两种艺术冲动以拯救人生。生活是残酷而无意义的，"只有作为一种审美现象，人生和世界才显得是有充足理由的"①。在艺术中，造型艺术是典型的日神艺术，而日神的日常状态则是梦，人"聚精会神于梦，因为他要根据梦的景象来解释人生的意义，他为了生活而演习梦的过程"，"靠了它们，人生才成为可能并值得一过"。② 音乐是纯粹的酒神艺术，而醉则是酒神的日常状态。在此，人打破禁忌，放纵原欲，这是一种解除个体化束缚、复归原始自然的体验，是个体与世界本体融和的极乐境界，即"个体化原理崩溃之时，从人的最内在基础即天性中升起的充满幸福的狂喜"，从而解脱一切痛苦。酒神艺术和日神艺术都是逃避人生苦难的手段：酒神艺术沉浸在不断变动的旋涡中以逃避存在的痛苦；日神艺术则凝视存在的形象以逃避变动的痛苦。

从康德到尼采都视美学为解决人的问题的一种方式。人的问题，无论是认识与伦理的分裂，还是人生与世界的无意义，在其根源上都无不是上帝之死的结果：它们是因上帝之死而产生的问题。自文艺复兴以来，人文（本）主义便逐渐取代宗教精神，19世纪末尼采著名的"上帝死了"，不过是对中世纪基督教文化衰微这个早已悄然发生的事实的宣告。当人沉浸在对上帝的虔诚信仰中时，既不会有认识与伦理的分裂问题，便不会有人生与世界的无意义问题。造物主上帝是认识与伦理统一的基础，是意义的根源。一旦这个基础和根源丧失，大地便裂为深渊，人成为无根的，人的问题于是产生。这种人的问题的凸显，是法国当代哲学家米歇尔·福柯所说从康德肇始的"人的时代"的特征。要解决这些问题不可能再乞灵于上帝，回到中世纪文化，而必

---

① 朱光潜：《悲剧心理学》，第二十四节。
② 同上书，第一节。

然另觅他途。途径之一便是美学。因此，美学不同于艺术理论，其根本在于美学的文化性质：美学是解决人的问题的一种方式。

当《悲剧心理学》在时隔 50 年后以中文出版时，朱光潜才恍然大悟，"从此较清楚地认识到我本来的思想面貌，不仅在美学方面，尤其在整个人生观方面"①。他认识到自己"是尼采式的唯心主义信徒"，在其心灵中植根的"是尼采的《悲剧的诞生》中的酒神精神和日神精神"。其实，朱光潜前期《谈美》结尾一章以及论文《看戏与演戏：两种人生理想》已经表述过这种人生观了。意大利汉学家马里奥·萨巴提尼（Mario Sabattini）曾指出，朱光潜是移西方文化之花以接中国文化传统之木，他认为这个传统之木便是道家。朱光潜长期沉浸于《庄子》等典籍之中，仰慕"魏晋人"，所追求的正是一种庄玄精神。在作为两汉意识形态的汉代经学衰败、瓦解后，人同样面临理论前提和价值基础的丧失，魏晋人以近似审美的人生追求来替代瓦解了的意识形态，这与上述西方尼采等之间有着深刻的同一之处。朱光潜濡染在这种庄玄精神之中，他走向西方美学不是十分自然吗？

但值得注意的是朱光潜从前期到后期的转折，这突出表现在他真诚地选择、接受了社会主义和马列哲学，批判自己的前期思想，以极大的政治热情投入美学论辩和翻译介绍。从而，与前期不同，在其后期，美学从上述文化选择变为一种单纯的学术工作，变为忠诚报国、贡献社会的一种方式。这是朱光潜人生观的转变，仍然是一种文化转向。它有些近似传统儒家的伦理政治模式。因此，运用传统语言，在十分有限的意义上也许可以说：随着社会现实的巨大变化，朱光潜经历了某种由道归儒的心路历程。

---

① 朱光潜：《悲剧心理学》，中译本自序。

中国敦煌学的开拓者
——向达

阴法鲁　肖良琼

向达,字觉明,亦字觉民,笔名方回、佛陀耶舍,土家族,1900年2月19日生于湖南溆浦。他是著名的历史学家、考古学家和目录版本学家,北京大学历史系教授;以研究中外文化关系史著称,更是我国早期研究"敦煌学"卓有成就的学者,于1966年11月24日逝世。

一、家世及学历(1900—1923)

向达幼年丧父,家贫,从小受到生活的磨炼。十一岁时,辛亥革命成功。他考入闻名全省的新式中学——长沙明德中学。他学习用功,成绩优异,关心时事,业余爱好踢足球,有"铁脚"之称。1917年毕业,受实业救国论影响,他想报考北洋大学或南洋大学,然后到美国专攻化学。无奈家贫,支付不起报考路费和学费,辍学一年。次年,他以总分第一名成绩，考入免费的东南高等师范学校的数、理、化部化学专业。

入学后，正赶上"五四"运动余波，他积极投入校内外各项活动。发轫于北京大学的"五四"运动，以其彻底反帝反封建精神和强烈要求科学与民主的新思潮，深深地影响了向达，对他以后的为人和治学都起了很大的作用。他改变了单纯"实业救国"的初衷，感到帝国主义和国内恶势力不打倒，学了声、光、电、化等先进科技，也不能使祖国富强。为了探求救国真理，必须放眼世界，鉴古知今，他选修了不少文、史、地部的课程。一年后，他放弃了化学，转入文、史、地部，选定历史学科为专业。

二、由上海到北平（1924—1935）

1934年，向达大学毕业10年后，登上了北京大学史学系的讲台，讲授"明清之际西学东渐史"。此前，他曾在上海商务印书馆编译所和北平图书馆编纂委员会这两个著名学术机构工作。

在向达毕业那年暑假，上海商务印书馆招考临时编译员，他考取了。期满之后，他以良好的中英文表达能力和渊博的文史知识被继续录用，任英文见习编辑。当年商务印书馆规定每人每天至少编译1500字，当日不足，次日补齐，长期不足扣工资，超额则有少量奖金。向达从来勤奋，工作又能满足他对新知的渴求，他甚至晚上背诵字典，夜读常至次日凌晨，超额成为常事。结合历史专业，他博览中外史籍，重点研究从汉唐到明清的中外文化交流史，并开始涉及"敦煌学"，翻译了大量资料和学术著作,写出了多篇有创见的学术论文。编译所所长、著名学者何炳松称誉他是"精于中外史学"[①]的青年学者。

1930年,北平图书馆的新馆在北海西岸文津街落成,馆长是蔡元培,副馆长是袁同礼。经东南高师同学赵万里介绍,向达到北平图书馆任编纂委员会委员和写经组组长,编辑《国立北平图书馆馆刊》。

那时的北平,名家如云。研究中外文化交流的长者有陈垣、陈寅恪和冯承钧。馆内还有一批潜心治学的青年精英,如赵万里、王庸、王重民、贺昌群、谢国桢、孙楷弟、于道泉、刘节等人。他们各有专长,互相砥砺,在整理和介绍馆藏图书文献的同时,密切关注当代学术发展潮流,既传播学术信息,又不断开拓新的研究领域。现今北京图书馆馆长任继愈还撰文称道他们开垦北图这片学术园地的盛况。

在此期间,向达写成了他的代表作《唐代长安与西域文明》一文,发表在1933年《燕京学报》专号上。文章中,他向读者展现了一幅唐代历史的风情画。在长安这个当年的国际大都会里,东西文化的交相辉映,历历可见。他在介绍这幅色彩斑斓的历史剖面时,涉及人物、宗教、戏曲、乐舞、绘画、诗歌、文娱(如打马球)、器物、饮食、服饰、商业、寺庙建筑、婚姻丧葬风俗等社会文化生活各个方面。他博采中西文献,在吸收前人成果的同时,论述了自己的新发现。征引的中外史籍,包括正史、文集、谱牒、碑文、佛典、道藏、诗词、绘画、敦煌文物和文书。他以长安城为横断面,阐明唐代在我国历史上的作用。在文章的叙言中他说:"李唐一代之历史,上汲汉、魏、六朝之余波,下启两宋文明之新运。而其取精用宏,于继袭旧文物而外,并时采撷外来之菁英。两宋学术思想之所以能别焕新彩,不能不溯源于此也。"在他看来,中国文化自古就不是封闭的,是在继承旧文化的同时,不断吸收外来文化精英而形成的。他用大量的史料来论证这一点,

---

① 何炳松译者序,见绍特韦尔:《西洋史学史》,何炳松、郭斌佳译,商务印书馆,1929年。

提出了不少新见解，有些说法一直为文化史和艺术史研究者所引用。英国著名科学家、中国科技史专家李约瑟博士说这是"有关唐代长安西方人之卓越论文"。我国著名艺术史专家常任侠说他写《汉唐之间西域乐舞百戏东渐史》受此文启发不少。可见其在国内外的学术影响。

此时，他又出版了《中外交通小史》，并写成《中西交通史》。他认为中外交通史的研究对象应当是在"时间方面既然须上下几千年，在空间方面也得要纵横九万里。不仅要述到中外政治上的交通，即在文化方面，小而至于名物度数之微，大而至于思想世运之转，都不能不为之一一标举，溯其流变"①。这番话，可以说是他的治学纲要。他从唐代着眼，又以"敦煌学"为重点。

他这次在北大授课只有一年，就被北平图书馆代理馆长袁同礼派往英法等国，进行学术考察。同去的还有王重民。那时北图与世界上不少图书馆订有互换馆员进行学术交流的协议。他们此行目的，恰与唐代玄奘取经相反。玄奘"重一言而之柰苑"②是为了弄清外来佛教真谛，他们却是为了光复旧物，为了考察研究流散在国外的祖国文物，特别是敦煌石室藏书。

敦煌石室藏书是19世纪末我国学术史上轰动世界的发现。腐败的清政府，虽曾下令封存藏经洞，但禁不住利诱之下的盗卖和偷窃。不数年间，即被原籍匈牙利的英人斯坦因、法人伯希和，以及日、俄等国披着学者外衣的文化侵略者洗劫一空。这些稀世瑰宝流散世界各地，有的身首异处，肢解割裂。中国学者只能将残余资料编一本《敦煌劫余录》。在自己的国土上没有条件研究祖先留下的宝贵文化遗产，这是近代中国学者的悲哀。无怪陈寅恪发出了"敦煌者，吾国学术之伤心史也"的悲叹。

---

① 向达：《中外交通小史》序，商务印书馆，1933年。
② （唐）慧立、彦悰：《大慈恩寺三藏法师传》，孙毓棠、谢方点校，中华书局，1983年。

三、游学欧洲（1935—1938）

1935年，向达到达英国，先在牛津大学图书馆整理中文图书，次年秋，此项工作结束，他便到伦敦研究不列颠博物馆所藏太平天国文书和斯坦因由我国甘肃敦煌莫高窟盗买去的敦煌卷子。1937年冬，他由伦敦转赴柏林，研究普鲁士科学院所藏勒柯克由我国新疆吐鲁番盗去的古文书。然后他又到巴黎研究法国国家图书馆所藏明清之际天主教会在中国活动的一些文献，以及伯希和盗买去的敦煌卷子。

向达曾翻译过斯坦因的《西域考古记》以及《斯坦因敦煌获书记》等书和文章，现在目睹被劫原物，感慨万端。这些外国学者劫去了中国文物，在世界上掀起一股"学术新潮流"，形成研究敦煌资料的"敦煌学"，字里行间还对中国学者百般嘲讽。满怀爱国热情的向达，咽不下这口气，他下定决心，发奋图强，文物一时追不回来，但在"敦煌学"这片学术领域里，一定要做出中国学者的贡献。为此，他不仅自己潜心研究，并终生致力于推进我国"敦煌学"的发展。在欧洲期间，他尽可能地将看到的材料拍照、抄录、写成目录提要。近一年的时间，他看了汉文和回鹘文卷子共500卷左右，写出《记伦敦所藏的敦煌俗文学》和《伦敦所藏敦煌卷子经眼目录》两文。王重民写了《巴黎敦煌残卷叙录》。隔了40多年，周一良在《敦煌吐鲁番文献研究论集·序》中写道："经过他们的系统阅读所编写的目录和提要，提出并解决了不少有关历史、考古、文学、目录学等方面的重要问题，把敦煌文献的整理、利用和研究大大地向前推进了一步。"[①]

当向达在英法等国的大学、图书馆和博物馆埋头钻研的时候，国内外的形势都起了急剧的变化。国际上，正酝酿着第二次世界大战。日本帝国主义对中国的侵略步步加紧，自"九一八"事变后，魔掌又伸

---

① 王重民等：《敦煌吐鲁番文献研究论集》，中华书局，1982年。

向了华北。北平的学生发动了"一二·九"运动,中国工农红军北上抗日抵达延安。身处异域的向达,以急切的心情尽快地搜集流落国外的珍贵史料,工作之余又积极投身海外留学生的抗日救亡运动。他与王礼锡、吕叔湘等办了一份宣传抗日的油印报纸,免费供华侨阅读。共出100多期,曾传播到荷兰、比利时,甚至开罗。据吕叔湘回忆,刻写报纸蜡版最多的人是向达和陆晶清。此时向达颇向往社会主义国家苏联。同在英伦留学的钱锺书有一首《戏赠向觉明达》的诗,说他"读书埋首李唐代,论政醉心罗宋人"[①]。

"七七"事变后,中华民族面临危急存亡之秋,他真想立即回国参加抗日。这时,他在法国巴黎遇到共产党员吴玉章,他对这位参加过辛亥革命的革命前辈很敬重。吴老研究历史有素,深知向达目前的学术考察对祖国文化事业有重要意义,力劝他珍惜这个机会,安下心来,多做一些事。这样他才留下来,一直工作到1938年秋天。

四、归国后由浙大到北大(1939—1949)

向达回国后,赶赴家乡与妻儿团聚,整理带回来的资料。1939年春天,他应东南高师老师竺可桢之聘,到迁至广西宜山的浙江大学史地系任教。该年秋,迁到云南昆明的北京大学聘他任北大文科研究所专任导师,兼西南联合大学历史系教授,从此,向达一直在北大从事科研、教学。

向达讲授过的课程有:中西交通史、印度通史、中印关系史、隋唐五代史、中国近代考古发现史、亚洲史、历史研究法、中国史料学等。他虽不善于讲课,但有内容和深度,给学生留下深刻印象。学生

---

① 罗宋是 Russia 的音译,罗宋人最早指俄罗斯人,此处指苏联。

有时想补上课堂上没有记下的讲授内容,他可以把授课时用的卡片借给学生抄。北大考古系教授邹衡回忆道:"卡片上写得密密麻麻的,从中得知做学问是非常艰苦的。"清华大学思想文化研究所教授何兆武说:"还是40年代初,我做学生在向达老师的班上上课,向先生讲起中西交通史来,历历如数家珍,他特别强调中世纪中国的思想和文化所受到印度的极大影响。当时自己曾贸然问他:如无印度的影响,中国文化将是什么样子呢?向先生答道:历史当其成为过去以后,再回过头去看,就是定命的了。多年来,每当读史书而发奇想时,总不免记起向先生这一非常之巧妙的答案,那巧妙得宛如一件完美无瑕的艺术品。"①

同人与向达讨论学问,他总是尽自己所知相告,既不炫耀他在史料方面的收藏和秘录,也绝不吝惜自己的珍籍。在昆明时,他把在英国晒蓝本资料借给郑天挺抄。新中国成立后,他又把从国外抄来的文献提供给郑天挺编印《太平天国史料》。1952年,此书增加国内资料,编成《太平天国》,收入《中国近代史资料丛刊》。对于向他求教的年轻人,更是"苦心孤诣,循循善诱",不论他们是本系的还是外系的。北大东方学系教授陈玉龙和陈炎年轻时就得到他很多教诲,他鼓励陈炎写《中缅关系史》,主动把从巴黎手抄来的《四夷馆考》珍本借给他。他还毫无门户之见,把大量自己收藏的书刊及在国外抄录和晒蓝所得有关西学东渐的资料,提供给马列主义史学家侯外庐领导的《中国思想通史》编写组使用。

他在北大文科研究所指导的第一位学生是阎文儒,后成为研究石窟艺术的,在北大考古系任教授。"文革"期间,师生同在"牛棚"劳改,阎文儒一如既往地对他执弟子礼甚恭。向达患病,阎文儒在生活上处处照顾他,结果他们遭到监督者更严厉的呵责。

---

① 何兆武:《本土和域外》,《读书》1989年第11期。

1942年，向达受学校委托，参加了北大与原中央研究院组织的西北史地考察团。他们由昆明启程，经由重庆、兰州，进入河西走廊，沿途访古，到达敦煌后，即居住莫高窟寺内，在极其艰苦的生活条件下，坚持工作九个月。"朝夕徘徊于诸窟之间，纵观魏隋李唐以及宋元之名迹"，感到"平生之乐无逾于此"。① 他还经常驱驰于荒碛大漠之间，风尘仆仆，调查文物古迹。对国家民族的责任感促使他大声疾呼，对惨遭抢劫破坏和流沙侵袭的莫高窟应加以管理和修缮，对大西北的历史古迹和自然资源应进行调查研究。他写成《论敦煌千佛洞的管理研究以及其他连带的几个问题》一文，发表在重庆的《大公报》上，署名方回。文后附有傅斯年的按语，支持他的意见，并称向达"为今日史学之权威，他研究中外交通，遍观各国所藏敦煌遗物，尤称独步"②。1943年12月文章刊出，引起学术界和艺术界的普遍重视。经过他们的呼吁，终于促成了敦煌艺术研究所的成立，由法国归来的著名画家常书鸿任所长。

1944年春，北大文科研究所再度与有关单位组成西北考察团，由向达担任历史考古组组长。他开始了第二次沙漠远征。这次他们参加了由敦煌艺术研究所发现的六朝残经的鉴定。这次共发现70多件编为68号的残经，都是北魏时期的，甚为珍贵。

向达前后两次赴敦煌考察，都得到他在东南大学时的老师、北大文研所主任、著名的哲学家汤用彤和联大总务长、北大秘书长郑天挺的支持和关怀，他们经常通信，交流情况。1948年12月北大举办50周年校庆之际，向达主持了文科研究所的"敦煌考古工作展览会"。他展出了自己收藏的有关千佛洞的史料和拓本，还得到当时北平艺术专科学校（今中央美术学院前身）校长徐悲鸿的赞助，吴作人、董希文

---

① 向达：《莫高、榆林二窟杂考》，收入《唐代长安与西域文明》，生活·读书·新知三联书店，1957年，第393页。
② 重庆《大公报》1943年12月27日。

等名画家也将他们临摹的敦煌壁画借展。1950年，在中央人民政府政务院文化教育委员会社会文化事业管理局局长郑振铎主持下，开始筹备"敦煌文物展览"，这是新中国成立后第一次大规模的文物展览，邀请了众多有关专家，向达参加了这项工作。1951年4月正式展出。敦煌学终于得到政府的重视，向达感到十分欣慰。这次展览在国内外都引起很大反响。1960年初，向达已身处逆境，他还邀集了季羡林、王重民、贺昌群、阴法鲁、阎文儒等专家学者在北大举办"敦煌学六十年"的专题讲座。1964年他到广州访问陈寅恪时，应邀为中山大学历史系做了"敦煌学六十年"的报告。据今中山大学研究敦煌学卓有成就的姜伯勤回忆，向达的口才虽不好，但他"以一种赤子般的爱国热情"深深地打动了听众。

1956年，向达利用业余时间参加了由王重民、王庆菽发起的《敦煌变文集》的编纂。参加者有周一良、启功、曾毅公等。该书于1957年由人民文学出版社出版，是此前"变文辑本最丰富的一本"。

向达对"敦煌学"的贡献，不仅是积极组织和参加各项学术活动，及时将所见国内外资料进行整理、介绍和综述，使"敦煌学"受到重视，得到发展，而且他个人的研究也在逐步深入，有不少创见。例如少年时代发表的《论唐代佛曲》，判明前人所谓佛曲实为一种俗文学。1934年发表《唐代俗讲考》，详细地论述了在历史上湮没的唐代寺院中举行"俗讲"的情形，指出俗讲文学的底本"变文"等和宋代以后的话本、弹词、宝卷等文学体裁的关系，阐明了文学史上的这一重要问题。20世纪20年代，他在中国学者中首先提出龟兹苏祗婆琵琶七调渊源于印度北宗音乐的假设。后来又

经修正补充，弄清那是受印度音乐影响的龟兹乐律，说明了我国音乐与印度音乐的渊源和兄弟民族在音乐史上的贡献。他研究"敦煌学"注重各类文献记载和实地考古调查相印证。他说："1942年至1944年，得机会去巡礼敦煌千佛洞，考察汉代的玉门关和阳关遗址；1951年又去新疆，巡礼了古代高昌（今吐鲁番）、焉耆（今焉耆）、龟兹（今库车、拜城）诸地的石窟寺；于是对于'敦煌学'才称是有了进一步的认识。"① 从而得出吐鲁番和敦煌是联成一线的看法，指出这正是历史上中西文化通过西域的汇合处，留下大量兄弟民族在中外文化交流上做出重大贡献的史迹。他在《西征小记》《记敦煌石室出晋天寿十年写本寿昌县地境》《敦煌学导论》《罗叔言〈礼张议潮传〉补正》等文章中，进一步论述了他的看法。

向达在昆明时就支持过"一二·一"运动，撰文怒斥特务。1946年，北平发生了抗议美军暴行运动，特务分子公开在北大民主广场撕毁学生有关罢课斗争的布告和标语，向达立即上前制止。他严正指出："你们就是反对罢课，也不能撕毁别人的……因为在北大，任何人有发表意见的自由。北大四十八年光荣历史被你们丢尽了。"暴徒们大吼："你是什么人？有什么资格讲话？"他一字一顿地回答："国立北平大学教授，姓向名达。"特务们骂他，挥拳要打他，广场上的学生立即来保护他，把他劝走。从此他更积极地为保障民主和人权而奔走。他与陈寅恪、汤用彤、徐炳昶、朱自清、俞平伯、张奚若、金岳霖、吴之椿、钱端升、陈达、许德珩、杨人楩共13位教授发起《保障人权宣言》，接着他又与俞平伯、沈从文、容肇祖等发表了《北大教授宣言》。他与进步学生往来，掩护中共党员，教育自己的孩子不去参加反苏游行。他渊博的学识和正义的言行，令他在学生中享有很高威信。为此，他在国民党反动特务拟定的黑名单里，名列第三。

---

① 向达：《〈唐代长安与西域文明〉序》，生活·读书·新知三联书店，1957年，第2页。

早在东南大学求学时，向达就打好了目录版本学的基础，他深受国学大师、当代著名目录版本学家、他的老师柳诒徵的器重。毕业后，他又多年在国内外重要图书馆和出版部门工作，积累了丰富的经验。北大很重视他的特长，从1948年起，就任命他兼管图书馆事。新中国成立后，他是北大校务委员会委员，兼北大图书馆馆长。他对北大藏书了如指掌，在管理和充实北大图书馆方面做出重大贡献。在他言传身教下，北大图书馆的工作人员，获益良多。"文革"后，曾任北大图书馆副馆长、自学成才的郭松年专门撰文纪念他。他在郑振铎领导的文管局的图书处，与徐特立、王重民、于光远等人共同制定出新中国第一份比较科学的图书分类法。

北大1946年复员后，鉴于学术发展需要，他与校中有共同认识的教授，大力促成在北大设立图书馆学专修科（附设在中文系）、博物馆学专修科（附设在史学系）。现在这两个专修科发展为信息管理学系和考古学系。

五、新中国成立后的经历和治学（1949—1966）

新中国的成立，给向达带来许多美好的希望。他积极参加各项文化建设，被任命为中国科学院历史研究所第二所（现属中国社会科学院）副所长、哲学社会科学学部委员，《历史研究》《考古学报》和《史学译丛》编委。他先后当选为北京市人民代表大会代表、全国政协委员。他还在文管局领导下，在由中国科学院考古研究所和北京大学联合举办的"全国考古工作人员训练班"任教。这个班从1952年到1954年，连续办了3年，每届3个月，共培训370余人，经过培训和实际工作锻炼，他们成长为我国文物考古方面的骨干和专家。

深受北大"科学与民主"精神影响，又"为人憨直，是非分明，毫不宽假"①的向达,对于新中国成立后的某些事,自有不太适应的地方。1950年,他公开表示:"我们现在要监督执政党,使他做得好,不让他变坏。"早在1949年一份政治思想情况之类的材料,已在政治上对他作了如下评语:"富于正义感;自高自大,有学术独立超然的思想;有士大夫的坚贞,无士大夫的冷静;解放后对党极其拥护,但对民主人士非常不满,骂他们××,对50年代前期的一系列政治运动表示不理解。"②他在1957年"大鸣大放"时,还提出史学界要百花齐放,不能只开"五朵金花"(指古史分期、近代史分期、资本主义萌芽、农民战争及民族问题这五方面的讨论),在学术观点上也应百家争鸣。他认为马克思主义的原理和个别结论,不能代替具体的历史研究方法。他说,比如考古发掘,怎能说明这一锄是资产阶级唯心主义的,那一锄是马列主义的?后来又被诬为有攫取湖南省土家族自治州州长的野心,于是,新旧账一起算,1958年被正式戴上"右派分子"的帽子,被错划为史学界第二号大右派。

被划为右派之后,向达从他自认为是党的诤友的地位,被打入了另册。从此他不再批评时政,却仍以认真负责的态度接受交给他的任务,并提出建议。如他曾接受整理柬埔寨古代史料的任务,以及有关中印、中朝边境问题的咨询。他深感"近百年来,某些有关边界问题的材料、地图,有关国家政府的档案、调查报告等,公私收藏都很缺乏。因此,事到临头,不免有手忙脚乱之感"。出自爱国的责任感,他向有关部门建议,希望今后"未雨绸缪,则亡羊补牢,犹未为晚"。他在政治上备受压抑的情况下,制订了更为庞大的个人科研计划,并逐步付诸实践。

---

① 郑天挺:《〈向达先生纪念论文集〉序》,该论文集由阎文儒、陈玉龙编,新疆人民出版社,1986年。
② 《向达生平档案》,转引自陆键东《陈寅恪的最后二十年》,生活·读书·新知三联书店,1995年。

国内兄弟民族历史，很早就是向达研究的课题。20世纪30年代他写过《论龟兹白姓》，40年代写了《昭武考（大月氏史拾遗）》等有关西北兄弟民族历史的文章。新中国成立初，发表了《南诏史略论》《唐代记载南诏诸书考略》等关于西南兄弟民族的论文。1961年出版了《蛮书校注》，系统地校勘和注释了这本难读的书。1960年他与研究中外关系史的学者发起编《中外交通史籍丛刊》，开列专书42种。他提出整理的要求是选定版本、标点、注释、写序言，有必要时加索引、地图或附录有关参考资料。他按此要求整理的《郑和航海图》和明巩珍的《西洋番国志》《两种海道针经》于1961年出版。他写的序言实际是专题研究，他指出《郑和航海图》是15世纪以前我国记载亚非地图图籍中最丰富的一本，并从航海用罗盘定方位与西方印度洋上靠观星定方位的不同，驳斥了西方学者认为此图是以阿拉伯人地图为蓝本的臆说。《两种海道针经》是他从英国抄回来的，序言更是一篇我国航海小史，他热情地歌颂了我国古代航海家——火长们，称他们是无名英雄。向达曾说："中国古代和南洋国家的关系，以及十六世纪至鸦片战争期

间和欧洲诸国在文化方面的关系,也是我过去研究的范围。"①

1966年春天,他为北大历史系拟定了一份《自明初至解放前(Cir 1405—1948)中国与非洲交通史料选辑说明》,短短800字,言简意赅,内容丰赡,为近5个世纪的中非交通史的研究设计了瑰丽的蓝图。

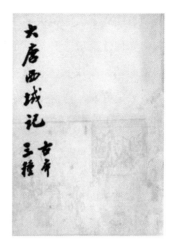

他早就准备整理唐玄奘《大唐西域记》,1962年他向中华书局提出了一个整理此书的计划,设想分别出版影印本、简注本、译注本三种本子。1962年还发表了《记现存几个古本〈大唐西域记〉》的文章。1963年,他开始在中国佛教会东院整理这本书。远在广东中山大学的陈寅恪1963年向去看望他的杨东莼表达了想写唐代玄奘去印度取经的历史,很想与向达共同研究,并为没有这样的机会而感到遗憾。大约向达也有所耳闻,但无法前往。1964年暑假,为了向陈寅恪请教一些涉及梵文的问题,他自费去了广州。临别时,陈寅恪赠他三首诗,表示了欣慰和期许。其中一首写道:"握手重逢庾岭南,失明膑足我何堪?倘能八十身犹健,公案他年好共参!"十年浩劫夺去了他们的生命,遗愿只能由陈寅恪的弟子季羡林教授以不同方式完成了。向达的《大唐西域记古本三种》于1981年出版。1985年又出版了季羡林主持编纂的《大唐西域记校注》。

向达治学范围很广,围绕中外文化交流这个主题,艺术史、科技史也是他所关注的。早年他与著名画家丰子恺曾合著《东方艺术与西方艺术》一书。在《中西交通史》等书和文章中,他列举了有关建筑、

---

① 向达:《唐代长安与西域文明》,第3页。

雕塑、绘画、文学、美学等诸方面中西文化的相互影响，并探讨两种文化如何才能取长补短，创造结合中西文化菁华的新文化的问题。他与徐悲鸿、吴作人、董希文等名画家都有交往，与数学史专家李俨和严敦杰是好友，与科技史专家王振铎时相过从。他对造纸术、印刷术、指南针、火药等中国四大发明的发明和传播，及其对人类历史的贡献，都有深入研究。他与文学家郑振铎、钱锺书、沈从文、浦江清等也不是泛泛之交。

正当向达再度鼓起生命的风帆，驶向学术的海洋时，"无产阶级文化大革命"开始了，邹衡记下了向达惨遭批斗的情景："我永远不能忘记那个可怕的太阳似火的上午，时在1966年6月，几个'造反派'架住被迫剃光了头的向达先生在三院二楼外晒得滚烫的房檐瓦上'坐飞机'，一坐（跪）就是几个小时，向先生像过去给我们上课时一样，老是不敢（实际上已不能）抬头，革命群众却手执纸扇，戴着草帽，站在房檐下的草坪上边扇边呼口号，大略已是挥汗如雨，感到热不可当了。可向先生已是六十六高龄。我看到有的教师吓得直哆嗦，我也感到他凶多吉少，躲在一边落泪。果然，从此以后，我再也没有见到一代巨匠向达先生。"① 要知道，此时已遭到种种折磨的向达，还暗中嘱咐友人"不必耿耿"，将如"凤凰涅槃，获得新生"。无奈事与愿违，他身患重病，得不到及时治疗，还要接受劳改和批斗，自诩身体健康如"铁汉"的向达，终于在1966年11月20日含冤去世了。"文革"后向达得到平反，劫余藏书和手稿都由家属献给北大图书馆收藏，其中有不少珍本、善本，这是向达对北大也是对国家最后的贡献。

---

① 邹衡：《永远怀念向达先生和夏鼐先生（代后记）》，收入北京大学考古系编：《考古学研究》（一），文物出版社，1992年。

后　记

　　1984年，北京的一批著名学者发起成立了中国文化书院。书院办院的宗旨是通过对中国文化的研究和教学，继承和发扬中国文化的优秀传统；通过对中外文化的比较研究，加强世界各国的文化交流和学术往来，促进中国文化的现代化。迄今为止，中国文化书院已举办了多次文化讲习班和高级研究班，并与海内外研究中国文化的学者建立了广泛的联系，在中国文化研究方面取得了重要成果。

　　北京大学是中国新文化运动的中心，也是中国自由学术的中心，北京大学的历任校长在中国文化史上占有重要地位。今年是北京大学建校九十周年，我们仅以这本小书，纪念北京大学在中国文化上的特殊地位和贡献，作为我们对于北大九十诞辰的一份贺礼。

　　本书是在王瑶先生的启发下立意的，从组织写作到与读者见面总共才经历三个月时间。如果没有各位作者满怀热忱、日以继夜的工作，没有汤一介先生、乐黛云先生的悉心指导和对部分文章选题的精心挑选和改正，没有本院出版部特别是担任具体编辑工作的徐兰婷同志的艰苦努力，这样的速度显然不可思议。这里，我们特向他们表示真诚的谢意。此外，我们还要感谢为本书修改某些稿件的胡军、孙尚扬同志。特别值得一提的是，如果没有田志远和张文定两位同志的多方协助，本书之及时与读者见面就是不可能的，在此一并致谢。

中国文化书院

1988 年 3 月 14 日

编后记

北京大学是中国现代新文化运动的中心，也是现代中国学术研究的中心。北京大学的历任校长在中国学术文化史上占有重要的地位。著名学者王瑶先生曾说："北大的历届校长都是著名的学者，他们不仅是北大的校长，而且也是某一时期学术文化界的代表人物，在他们的身上集中地反映了当时思潮的热点和重心。"王瑶先生还认为，如果把历届校长"联系起来作为一条发展线索来考察，那么，他们的活动和贡献就构成了现代中国学术文化思想发展中的一个历史环节"（见本书序一）。

受王瑶先生观念的启发，中国文化书院在1988年曾组织编写了《北大校长与中国文化》一书，以此来纪念北京大学在中国文化史上的特殊地位和贡献，作为中国文化书院对于北大九十诞辰的一份贺礼。

本书初版于1988年5月，由生活·读书·新知三联书店出版后，受到了读者的欢迎。在迎接北大百年校庆前夕，不少读者希望能将此书重新修订出版，并提出了不少有益的建议。但由于本书的许多作者（大部是当时哲学系的博士生）分散在海内外，由他们本人来修订很困难，因此我们只对第一版印刷中明显的错讹做了改正，并且约请郭建荣、戈国龙、杨立华、常建华等同志分别撰写了有关京师大学堂事务大臣张百熙、任北大校长十年之久的蒋梦麟、曾代理过校长之职的傅斯年以及长期担任北大秘书长之职的郑天挺等人物的文章。当我们把这本增订后的《北大校长与中国文化》献给北大百年校庆的时候，我们要特别感谢曾担任具体编辑工作的徐兰婷和张文定同志，以及各位作者，如果没有他们的努力，本书不可能及时与读者见面。

汤一介

1997 年 12 月